Steve und Connirae Andreas
Gewußt wie
Arbeit mit Submodalitäten und weitere
NLP–Interventionen *nach Maß*

Reihe
Pragmatismus & Tradition
Band 2
Herausgegeben von
Thies Stahl

Steve und Connirae Andreas

Gewußt wie

Arbeit mit Submodalitäten und weitere
NLP–Interventionen *nach Maß*

Aus dem Amerikanischen von
Isolde Kirchner und Josef Weiß

Junfermann–Verlag • Paderborn
1988

© Junfermannsche Verlagsbuchhandlung, Paderborn 1988
Copyright © der amerikanischen Ausgabe 1987 by
Real People Press, Box F, Moab, UT 84 532
Originaltitel: „Change Your Mind — and Keep the Change"
Übersetzung aus dem Amerikanischen:
Isolde Kirchner und Josef Weiß
Cover-Illustrationen: Michael Ryba
Gesamtherstellung: PDC — Paderborner Druck Centrum

CIP–Kurztitelaufnahme der Deutschen Bibliothek
Andreas, Steve:
Gewusst wie: Arbeit mit Submodalitäten u. weitere NLP–
Interventionen nach Mass /Steve u. Connirae Andreas. Aus d. Ame-
rikan. von Isolde Kirchner u. Josef Weiss. — Paderborn: Junfermann,
1988
(Reihe Pragmatismus & [und] Tradition; Bd. 2)
Einheitssacht.: Change your mind — and keep the change <dt.>
ISBN 3–87387–291–9
NE: Andreas, Connirae:; GT

ISBN 3–87387–291–9

Inhalt

Vorwort der Übersetzer zur deutschen Ausgabe

NLP–Interventionen nach Maß werden im vorliegenden Buch angeboten. Wo wird Maß genommen? Und was ist das Maß aller Dinge? Wer NLP kennt, weiß, daß es sich dabei nur um die subjektive Erfahrung von Menschen handeln kann bzw., in Therapiesituationen, um die der Klienten. Das subjektive Erleben stellt den Ausgangspunkt aller Möglichkeiten und Wege dar, in der Kommunikation zwischen Therapeut und Klient zu einer Veränderung von unerwünschten oder problematischen Verhaltensweisen und Wahrnehmungsmustern zu kommen. Bei Interventionen handelt es sich nicht um festgelegte Muster; sie bieten nur Anregungen für bestimmte Vorgehensweisen, die in der therapeutischen Praxis jeweils modifiziert eingesetzt werden können. Manchmal ist es z. B. einfach wichtig, vor dem nächsten Abschnitt nochmal einen Schritt zurückzugehen und etwas Wichtiges noch hinzuzunehmen. Entsprechend den jeweiligen Erfordernissen der Situation mit den einzelnen Klienten werden die Interventionen immer wieder unterschiedlich variiert. Sie stellen in diesem Sinn keine fest vorgegebenen „Techniken" dar.

Diese Maßarbeit wird durch ein Konzept erleichtert, das als erste Eigenentwicklung des NLP bezeichnet worden ist: die Arbeit mit Submodalitäten. Sie bietet eine Möglichkeit, die eigenen, bisher oftmals unbewußten Denkstrukturen kennenzulernen und zu verändern, worauf der amerikanische Originaltitel dieses Buches hinweist: „Change Your Mind ...". Manche meinen sogar, über Submodalitäten einen Einblick in die Struktur und Funktionsweise des Gehirns selbst zu gewinnen. Solange dies nur als Analogie verstanden wird, ähnlich wie die Gleichsetzung des menschlichen Gehirns mit einem Computer, ist das nicht weiter irreführend und kann als Metapher utilisiert werden. Wie das menschliche Gehirn tatsächlich funktioniert, wissen wir damit zwar immer noch nicht besser, aber das subjektive Erleben und Handeln jedes einzelnen wird in der therapeutischen Situation leichter zugänglich und nachvollziehbar.

Die Arbeit mit Submodalitäten könnte für NLP insgesamt als ein möglicher Ausgangspunkt dienen, von dem aus sowohl die Weiterentwicklung einzelner Konzepte als auch die wissenschaftliche und theoretische Fundierung der praktischen Erfolge vor sich geht. Im Moment sieht es so aus, als ob NLP nur den Pragmatismus in der Psychotherapie unterstützt. Es könnte aber auch die Grundlage bilden, um das, was in vielen Therapierichtungen und auch im Alltag schon teilweise unbewußt und unsystematisch abläuft, zu systematisieren und deutlich werden zu lassen. Darauf deutet schon die Entstehungsgeschichte hin: NLP wurde bekanntlich aus Analysen der therapeutischen Arbeit *Milton Ericksons, Fritz Perls* und *Virginia Satirs* entwickelt. Die Arbeit mit Submodalitäten geht über diese ersten Analysen hinaus und erschließt Bereiche, die bisher jeweils einzeln schon in anderen Therapieformen verwendet werden, wie die Veränderung innerer Stimmen oder bestimmter Empfindungen, sowie die Variation von Phantasiebildern oder Visualisierungen. Diese Bereiche könnten mit Hilfe der über Submodalitäten gewonnenen Erkenntnisse genau analysiert werden. In bezug auf die Verwendung innerer Stimmen könnte beispielsweise detailliert untersucht werden, welche Veränderung in den einzelnen Submodalitäten (lautere oder leisere Stimme in höherer oder tieferer Tonlage, verzerrt oder naturgetreu, etc.) den größten Effekt im Hinblick auf das Ziel des Klienten hat.

Eine Therapierichtung, die unter anderem auf die bevorzugten Repräsentationssysteme und Submodalitäten der Klienten eingeht, könnte langfristig eine Integrationsmöglichkeit für verschiedene andere Therapieformen darstellen, die bisher schon mit einzelnen Bereichen wie Visualisierungen, inneren Zitaten, etc. arbeiten. NLP ist mitten in der Entwicklung der dafür notwendigen systematischen und genauen Erklärungsgrundlage für das subjektive Erleben von Menschen.

In dem vorliegenden Buch finden sich viele überzeugende Beispiele für die effektive Arbeit mit Submodalitäten. *Connirae* und *Steve Andreas* beschreiben explizit eine auditive und eine kinästhetische Variante des von *Richard Bandler* entwickelten Swish–Musters und demonstrieren beim visuellen Swish, wie dieser für individuelle therapeutische Situationen mit Klienten noch besser genutzt werden kann. Die von ihnen entwickelten Muster zur Veränderung von Zeitlinien, von Kriterien, von interner bzw. externer Referenzerfahrung und die Strategie zum Umgang mit Kritik sind auch für präventive Arbeit sehr gut geeignet. Sie stellen Wege dar, neben der Arbeit mit Problemen auch die eigenen Fähigkeiten weiterzuentwickeln und neue Denkstrukturen und Handlungsmöglichkeiten zu modellieren, wiederum jeweils maßgeschneidert für jeden einzelnen.

München im September 1988

Isolde Kirchner und *Josef Weiß*

Vorwort

Steve und *Connirae Andreas* kamen im Herbst 1977 zu ihrem ersten NLP–Seminar, das ich hielt, also vor fast zehn Jahren. Seit damals haben sie beständig ihre Hartnäckigkeit demonstriert, die Muster zu übernehmen, die ich lehre, und sie wiederholt anzuwenden, bis sie sie gründlich verstehen. Kapitel 3 über das Swish–Muster zeigt, wie sie ein spezifisches Muster verwenden und dabei gründlich erforschen können, um die wesentlichen Aspekte zu bestimmen, aufgrund derer es funktioniert; ebenso zeigt es, wie sie das Muster auf unübliche oder schwierige Fälle anwenden.

Die meisten meiner Schüler erzählen mir von ihren Erfolgen mit den Mustern, die ich ihnen beibringe. Im Gegensatz dazu erzählen mir *Connirae* und *Steve* von ihren Mißerfolgen, weil diese für sie interessanter sind. Erfolge sind langweilig, weil sie nur das bestätigen, was sie schon wissen. Mißerfolge sind viel interessanter, weil sie auf die Stelle hinweisen, wo sie noch irgend etwas Neues lernen können. Steve und Conniraes Begeisterung für die Vielfalt subjektiver Erfahrung und für die Ordnung, die dieser Vielfalt zugrunde liegt, zeigt sich in der Qualität der NLP–Trainings, die sie in den letzten acht Jahren angeboten haben. Ihre Lehrmethode ist allgemein wegen ihrer Integrität, Ökologie und Aufmerksamkeit für Einzelheiten bekannt, und dies spiegelt sich in diesem Buch wider.

Die meisten Schüler im NLP sind zufrieden, wenn sie die Muster beherrschen, die schon entwickelt wurden. Zu meinen größten Vergnügen zählt es, wenn jemand nicht nur das spezifische Muster erlernt, das ich lehre, sondern die Wahrnehmungen, Einstellungen, und Denkprozesse, die diese Muster möglich machen. *Steve* und *Connirae* gehören zu den wenigen, die NLP–Modelling–Techniken verwendet haben, um nützliche neue Muster zu entwickeln, und auch dies ist in diesem Buch offenkundig. Kapitel 8, „Strategie für die Reaktion auf Kritik", zeigt ihre Fähigkeit, eine wichtige Fertigkeit — die

Offenheit gegenüber Feedback — zu modellieren und daraus eine klare und elegante Syntax herauszudestillieren.

Dieses Buch ist eine ausgezeichnete Fortsetzung meines Buches *Veränderung des subjektiven Erlebens*, das die *Andreas'* aus Tonbändern von meinen Seminaren erarbeitet haben, und es ist mir ein Vergnügen, dieses Buch jedem und jeder zu empfehlen, der oder die weiterhin erkunden will, wie Sie Ihr Denken verändern können.

Richard Bandler

Danksagung

Dieses Buch, und vieles von unseren neueren Arbeiten, würde nicht existieren ohne die schöpferische Begabung von *Richard Bandler*. Wir sind ihm dankbar, daß er uns wiederholt neue Methoden geliefert hat, die dazu verwendet werden können, das Leben von Menschen angenehmer zu machen, und daß er uns mit Demonstrationen, Andeutungen und rätselhaften Beschreibungen sehr gespannt gemacht hat. Viele der hier präsentierten Muster wurden von *Richard* entwickelt: Der Compulsion Blowout, das „Der letzte Tropfen"–Schwellenmuster, das Swish–Muster, das „Pralinee"–Muster, und die Nutzbarmachung von Zeitformenveränderungen.

Wir haben die anderen Submodalitätsmuster entwickelt, die hier präsentiert werden, indem wir Submodalitätsprinzipien nutzten, die wir von *Richard* gelernt haben. Wir waren so begeistert von der Durchschlagskraft dessen, was er uns beigebracht hat, daß wir uns selbst zu fragen begannen: „Worauf können wir das noch anwenden?" Wir begannen zu erforschen, wie Menschen Ereignisse in bezug auf Zeitlinien, Kriterienveränderungen und interne/externe Referenzerfahrung organisieren und repräsentieren, und wir entwickelten die Strategie für den Umgang mit Kritik.

Obwohl wir das Muster über den Zugang zu kinästhetischen Zuständen von *Richard Bandler* gelernt haben, wurde es zuerst von *Ed Reese* entwickelt. Von uns stammen die Umgestaltungs–Schritte zu diesem Muster.

Wir wollen auch den vielen Workshop–Teilnehmern und Klienten danken, die uns in den letzten drei Jahren geholfen haben, diese Muster zu erforschen. Sie haben interessante Beobachtungen gemacht, hartnäckige Fragen gestellt, einzigartige Wege gefunden, unsere Anweisungen auszuführen und uns faszinierende Beispiele für die unglaubliche Vielfalt von Möglichkeiten geliefert, wie subjektives Erleben organisiert wird.

Schließlich sind wir froh, uns bei *Michael Eric Bennett* und *Donna Wilson* für die beträchtliche editorische Unterstützung bedanken zu können. Die beiden haben frühe Versionen der meisten Kapitel aus Seminartranskripten vorbereitet und das endgültige Manuskript sorgfältig durchgesehen. Ihre Arbeit ermöglichte uns, dieses Material viel schneller in Buchform verfügbar zu machen, als wir es alleine geschafft hätten.

Einführung

Unsere Lieblingsgeschichte über die passende Verwendung von Worten ist ein Ereignis, das wir Mitte der siebziger Jahre in Kalifornien während einer Party erlebt haben. Wir waren mit unserem Freund Mike zusammen, der recht hungrig zu dieser Party gekommen war. Auf dem Tisch im Speisezimmer stand ein großer Teller mit Schokoladenkeksen, von denen Mike sich wiederholt welche nahm. Als er ungefähr neun Stück gegessen hatte, gab die Gastgeberin bekannt, daß dies Marihuana–Kekse waren und ein Stück von ihnen genug für einen Abend wäre. Später am Abend war Mike ziemlich angetörnt, besonders nachdem er einige Zeit im Whirlpool verbracht hatte. Wir waren aus dem Becken gestiegen und zogen gerade unsere Kleider an, als wir Mike langsam und laut sagen hörten: „Nun ziehe ich meinen linken Socken an. ... Nun ziehe ich meinen linken Schuh an ..." Steve lachte und sagte: „Mike, wir brauchen keinen Bericht über deine Aktivitäten." Er erwiderte langsam: „Ich weiß, *ihr* nicht, aber *ich*!"

In unserem Leben haben Worte die Aufgabe, uns zu helfen, unsere Erlebnisse als Erfahrungen zu speichern; mit Worten können wir Erfahrungen etikettieren und kategorisieren und dann die Etikettierungen wie einen Computerspeicher benutzen, um eine spezielle Art von Erfahrung „aufzurufen", wenn wir sie brauchen. Die Worte auf einer Speisekarte rufen uns die Erfahrung des Geschmacks und der Beschaffenheit der beschriebenen Lebensmittel ins Gedächtnis, um uns bei der Entscheidung zu helfen, welche Speisen wir auswählen. Die Worte sind nicht die Speisen selbst; sie weisen nur auf sie hin. Dies scheint eine einfache und offensichtliche Tatsache zu sein — es gibt kaum Menschen, die versuchen, die Speisekarte zu essen —, die Welt ist jedoch voll von Leuten, die ausführlich *über* Erfahrungen reden können, ohne jemals viele gemacht zu haben.

Die Worte in diesem Buch können in zweifacher Weise für Sie nützlich sein. Zum einen haben sie womöglich zur Folge, daß Sie

Zugang zu schon gemachten Erfahrungen bekommen, und daß Ihnen neue und sinnvolle Kombinationen, Abfolgen und Wege deutlich werden, wie Sie diese Erfahrungen nutzen können. Zum anderen können die Worte neue Erfahrungen schaffen, indem sie Sie in spezielle Richtungen führen, die Sie benutzen können, mehr darüber zu entdecken, wie Ihr Gehirn arbeitet. Wie bei einer Straßenkarte werden diese Anweisungen *nur* dann nützlich sein, wenn Sie sich die Zeit nehmen, ihnen tatsächlich zu folgen, und wenn Sie Ihre Sinne gebrauchen, das eigentliche Gebiet zu erforschen, zu dem sie Sie führen.

Wir haben diese Muster so deutlich und systematisch wie möglich dargestellt, um es Ihnen zu erleichtern, sie zu erlernen. Wir haben sie sehr ausführlich beschrieben und Sie vor allen Fehlern gewarnt, die wir und andere mit ihnen gemacht haben, um es schwierig für Sie zu machen, sie unangemessen zu gebrauchen. Wenn Sie sich erst einmal die Zeit genommen haben, diese Methoden gründlich zu lernen, können Sie in der Anwendung mit Klienten flexibler und kunstvoller werden, mit dem Vertrauen, daß Ihr Verhalten systematisch und effektiv bleiben wird.

Viele Leute werfen NLP vor, technologisch zu sein, im Sinn von kalt und gefühllos. Dieselben Leute sind jedoch froh, ihre Häuser mit Zentralheizungen beheizen zu können, anstelle der rauchigen Feuerstellen, die ihre Ahnen benutzten. Sie verwenden auch Antibiotika und Impfungen, um die Gesundheit ihrer Kinder zu erhalten, ohne an die unglaublich komplexe Technologie zu denken, die dahinter steckt.

Monate voller herzlicher Gefühle werden einem Kind nicht helfen, das schlecht in Rechtschreiben ist; sie werden es auch nicht von dem daraus resultierenden Spott und den Gefühlen des Versagens und der Selbstkritik befreien; eine oder zwei Stunden mit NLP–Technologie können ihm beibringen, richtig zu schreiben und ihm das Gefühl geben, gebildet und etwas wert zu sein. Alle Empathie der Welt wird einer Phobikerin nicht helfen; eine halbe Stunde mit NLP–Technologie kann sie von einem von Furcht bestimmten Leben befreien. Die Hand eines sterbenden Freundes zu halten, mag ihm das Hinscheiden erleichtern; die geeignete medizinische Technologie könnte sein Leben retten.

Natürlich kann jede Technologie mißbraucht werden, wenn sie in einer kalten, gefühllosen Weise angewendet wird. Wir sind Krankenschwestern begegnet, deren Auftreten am Krankenbett mit Hilfe einer Bandaufnahme von Lucretia Borgia gelernt sein muß, und Therapeuten, die in der Tonalität von Adolf Hitler sprechen. Dieses Buch ist technologischer als die meisten, weil wir wissen, daß detaillierte Technologie Ergebnisse erbringt, und daß die „kälteste" Technologie mit Menschlichkeit und Respekt ausgeführt werden kann.

Wir haben viel vom Stoff dieses Buches direkt von *Richard Bandler* in einem kleinen Seminar Anfang 1984 gelernt. In diesem Seminar brachte er uns eine Reihe spezifischer Muster bei, von denen die meisten in diesem Buch enthalten sind. Aber das Wesentliche war, daß er uns das Handwerkszeug vorführte: wie man feine Unterscheidungen sowie bestimmte Fragen und Prozeduren für die weitere Exploration und Aufdeckung benützt. *Richard* machte auch oft Demonstrationen ohne Erklärung, beschrieb Ereignisse in einer geheimnisvollen Weise oder ließ spannende Bemerkungen fallen. Obwohl dies oft frustrierend war, stachelte es unsere Neugier an und motivierte uns zu weiteren Nachforschungen. Seitdem haben wir die Werkzeuge benutzt, die er uns lehrte, um einigen dieser spannenden Hinweise nachzugehen und spezielle Muster mit ausreichender Genauigkeit zu entwickeln, so daß sie einfacher von anderen gelernt werden können.

Seit drei Jahren lehren wir nun dieses Material in unseren Advanced Submodality Trainings. Viel in diesem Buch stammt aus Transkripten über viele verschiedene Trainings. Diese Abschnitte wurden zusammengewoben und so dargestellt, als ob sie in einem Training stattgefunden hätten. Das geschah sowohl der Lesbarkeit halber, als auch um den umgangssprachlichen Stil und den Live–Charakter zu erhalten. Andere Teile haben wir geschrieben, ohne uns auf Tonbänder oder Transkripte zu beziehen. Die meiste Zeit geben wir keinen Hinweis, wer von uns spricht; nach monatelanger Editionsarbeit von uns beiden wissen wir es oft nicht mehr, und außerdem ist es sowieso egal. Wir geben uns in Transkripten von Demonstrationen zu erkennen.

In vielerlei Hinsicht ist dieses Buch eine Fortsetzung von *Richard Bandlers Buch Veränderung des subjektiven Erlebens,* daß wir vor zwei Jahren herausgaben. Beim Schreiben dieses Buches gingen wir davon aus, daß die Leser *Veränderung des subjektiven Erlebens* gelesen und eine Verständnisgrundlage bezüglich elementarer Submodalitätsmuster haben werden. Wenn Sie diese Grundlage nicht haben, empfehlen wir Ihnen wärmstens, sie zu erwerben, bevor Sie dieses Buch lesen, um den vollen Nutzen aus den Methoden in diesem Buch zu ziehen.

Wir empfehlen auch sehr, daß Sie die Kapitel in diesem Buch *in der vorgegebenen Reihenfolge* lesen. Die Abfolge oder die Syntax der Erfahrung ist ein wesentliches Organisationsprinzip im NLP; und die Abfolge der Kapitel in diesem Buch wurde sorgfältig erdacht. Viele der späteren Kapitel setzen voraus, daß Sie die vorhergehenden Kapitel schon gelesen und verstanden haben. Wenn Sie spätere Kapitel ohne den Hintergrund lesen, den Ihnen frühere Kapitel und *Veränderung des subjektiven Erlebens* vermitteln, wird es schwieriger für Sie, das Material vollständig und gründlich zu verstehen.

Es gibt einen alten Scherz, daß das menschliche Gehirn „der einzige sich selbst steuernde Allround–Computer ist, der durch ungelernte Arbeit erschaffen werden kann". Aber es ist auch ein Computer ohne Handbuch für den Besitzer. Die im NLP entwickelten Muster sind wichtige, unentbehrliche menschliche „Software" — Wege, die Sie lernen können, um Ihre Erfahrung zu organisieren; eine kulturelle und soziale Energiequelle, wie all die anderen Produkte menschlicher Kreativität und Erfindungsgabe. Der Stoff, den wir hier präsentieren, erforscht die geistigen Strukturen, die uns zu dem machen, was wir sind, und stellt Werkzeuge zur Verfügung, die Sie benutzen können, um Ihre Reaktionen schnell zu verändern. Dieses Buch gesellt sich zu über 30 NLP–Büchern, die publiziert wurden, seit *Richard Bandler* und *John Grinder* 1975 das erste veröffentlicht haben. Und dies ist erst der Anfang ...

Steve Andreas
Connirae Andreas

September 1987

1 Zeitlinien

Die meisten von uns sind schon einmal Menschen begegnet, wo wir dachten, „Sie lebt in der Vergangenheit!" oder „Er denkt immer nur an die Zukunft; er nimmt sich nie Zeit, stehenzubleiben und den Duft der Blumen zu genießen!" oder „Sie lebt nur für den Tag; sie hat keine Ahnung, in welche Richtung sie geht." Diese Eigenschaften werden durch die Art und Weise bestimmt, in der die Leute innerlich die Zeit repräsentieren. Die Art, wie Menschen sich die Zeit vorstellen — Vergangenheit, Gegenwart und Zukunft — bildet letztendlich die Grundlage für ihre Fähigkeiten und Selbsteinschränkungen. Deswegen ist es unmöglich, manche Probleme in Ordnung zu bringen, ohne die Art und Weise zu ändern, wie die Person Zeit repräsentiert.

Einige Menschen sprechen davon, „die Vergangenheit hinter sich zu lassen", und das entspricht genau dem, was sie tatsächlich tun. Wenn Sie die Vergangenheit hinter sich lassen, indem Sie sie hinter sich stellen, können Sie sie nicht mehr sehen, und sie ist vergangen. Andere reden davon, „eine düstere Zukunft zu haben", und die Zukunft auf ihrer Zeitlinie ist buchstäblich düster. Es gibt sogar Leute, die überhaupt keine Zukunft haben.

Zeit ist ein sehr grundlegendes Element bei der Organisation unserer Erfahrungen. Denken Sie einmal darüber nach, wie es wäre, eine Welt ohne Zeit zu erleben. Ohne die Zeit gäbe es keine Kausalität, keine Möglichkeit zu wissen, wie Bedürfnisse zu befriedigen sind, und auch keinen Weg, um zu wissen, wann das zu tun ist. Bis auf *seltene* Ausnahmen haben wir alle *irgendeinen* Weg, Erfahrungen in bezug auf die Zeit zu sortieren.

Bei unseren Erkundungen haben wir viele interessante Variationen entdeckt, wie Menschen die Zeit repräsentieren. Nachdem wir das Material über Zeitlinien in vielen verschiedenen Gruppen dargestellt haben, macht es uns immer noch Spaß, damit zu experimentieren, und wir denken, Ihnen auch.

Demonstration

Linda, dürfen wir Ihre Zeitlinie herausarbeiten? (Okay) Denken Sie zuerst an irgendein einfaches Verhalten, wie z. B. Zähneputzen, zur Arbeit fahren, Geschirrspülen oder sich das Gesicht waschen, das Sie in der Vergangenheit taten, in der Gegenwart tun und in der Zukunft tun werden.

Linda: Ich werde „Zähneputzen" nehmen.

Gut. Würden Sie jetzt bitte an einen Moment denken, als Sie Ihre Zähne vor langer Zeit putzten — vielleicht vor fünf Jahren.

Linda: Ich kann mich nicht an eine bestimmte Zeit erinnern.

Das ist okay. Sie wissen, daß Sie vor fünf Jahren Ihre Zähne putzten, stimmt's? Also können Sie einfach so tun, als ob Sie sich daran erinnern, es vor fünf Jahren getan zu haben.

Linda: Okay.

Nun möchte ich, daß Sie daran denken, wie Sie Ihre Zähne vor einer Woche geputzt haben. ... (Okay) Denken Sie daran, wie Sie Ihre Zähne jetzt putzen, ... denken Sie daran, wie Sie Ihre Zähne in einer Woche putzen, ... und denken Sie daran, es in fünf Jahren zu tun. Wir hätten gerne, daß Sie ein Gefühl dafür bekommen, all diese Erfahrungen auf einmal zur Verfügung zu haben, so daß Sie anfangen können zu bemerken, welche Unterschiede es in der Art gibt, wie Sie dieses gleiche Ereignis sehen. ... Was läßt Sie wissen, daß eines in der Vergangenheit und eines in der Zukunft ist? Aufgrund welcher Unterschiede in den Submodalitäten wissen Sie, daß eines vor langer Zeit passierte, und eines erst vor einer Woche?

Linda: Das ist einfach. Ich lebte vor fünf Jahren in einem anderen Haus, und ich sehe mich in diesem Haus. So weiß ich, daß es vor langer Zeit war.

Das ist eine typische Antwort. Meistens werden inhaltliche Unterschiede zuerst bemerkt, aber das ist nicht das, was wir wollen. Wir wollen die Unterschiede *im Prozeß*, die sich in den Submodalitäten darstellen. Linda, welche anderen Unterschiede bemerken Sie zwischen der länger zurückliegenden Vergangenheit und der, die kürzlich stattfand? Wenn es Ihnen hilft, können Sie sogar so tun, als ob Sie vor fünf Jahren in demselben Haus wie jetzt gewohnt *hätten*, so daß Sie nur die Unterschiede in den Submodalitäten bemerken. Selbst wenn Sie in demselben Haus gelebt *hätten*, könnten Sie wahrscheinlich den Unterschied zwischen der Zeit vor fünf Jahren und gestern beschreiben.

Linda: Ich glaube nicht, daß ich das könnte. Für mich schaut die Zeit vor fünf Jahren (deutet ungefähr einen halben Meter links neben sich) genauso aus wie die vor einer Woche (deutet unmittelbar links neben sich).

Diejenigen von Ihnen, die Lindas Gesten beobachtet haben, wissen einen Weg, wie sie die Zeit sortiert. Sie deutete auf verschiedene Stellen.

Linda: Oh ja! Ich nehme an, ich sehe sie an verschiedenen Plätzen.

Großartig. Nun stellen Sie fest, wie Sie eine Woche in die Zukunft sehen und wie fünf Jahre in die Zukunft.

Linda: Die sind auch an verschiedenen Plätzen. Sie gehen nach rechts von mir weg. Das ist interessant. Eine Woche in der Zukunft ist weiter von mir weg als eine Woche in der Vergangenheit. Und fünf Jahre in der Zukunft sind wirklich weit entfernt.

Ausgezeichnet. Das ist das, was Sie beachten sollen. Überprüfen Sie, ob es irgendwelche anderen Unterschiede gibt. Unterscheiden sich Ihre Repräsentationen der Zukunft noch auf irgendeine andere Weise von Ihren Repräsentationen der Vergangenheit?

Linda (hält kurz inne, um es zu überprüfen): Die Zukunft sieht weniger detailliert aus.

Das ist eine typische Art, sich die Zukunft als weniger bestimmt vorzustellen als die Vergangenheit. Nun überprüfen Sie das Bild von vor fünf Jahren, und vergleichen Sie es mit dem von vor einer Woche. Gibt es außer der Position noch einen anderen Unterschied? Überprüfen Sie die Größe, die Helligkeit, usw.

Linda: Ich nehme an, das Bild von vor fünf Jahren ist ein bißchen kleiner. Ich hatte das vorher nicht bemerkt. ... Meine Zukunft ist genauso. Fünf Jahre in der Zukunft sind kleiner als eine Woche in der Zukunft.

Übung

Ich denke, dies war als Demonstration genug, um Ihnen eine Idee zu liefern, was Sie tun sollen. Obwohl Sie das in Gruppen zu dritt machen werden, ist dies eine Übung, bei der Sie alle nun, während ich Ihnen Anweisungen gebe, nach innen gehen und anfangen können, Ihre eigenen Submodalitätskodierungen für die Zeit zu entdecken. Denken Sie zuerst an irgendein einfaches alltägliches Verhalten, das Sie wiederholt in der Vergangenheit durchlaufen haben und wahrscheinlich in der Zukunft weitermachen werden. Wählen Sie etwas wie zur Arbeit gehen, Zähneputzen, Abwaschen oder Duschen. Denken Sie darüber nach, wie Sie dieses Verhalten vor langer Zeit machten, und dann überlegen Sie, wie Sie es kürzlich gemacht haben. Denken Sie daran, wie Sie es in der Gegenwart tun. Dann stellen Sie sich vor, es in der nächsten Zukunft zu tun, und schließlich in der weit entfernten Zukunft.

Während Sie daran denken, dasselbe Verhalten zu jedem genannten Zeitpunkt zu tun, halten Sie auf alle Fälle den Inhalt konstant, so daß der einzige Unterschied darin besteht, *wann* es getan wird. Wir möchten, daß Sie die Unterschiede in den Submodalitäten entdekken, die damit verbunden sind, wie Sie die Zeit repräsentieren. Diese Unterschiede werden viel offensichtlicher für Sie, wenn Sie *gleichzeitig* an eine bestimmte Tätigkeit denken, z. B. zu verschiedenen Zeitpunkten zu frühstücken. Wenn Sie sich *zur gleichen Zeit* vorstellen, wie Sie *vor* fünf Jahren und *in* fünf Jahren frühstücken, welche Unterschiede gibt es dann hinsichtlich der Art, wie Sie an diese zwei Ereignisse denken? Menschen repräsentieren typischerweise die Zeit auf sehr unterschiedliche Weise, wenn sie sich ihre Erfahrungen eine nach der anderen, aufeinanderfolgend zugänglich machen. Wenn Sie Schwierigkeiten haben, alle diese Bilder auf einmal zu sehen, benützen Sie den „Als ob"–Rahmen: Tun Sie einfach so, als ob Sie es können.

Tun Sie dies jeder und jede still für sich in Ihren Gruppen. Wenn Sie so viel wie möglich von Ihren eigenen Wegen, die Zeit zu sortieren, wahrgenommen haben, öffnen Sie die Augen und beschreiben der Reihe nach Ihre Zeitlinien den anderen zwei in Ihrer Gruppe in ein paar Durchgängen.

Während jede Person ihre Zeitlinie beschreibt, beobachten die anderen alle *nonverbalen* Hinweise auf ihre Art, die Zeit zu sortieren. Menschen geben immer nonverbale Zeichen über ihre Zeiterfahrung, so wie Linda für verschiedene Zeiten auf verschiedene Orte deutete. Dies ist besonders nützlich, wenn Ihnen jemand erzählt: „Oh, ich sortiere die Zeit nicht. Die weit entfernte Vergangenheit (zeigt über die Schulter) ist dasselbe wie die Gegenwart (zeigt 30 Zentimeter vor sein Gesicht), und die ist dasselbe wie die Zukunft (zeigt auf die Entfernung einer Armlänge); das ist alles das Gleiche." Ich zeige nonverbal „meine" Zeitlinie, indem ich für die weit entfernte Vergangenheit hinter mich deute, für die Gegenwart meine Hände direkt vor mir hin– und herbewege, und sie gerade von meinem Körper wegstoße, um die Zukunft anzuzeigen. Eine andere Person könnte sagen, „ja, hier ist die Vergangenheit" (deutet mit den Händen ungefähr 30 Zentimeter zur Seite), „hier ist die Gegenwart" (bewegt beide Hände nach außen bis sie ungefähr einen halben Meter seitwärts sind), „und hier ist die Zukunft" (bewegt die Arme weit zur Seite). Indem Sie diese nonverbalen Hinweise beachten, können Sie gut eine Vorstellung bekommen, wie eine Person die Zeit repräsentiert. Im ersten Beispiel ist die *Position* eine wesentliche Sub-modalität, und im zweiten ist die *Größe* wichtig, obwohl die Position ebenfalls benutzt wird. Fast jeder benutzt die räumliche Positionierung als ein Element der Zeitsortierung.

Nachdem Sie die Charakteristika der eigenen Zeitlinie und der der Partner herausgefunden haben, fragen Sie nach allem, was Ihnen an den anderen Zeitlinien unklar ist. Dann überprüfen Sie die Submodalitäten, die nicht erwähnt wurden: Genauigkeit der Details, Transparenz, Helligkeit, Bildschärfe, Farbe, oder irgend etwas anderes, von dem Sie annehmen, daß es eine nützliche Möglichkeit ist, die Zeit zu kodieren. Die meisten Leute sortieren die Zeit zusätzlich zur Position mit Hilfe einer Kombination von Submodalitäten.

Sie könnten auch besonders darauf achten, ob die Vergangenheit und die Zukunft unterschiedlich sind; viele Menschen werden eine digitale Unterscheidung benützen, wie z. B. farbig versus schwarz–weiß oder stehendes Bild versus Film, um die Vergangenheit und die Zukunft zu unterscheiden. In diesen Fällen gibt es wahrscheinlich auch eine analoge Unterscheidung, wie z. B. die Intensität der Farbe oder die Geschwindigkeit der Bewegung, die Sie wissen läßt, wie weit etwas in der Vergangenheit oder Zukunft liegt. Die Menschen haben gewöhnlich Ereignisse entlang einem irgendwie gearteten Kontinuum angeordnet. Aber prüfen Sie dies nach; es gibt immer einige Leute, die eine ganz andere Weise der Zeitsortierung haben. Setzen Sie nichts voraus.

Nachdem Sie Ihre eigenen und die Zeitlinien Ihrer Partner analysiert haben, sollten Sie damit experimentieren, Ihre eigene Zeitlinie vorübergehend zu ändern. Nehmen Sie irgendein herausragendes Merkmal ihrer eigenen Zeitlinie, und verändern Sie es oder kehren Sie es in irgendeiner Art um, und achten Sie darauf, wie dies Ihre Erfahrung verändert. Zum Beispiel bemerkte Linda, daß ihre Zukunft weiter ausgedehnt ist als ihre Vergangenheit. Sie könnte ausprobieren, die Bilder der Vergangenheit ausgedehnter zu sehen, und die Bilder der Zukunft näher zusammen, und dann beobachten, welche Auswirkung dies hat.

Nehmen wir an, die Größe ist eine entscheidende Submodalität für Sie: zeitlich nähere Ereignisse sind größer, und Dinge, die in der Vergangenheit passierten, sind kleiner. Als Experiment versuchen Sie, dies umzukehren, so daß die näherliegenden Erfahrungen kleiner sind, und Begebenheiten in der Vergangenheit größer. Ändert dies die relative Wichtigkeit von vergangenen und gegenwärtigen Ereignissen für Sie? Wie könnte jemand mit dieser Art von Zeitlinie anders in der Welt sein? Was sind die Vorteile und Nachteile von beiden?

Auf meiner Zeitlinie beginnt die Zukunft in Brusthöhe und geht dann ungefähr in einem 45 Grad Winkel nach oben und nach rechts. Ich könnte versuchen, meine Zukunft auf einen 45 Grad Winkel *nach unten zu kippen* und herausfinden, welche Auswirkung dieser Wechsel hat. Wie würde das die Art von Person verändern, die ich bin? Wenn Sie in dieser Art experimentieren, könnten Sie herausfinden, daß die Änderungen, die Sie ausprobieren, sich seltsam anfühlen und Sie aus der Fassung bringen. Dies ist ein starker Hinweis, daß die Zeitlinie, die Sie entdeckt haben, nicht willkürlich oder nur das Resultat unserer Instruktionen ist, sondern ein bedeutsamer Weg, wie Sie Ihre Erfahrungen sortieren und wie Sie auf sie reagieren. Oftmals wird Ihre Reaktion einfach dadurch verursacht, daß der Wechsel, den Sie ausprobieren, ungewohnt ist. In anderen Momenten kann Ihre Antwort anzeigen, daß Sie eine unökologische Veränderung machen wollen, wie z. B. die Umgestaltung eines Grundelementes Ihrer Realitätskodierung. Vergewissern Sie sich, alle Änderungen vorsichtig und sachte auszuprobieren und zurückzugehen, wenn Sie starke ökologische Signale der Desorientierung bekommen.

Als nächstes können Sie damit experimentieren, Submodalitäten auszuprobieren, die andere in Ihrer Gruppe benutzen. Nehmen wir an, die Zukunft von jemandem sei transparent. Versuchen Sie, Ihre eigenen Repräsentationen der Zukunft transparent zu machen, und entdecken Sie, wie dieser Wechsel Ihre Reaktionen beeinflußt.

Schließlich können Sie die Zeitlinie von jemand anderem als Ganzes ausprobieren. Finden Sie jemand, der die Zeit ganz anders als Sie sortiert. Nehmen Sie die Zeitlinie, die die sonderbarste, die fremdeste oder die bizarrste zu sein scheint, und versuchen Sie, sie auszuprobieren, um herauszufinden, was passiert. Was würde Ihnen diese Zeitlinie ermöglichen, das Sie mit Ihrer eigenen nicht können? Auf welchem Gebiet würde Sie Ihnen dazu verhelfen, wirklich gut zu sein? Und welche Einschränkungen würde sie bringen? Diese Übung wird am interessantesten, wenn Sie eine Person finden, die sich sehr von Ihnen unterscheidet; wenn Sie eine Zeitlinie einer Person ausprobieren, die Ihnen sehr ähnlich ist, bekommen Sie nicht sehr viele Wahlmöglichkeiten zu Ihren eigenen hinzu.

Zeitlinien sind ein wichtiges Mittel für die meisten Menschen, um ihren Realitätssinn zu bewahren. Indem Sie verschiedene Wege der Zeitsortierung vergleichen, werden Sie mehr über die Auswirkungen lernen, die Ihr eigener, natürlicher Weg der Zeitsortierung hat. Wenn Sie in Kontexten, in denen Sie Probleme haben oder Beschränkungen unterworfen sind, verschiedene Wege ausprobieren, die Zeit zu repräsentieren, können Sie oft interessante und nützliche Anwendungsmöglichkeiten entdecken.

Viele von Ihnen werden den Weg beibehalten wollen, wie Sie die Zeit bis jetzt sortieren. Nachdem Sie eine andere Zeitlinie ausprobiert haben, stellen Sie sicher, daß Sie sie deutlich in Ihre eigene zurückverwandeln. Wenn Sie eine neue Art der Zeitsortierung besser finden, nehmen Sie sich die Freiheit, sie zu übernehmen und beizubehalten, aber gehen Sie sicher, vorher erst einen sorgfältigen Ökologie–Check zu machen. Stellen Sie sich vor, diese neue Zeitstruktur mit in die Zukunft zu nehmen. Wie wirkt das? Sie könnten eine neue Art der Zeitsortierung in den Kontexten haben wollen, in denen Sie in der Vergangenheit eingeschränkt waren, und den alten Weg für andere Kontexte behalten wollen, in denen Sie schon erfolgreich sind. Denken Sie daran, NLP handelt davon, flexibler zu werden.

Übungsstruktur

1. Erkundung
Entdecken Sie Ihre eigene Zeitlinie in Dreiergruppen, und teilen Sie sie den anderen mit.

2. Experimentierphase

a) Ändern Sie zuerst die Submodalitäten, die Sie schon benutzen, um zu entdecken, wie dies Ihre Reaktion verändert.

b) Dann probieren Sie die Submodalitäten aus, die andere benutzen.

c) Probieren Sie die vollständige Zeitlinie eines anderen.

* * * * *

Diskussion: Sortierung nach Positionen und die Beziehung zu den Augenbewegungsmustern

Hat irgend jemand die verschiedenen Zeiten nicht nach räumlichen Positionen sortiert? Wie schon erwähnt ist die häufigste Submodalität, die Menschen benutzen, um die Zeit zu sortieren, die Position im Raum. Bei näherer Betrachtung scheint dies sinnvoll zu sein. Das visuelle System ist für die gleichzeitige Repräsentation vieler Ereignisse ideal. Wenn Sie viele Repräsentationen in eine Reihenfolge bringen müssen, ist die Plazierung ein ausgezeichnetes Mittel dazu. Wenn alle Repräsentationen am selben Ort wären, könnten Sie nur eine auf einmal sehen, und Sie müßten sie durch Unterschiede in Helligkeit, Farbe, Größe oder irgend etwas Ähnlichem kennzeichnen.

Für die meisten Leute ist die Vergangenheit auf ihrer linken Seite und die Zukunft auf ihrer rechten, so wie es für Linda war. Für wie viele von Ihnen ist das *nicht* der Fall?

Henry: Meine Vergangenheit ist auf meiner rechten Seite, und meine Zukunft auf meiner linken.

Also ist Ihre Struktur eine Umkehrung des häufigsten Musters. Sind Ihre Augenbewegungsmuster ebenfalls umgedreht?

Henry: Ja.

Die Zeitlinie ist normalerweise an den Augenbewegungsmustern der Person ausgerichtet. Die Leute haben fast immer ihre Vergangenheit auf derselben Seite wie ihr visuelles Gedächtnis, und ihre Zukunft ist auf der Seite, wo sie visuell konstruieren. Wir haben jedoch einige wenige Leute gefunden, die ihre Zeitlinie bezogen auf ihre Augenbewegungsmuster entgegengesetzt haben. Ein Mann mit dieser Struktur beklagte sich viel über die Zukunft, die ihm sehr „fixiert" schien, während seine Vergangenheit sehr viel flexibler sei. Er sagte, er könnte das Change–History–Muster (aus *Neue Wege der*

Kurzzeit–Therapie) ganz leicht machen. Dies war zu erwarten, da der Zugang zu konstruierten Bildern rechts war, an derselben Stelle wie seine Vergangenheit, so daß er Bilder der Vergangenheit leicht ändern konnte. Diese Veränderungen würden sich jedoch nicht gut auf seine Zukunft übertragen lassen, weil die Zukunft die festeren und detaillierteren Charakteristika des visuellen Gedächtnisses hatte. Die meisten von uns benützen konstruierte Bilder, um die Zukunft zu planen. Diese Möglichkeit war ihm nicht sofort verfügbar. Als er seine Zeitlinie umdrehte, hatte er das Gefühl, daß seine Zukunft offener und flexibler war.

Roxanne: Ich habe die üblichen Augenbewegungsmuster, aber eine entgegengesetzte Zeitlinie.

Vielleicht finden Sie den Versuch interessant, Ihre Zeitlinie so umzuwandeln, daß sie zu Ihren Augenbewegungsmustern paßt. Und finden Sie heraus, was das bewirkt.

Immer wenn Sie damit herumspielen, eine andere Zeitlinie zu übernehmen, können Sie bezüglich der neuen Zeitlinie erfreuliche Dinge entdecken, vor allem in bestimmten Kontexten. Bevor Sie jedoch eine andere Zeitlinie ganz annehmen, sollten Sie sorgfältig überprüfen, welche wertvollen Sachen Ihnen die alte ermöglicht hat. Prüfen Sie alle wichtigen Lebenskontexte: Beruf, Freizeit, Familie, etc. Auch wenn Sie die neue Zeitlinie in bestimmten Situationen lieber verwenden, könnte es sein, daß Sie die alte in einigen Kontexten behalten wollen.

Orientierung in der Zeit

Nun wollen wir uns noch ein bißchen mehr mit Menschen beschäftigen, die vergangenheits–, gegenwarts– und zukunftsorientiert sind, und damit, wie ihre Orientierungen mit ihrer Zeitstruktur zusammenhängen. Eine Frau, mit der ich arbeitete, hatte z. B. die Vergangenheit rechts hinter sich, die Gegenwart direkt vor sich, und die Zukunft von sich aus nach vorne gehend. Was für eine Art von Person war sie nun bezüglich der Zeit? Wenn Sie diese Zeitlinie ausprobieren, wie wird Ihre Orientierung sein?

Al: Ich bin nicht sicher. Es ist verwirrend.

Nun, können Sie die Zukunft sehen?

Al: Nein, nicht richtig.

Nicht, es sei denn, Ihre Bilder sind durchsichtig, und die der Frau waren es nicht! Wenn die Gegenwart gerade vor Ihnen ist und die nähere Zukunft dahinter, so daß Sie sie nicht sehen können, wie ist dann Ihre Zeitorientierung?

Sally: Gegenwartsbezogen.

Richtig, und für sie war es die *unmittelbare* Gegenwart. Wenn sie sagte „jetzt sofort", meinte sie *jetzt sofort* — diesen Bruchteil einer Sekunde! Fünf Minuten später war für sie in der Zukunft. Sie hatte eine sehr begrenzte Vorstellung von der Gegenwart.

Probieren Sie jetzt mal folgendes aus. Was wäre, wenn Ihre Zukunft nach rechts in einem Winkel von Ihnen weggehen würde, so daß Sie das meiste von dem sehen können, was in jedem Bild ist, und wenn sie größer und heller wird, während sie in der Zeit vorwärts geht? Die weit entfernte Zukunft wird für Sie wichtiger sein. Sie würden eher für die ferne Zukunft leben und weniger auf die Gegenwart und die Vergangenheit reagieren.

Wenn die nahe Zukunft oder die Gegenwart größer und heller wären als die ferne Zukunft, könnten Sie bei langfristigen Planungen oder bei der Vorstellung der Konsequenzen Ihres Verhaltens Schwierigkeiten bekommen; Sie wären aber sehr gut in der Planung der nächsten Zukunftsereignisse. Wenn Sie Ihre Zeitlinie untersuchen, kann Ihnen das oftmals Anhaltspunkte geben, wie Sie sie in einer nützlichen Art und Weise verändern können.

Carol: Ich begann sehr gegenwartsorientiert. Meine Gegenwart war groß, hell und nah, und sowohl die Zukunft als auch die Vergangenheit waren schmal und düster. Wir änderten dies, so daß ich all die Schönheit der Gegenwart behalten konnte, aber einiges von der Helligkeit auch in die kommenden Wochen bringen konnte, damit ich mehr für die nächste Zukunft empfänglich sein werde und mehr schaffe.

Das klingt so, als ob dies ein nützlicher Wechsel ist. Es gibt eine andere Zeitlinie, die Sie alle ausprobieren können. Ein Mann hatte seine Vergangenheit auf einer Linie, die gerade vor ihm lag. Seine Zukunft ging nach rechts weg. Sie kennen den Ausdruck, „Meine Vergangenheit lag hell erleuchtet vor meinen Augen?" Dieser Mann lebte immer auf diese Art und Weise. Was bewirkt das bezüglich Ihrer Erfahrung? Es konzentriert sicherlich Ihre Aufmerksamkeit auf die Vergangenheit. Je nachdem, ob Ihre Vergangenheit wunderbar oder furchtbar war, können Sie sie mögen oder nicht, aber Sie würden der Gegenwart oder Zukunft nicht viel Aufmerksamkeit schenken. Er gehört zu den Personen, für die das Change–History–Muster sehr wirkungsvoll sein wird, weil er so stark auf Repräsentationen der Vergangenheit reagiert.

Carl: Ich habe gemerkt, daß ich mich unter bestimmten Umständen sehr auf die Vergangenheit konzentrieren kann. Meine Vergangenheit war gerade hier vor mir. So bewegte ich sie einfach auf meine linke Seite, und schlug mit „Peng, Peng!" die Tür zu.

Und wie funktioniert das für Sie?

Carl: Na ja, ich weiß noch nicht genau.

Wenn Sie nun diese neue Zeitlinie in Zukunftssituationen mitnehmen, können Sie eine Idee bekommen, wie sie funktionieren wird, und ob irgendwelche Berichtigungen nötig sind. Ideal ist es, etwas flexibel mit Ihrer Zeitlinie zu sein — fähig zu sein, die Vergangenheit dahin zu bewegen, wo Sie sie sehen können, wenn das nötig ist, und sie aus dem Weg zu räumen, wenn Sie mehr gegenwarts– oder zukunftsorientiert sein wollen.

Ich denke, Sie bekommen alle gerade die Idee, daß *im allgemeinen das, was immer gerade vor Ihnen und wahrnehmbar ist — groß und hell, farbig, etc. — am anziehendsten sein wird, und daß Sie die meiste Aufmerksamkeit darauf verwenden werden.*

Nützliche Zeitlinien

Fred: Ich würde gern etwas über einige nützliche Zeitlinien hören.

Gut, die Frage ist immer „nützlich für welchen Zweck?" oder „nützlich für wen?" Sie bekommen mit der Zeit ein Gefühl dafür, welche Möglichkeiten es gibt. Lassen Sie mich Ihnen einige recht günstige Standardlinien nennen. Die meisten Menschen haben irgendeine leichte, offene Kurve, in der Art, wie Linda sie hat. Die Vergangenheit ist üblicherweise eine Linie, die nach links geht, die Gegenwart gerade vor Ihnen, und die Zukunft auf einer Linie nach rechts. Bilder können hintereinander gestapelt sein, aber sie werden gewöhnlich in einem Winkel gesetzt oder so angeordnet, daß jedes folgende Bild teilweise sichtbar ist.

Die Entscheidung, ob eine Zeitlinie nützlich ist oder nicht, hängt davon ab, welche Auswirkungen sie für Sie persönlich hat, und was für Sie ökologisch ist. Zu sagen, „dies ist die *richtige* Zeitlinie" ist dasselbe, wie zu sagen, „dies ist die *richtige* Art des Daseins, und es gibt keine andere nützliche Weise, in der Welt zu leben." Die Zeitlinie einer Person kann diese individuell und einzigartig machen. Aber wenn sie Sie in bestimmten Situationen in Schwierigkeiten bringt, oder wenn eine andere Zeitlinie jemandem erlauben würde, Dinge zu tun, die er gegenwärtig mit seiner eigenen nicht tun kann, könnte es angemessen sein, zumindest für bestimmte Kontexte Alternativen auszuprobieren.

Räumliche Anordnung von Zeitlinien

Es ist oft hilfreich, jemand zu finden, den Sie für sehr begabt und fähig halten, seine Art, die Zeit zu sortieren, zu untersuchen, und sie dann auszuprobieren. Zum Beispiel neigen Menschen, die gute langfristige Planer sind, dazu, die Zukunft eher nahe vor sich zu haben als seitlich weggehend. Wir kennen einen Mann, der Geschäftsleuten langfristige Planung beibringt, und er ist dabei sehr gut. Er hat sowohl seinen Fünf–Jahres–Plan als auch seinen Zehn–Jahres–Plan gerade vor sich, sehr detailliert und recht nahe. Zehn Jahre sind nur ungefähr einen halben Meter entfernt. Das funktioniert bei ihm gut, und er mag es wirklich, aber wenn ich es ausprobiere, scheint mir die Zukunft viel zu erdrückend. Ich möchte die Zukunft ein bißchen weiter weg haben und weniger detailliert, so daß ich mehr Platz habe, mich in der Gegenwart zu bewegen.

Welchen Unterschied könnte es im Leben einer Person machen, wenn ihre Zukunfts–Zeitlinie wirklich a u s g e d e h n t wird, anstatt zusammengepreßt, wie die des langfristigen Planers, den ich gerade erwähnt habe? Versuchen Sie, den morgigen Tag halb über den Raum zu legen, die nächste Woche runter in die Halle, und den nächsten Monat so weit weg an den Horizont, daß er kaum sichtbar ist. Was könnten die Konsequenzen im Verhalten sein, wenn man solch eine „ausgedehnte" Zeitlinie hat?
Anne: Ich wäre nicht sehr motiviert, etwas zu tun, was irgendwo da draußen wäre! Ich hätte das Gefühl, viel Zeit totgeschlagen zu haben, bevor ich dahin komme.
Mike: Das stimmt! Als ich meine Dissertation schrieb, lag der Zeitpunkt der Fertigstellung ziemlich weit weg in der Zukunft. Es gab

viel Raum, andere Projekte zwischen der Gegenwart und dem Abgabetermin einzufügen, so daß ich fortwährend neue Jobs annahm und die Dissertation beiseite schob. Als ich schließlich realisierte, was vor sich ging, holte ich den Stichtag zu mir heran, bis er so nah bei der Gegenwart war, daß nicht mehr genügend Platz war, irgend etwas dazwischen einzufügen. Alle neuen Projekte mußten warten, bis die Dissertation fertig war.

Schön! Das ist ein gutes Beispiel, wie das Zusammendrücken einer Zeitlinie jemandem helfen kann, Stichtagen nachzukommen.

Lars: Ich glaube, ich müßte das Gegenteil tun. Meine Zukunft ist sehr eng zusammengebündelt, und ich fühle mich immer von der Zukunft fast erdrückt. Wenn ich sie ein bißchen ausdehne, fühle ich mich viel entspannter.

Sie sehen so aus, als ob es Ihren Blutdruck um 30 Punkte senken könnte. Lassen Sie uns dennoch sorgfältig die Ökologie überprüfen. Stellen Sie sich vor, diese neue ausgedehnte Zeitlinie mit sich durch den nächsten Tag zu nehmen, ... und durch die nächste Woche. ... Können Sie nach wie vor die Dinge tun, die Sie erledigt haben möchten? Oder sind Sie *zu* „entspannt"?

Lars: Nein, überhaupt nicht. Ich denke in der Tat, daß ich besser planen und Sachen festlegen kann. Vorher war meine Zukunft *so* zusammengebündelt, daß ich sie eigentlich nicht gut genug sehen konnte, um gut zu planen.

Das klingt gut. Wir haben auch gemerkt, daß eine langfristige Zukunft, die mit großen, hellen Zielen gefüllt ist, manchen Leuten buchstäblich etwas gibt, „wofür es sich zu leben lohnt", so daß sie mehr geneigt sind, am Leben zu bleiben! In einer Studie über Krebspatienten kam heraus, daß überlebende Patienten eher zukunftsorientiert sind, während jene, die starben, vergangenheitsorientiert waren.

Bob: Ich war früher viel zukunftsbezogener, als ich es jetzt bin. In den letzten paar Jahren bin ich langsamer geworden, und meine Zukunft scheint mir weniger klar als vorher. Es gibt offensichtlich Vor- und Nachteile.

Durchaus. Wenn Sie zu sehr auf die Zukunft fixiert sind, kann es sein, daß Sie sich um Dinge in der Gegenwart nicht kümmern. Sie könnten übersehen, daß Sie momentan eine miserable Zeit erleben, und daß die Gegenwart für Ihre Familie ebenfalls gerade miserabel ist. Andererseits werden Sie die zukünftigen Konsequenzen nicht bemerken, wenn Ihre ganze Aufmerksamkeit darauf gerichtet ist, in der Gegenwart Spaß zu haben; Ihre Zukunft wird dann nicht so vergnüglich, wie sie sein könnte. Je nachdem, welche Konsequenzen Sie ignorieren, könnte sie auch viel kürzer sein!

Unterschiede zwischen Vergangenheit und Zukunft

Lassen Sie mich Ihnen eine andere Frage stellen: Haben Sie irgendwelche Unterschiede — besonders digitale Unterschiede — zwischen der Vergangenheit und der Zukunft bemerkt?

Bob: Ich sehe alle Bilder der Vergangenheit mit meinen eigenen Augen, und die Zukunft besteht aus dissoziierten Bildern von mir.

Anne: Meine Vergangenheit und meine Zukunft haben beide eine nebelige Grenze um die Bilder, aber die Farbe des Nebels ist für die Vergangenheit grau und für die Zukunft silbern.

Welche mögen Sie lieber, die graue oder die silberne?

Anne: Die silberne ist viel anziehender. Deshalb ist sie gerade vor mir.

Sally: Bei mir ist das ähnlich. Meine Vergangenheit ist sehr dunkel, und die Zukunft ist von Licht umgeben; die Bilder der entfernten Zukunft sind so klein, daß ich nur den Glanz sehen kann.

Also haben Sie eine glänzende Zukunft!

Chris: Toms Zeitlinie war sehr seltsam für mich.

Können wir sie alle ausprobieren, Tom?

Tom: Sicher, ich habe kein Copyright darauf.

Zeigen Sie, wie Sie es machen.

Tom: Meine Zukunft enthält einen Gipfel. Sie geht nach rechts weg, und die nahe Zukunft geht nach oben zu einer Spitze, und dann sinkt die weiter entfernte Zukunft zurück nach unten, wie die Rückseite eines Berges, so daß ich sie nicht sehen kann.

Haben Sie ausprobiert, diesen Teil Ihrer Zeitlinie zu ändern?

Tom: Noch nicht.

Was passiert, wenn Sie Ihre Zukunft nehmen und diese kleine Spitze geradebiegen und alles in einer geraden Linie auf Ihrer rechten Seite weggehen lassen. Inwiefern ist das anders?

Tom: Ich bin mir nicht sicher.

Wenn Sie die Zukunft einebnen, so daß sie völlig in einer Linie ist, sind Sie dann mehr oder weniger auf die nahe Zukunft konzentriert als vorher, als Sie den Gipfel hatten?

Tom: Ich denke, ich bin mehr auf die ferne Zukunft orientiert, wenn ich sehe, daß es alles in einer Linie ist.

Das erscheint sinnvoll. Ein Gipfel in der nahen Zukunft konzentriert Ihre Aufmerksamkeit auf diesen Teil der Zeitlinie, und verdunkelt das, was danach kommt. Wenn Sie die weiter entfernte Zukunft sehen können, werden Sie mit größerer Wahrscheinlichkeit dafür empfänglich sein.

Analoges Kontinuum versus digitale Kategorien

Dieser Gipfel in Toms Zeitlinie ist ein Beispiel für eine deutliche Diskontinuität in der Zeitlinie, im Gegensatz zu allmählicheren Veränderungen. Nehmen Sie diese Art von Diskontinuität als wichtigen Hinweis auf eine digitale oder kategorische Veränderung in der Reaktion der Person. Die Zeitlinie eines Mannes bestand z. B. aus einer Schnur mit Seifenblasen oder Plastikperlen anstelle eines glatten Kontinuums. Jede Seifenblase enthielt ungefähr sechs Monate an Erinnerungen. Obwohl die Blasen an sich zeitlich angeordnet waren, war die Verteilung der Ereignisse *innerhalb* jeder Blase rein zufällig. Mit diesem Mann könnte man ein Change History recht einfach machen, weil man leicht eine neue Ressourcen–Erinnerung installieren könnte, ohne sie sorgfältig in das einpassen zu müssen, was auch immer genau davor oder danach passierte.

Obwohl die meisten Menschen die Position auf der Zeitlinie als eine analoge Submodalität benutzen, machen einige hinsichtlich dieses Aspektes auch digitale Unterscheidungen, über die man Bescheid wissen sollte. Die nonverbalen Gesten einer Person können oft auf diese kategorischen Unterscheidungen hinweisen. Abgehackte, schnelle Gesten oder fahrige Handbewegungen zeigen gewöhnlich bestimmte Alternativen an. Manchmal gestikulieren die Leute mit einer abrupten Bewegung, um eine vertikale oder horizontale Linie in die Luft zu zeichnen, die eine definitive Grenze zwischen zwei Orten anzeigt. Im Gegensatz dazu sind kontinuierliche Bewegungen gewöhnlich ein klarer Hinweis auf ein analoges Kontinuum.

Veränderung von Zeitlinien

Frau: Sie beschreiben die Veränderung der Zeitlinie als einfache visuelle Neugestaltung, so wie Sie sie haben wollen. Gibt es noch irgend etwas anderes, was Sie zusätzlich tun müssen?

Sie sollten immer sehr sorgfältig die Ökologie überprüfen, weil Zeitlinien sehr an das Gefühl der Leute gebunden sind, was real ist und was nicht. Die Vergangenheit hat sich schon ereignet, deshalb ist sie real, aber die Zukunft hat noch nicht stattgefunden, deshalb ist sie *nicht* real. Wenn Sie beginnen, diese Unterscheidungen zu verändern, könnten Sie den Wirklichkeitssinn einer Person ernsthaft verletzen. Der Wechsel, den Sie vorschlagen, wird dann leicht vonstatten gehen, wenn er vollständig ökologisch ist.

Wir framen auch alle Veränderungen nur als zeitweilig. „Sie können dies ausprobieren; wenn Sie es nicht mögen, oder wenn es in irgendeiner Art und Weise nicht paßt, können Sie immer dazu zurückgehen, wie Sie es vorher taten." Um wirklich gründlich zu sein, bitten Sie die Person, sich vorzustellen, die neue Zeitlinie in allen geeigneten Kontexten auszuprobieren. „Wie ist es, diese neue Zeitlinie zu haben? Achten Sie darauf, ob sie Ihnen erlaubt, das zu tun, was Sie tun wollen, oder ob sie zu irgendwelchen Problemen oder Einschränkungen führt." Der Austausch von Zeitlinien ist eine sehr grundlegende Veränderung — eine, die sich auf alle Lebensgebiete auswirken kann. Dies sollte man nicht leichtfertig angehen. Bevor Sie eine Zeitlinie verändern, sollten Sie sich vergewissern, daß Sie wissen, was Sie tun. Wenn ein Teil von Ihnen besorgt ist, ob Sie mit dieser neuen Zeitlinie nicht steckenbleiben werden, wird er sie die ganze Zeit bekämpfen — und das aus guten Gründen.

Wenn ich die neue Zeitlinie dauerhaft installieren will, lasse ich die Person darüber nachdenken, wo sie die neuen Wahlmöglichkeiten haben will; und dann soll sie sich im Future Pace vorstellen, die neue Zeitlinie in bestimmte unterschiedliche Zukunftssituationen zu übertragen. Natürlich vergewissere ich mich mit einem Test, ob die neue Zeitlinie generalisiert wurde, indem ich die Person bitte, an ein oder zwei andere Situationen zu denken und zu überprüfen, wie sie auf *diese* reagiert. Wenn sie mit den Ergebnissen zufrieden ist, sind wir fertig. Bei der Errichtung einer neuen Zeitlinie sollten Sie zum einen nachprüfen, ob die Person nun die Zeit in einer neue Weise sortiert, *und* zum anderen, ob sie damit ihr ursprüngliches Ziel erreichen kann.

Dawn: Sind die Leute zuerst verwirrt? Als ich die Zeitlinie von jemand anderem ausprobierte, was ich sehr verwirrt.

Meinen Sie mit „verwirrt", daß die neue Zeitlinie ungewohnt erscheint oder eine Weile braucht, um sich zu „etablieren"? Dies ist eine recht häufige Erfahrung. Wenn das Gefühl der Verwirrtheit eine Empfindung ist, daß die neue Zeitlinie nicht ganz die richtige für Sie ist, kann dies darauf zurückzuführen sein, daß sie für Sie *nicht* geeignet *ist*. Brauchen Sie irgend etwas zusätzlich, um die Zeitlinie so zu gestalten, daß sie für Sie paßt? Dies müssen Sie sorgfältig prüfen, wenn Sie die Zeitlinie fest einrichten, und sie nicht nur mal vorübergehend ausprobieren.

Joe: Ich fand es anstrengend, die Zeitlinie einer anderen Person zu übernehmen. Ich wurde körperlich richtig müde.

Ich bemerke, daß Sie den Satz benutzen: eine neue Zeitlinie „zu übernehmen"; es klingt, als ob Sie mit einem Gegner oder einer Bürde umgehen. Einige Leute berichten über Müdigkeitsgefühle, wenn Sie dies tun. Ich habe damit andere persönliche Erfahrungen, und dies führe ich darauf zurück, daß ich eher einfach die Zeitlinie auf *mich* einwirken lasse, als mich unter großen Mühen anzustrengen, meine Bilder an neue Plätze zu zwingen. Die Bilder erscheinen einfach in einer neuen Position. Können Sie damit etwas anfangen? Was haben die anderen erfahren, als Sie neue Zeitlinien ausprobierten?

Mark: Ich arbeitete so hart daran, daß ich anfing, an den Augen eine Anspannung zu fühlen.

June: Mir kam das Ausprobieren einer neuen Zeitlinie mehr wie ein leichtes Phantasie–Erlebnis vor. Ich lasse es einfach passieren, ohne zu versuchen, es zu kontrollieren.

Auf diese Weise haben Sie etwas Ähnliches wie den „Als ob"– Rahmen benutzt, um eine neue Zeitlinie auszuprobieren. Mark, vielleicht wollen Sie Junes Strategie ausprobieren. Tun Sie so, „als ob" Sie die neue Zeitlinie schon haben; Sie müssen sie jedoch nicht notwendigerweise klar sehen, um zu wissen, daß sie da ist. Das könnte einiges von der Anspannung an Ihren Augen nehmen.

Hinzufügen einer neuen Zukunft

Betty: Ich war höchst erstaunt herauszufinden, daß ich keine Zukunft habe! Meine Zeitlinie hört ungefähr hier einfach auf (zeigt ca. 30 Zentimeter rechts neben sich). Die Leute haben mich immer davor gewarnt, zu sehr in der Gegenwart zu leben, und nicht an die Zukunft zu denken. Wie kann ich mehr Zukunft hinzufügen? Ich versuchte, eine hinzuzufügen, aber es hat einfach keinen Sinn für mich, alle diese Bilder da draußen auf eine Linie zu tun, wenn ich nicht weiß, was passieren wird.

Das ist sehr sinnvoll, weil es sich um eine wichtige ökologische Erwägung handelt. Es hört sich so an, als wenn Sie versucht hätten, Bilder in Ihre Zukunft zu tun, die genauso detailliert und klar aussehen würden wie diejenigen aus Ihrer Vergangenheit. Denken Sie daran, was passieren würde, wenn Ihre Zukunft sehr klar und detailliert wäre. Sie würden exakt sehen, wen Sie heiraten würden und wie Ihre Hochzeit wäre; Sie würden klar sehen, in welchem Job Sie arbeiten würden, etc. Wenn Sie die Zukunft zu genau festlegen, ist es unwahrscheinlich, daß die „wirkliche" Zukunft dem entsprechen wird, und Sie werden oft enttäuscht sein.

Wenn Sie eine Zukunft für jemanden schaffen, brauchen Sie die Gewißheit, auch den Fall zu berücksichtigen, daß Sie nicht *wissen*, was passieren wird. Viele von Ihnen bemerkten, daß Ihre Zukunft irgendein Anzeichen von Unbestimmtheit hatte. Sie ist vielleicht neblig, unscharf oder sogar transparent. Einige Leute sehen verschiedene Wege in Ihrer Zukunft; sie haben mehr als einen Weg zum Auswählen, so wie Wasser in mehreren Strahlen aus einen Schlauch spritzt. Eine Frau hatte Zukunftsbilder in Seifenblasen, die langsam umherschwebten und die Plätze wechselten, um eine gewisse Unbestimmtheit anzudeuten.

Hier sind einige Möglichkeiten, die Sie ausprobieren können, Betty. Eine Art, die Zukunft zu sehen, ist eine *Anordnung* von möglichen Wegen. Anstelle einer Linie können Sie eher *Zweige* sehen, von denen jeder jeweils eine mögliche offene Zukunft zeigt.

Sie können auch Ihre *Wertvorstellungen* oder eine allgemeine Repräsentation Ihrer *Ziele* in die Zukunft plazieren. Sie können Symbole in Ihre Zukunft setzen, die die Richtung anzeigen, in die Sie gehen wollen. Dann wissen Sie, was Sie wollen — welche Werte in Ihrer Zukunft wichtig sind –, aber Sie haben auch viele Möglichkeiten, wie Sie sie genau erreichen können.

Betty: Ich finde, das klingt gut . ...

Denken Sie darüber nach, was für Sie in der Zukunft wirklich wichtig ist. Wovon möchten Sie mehr in Ihrem Leben haben? Möchten Sie Dinge tun, die Ihnen erlauben zu lernen ...? Immer mehr fähig werden zu bestimmten Sachen...? Gute Beziehungen mit den Leuten um Sie herum haben ...? Lassen Sie sich von Ihrem Unbewußten dabei unterstützen, sich Dinge vorzustellen, bei denen Sie sicher sind, daß Sie sie in der Zukunft haben wollen. ...

Betty: Ja, das funktioniert. ... Das ist wirklich anders. ... Ich stelle Dinge auf eine Linie zu meiner rechten, so wie es die anderen in meiner Gruppe gemacht haben.

Und achten Sie darauf, in welcher Weise dies für Sie paßt. Ermöglicht Ihnen diese Zeitlinie, mehr die Person zu sein, die Sie sein wollen? Gibt es irgend etwas, was Sie noch einfügen oder ändern wollen?

Betty: Ich finde sie gut so. Ich habe das Gefühl, daß ich anders sein werde, obwohl ich nicht genau weiß, wie. Ich kann besser vorausdenken und bin nicht nur damit beschäftigt, was mir im Moment zusagt. Dies scheint ausgeglichener zu sein. Danke!

Wir haben bei einer Reihe von Leuten Zukunftszeitlinien hinzugefügt, die keine gehabt hatten. Wenn man das tut, muß man ihnen auch beibringen, wie sie ihre Vorstellungen von der Zukunft für eine Möglichkeit und nicht für eine Tatsache halten. Wenn man eine detaillierte, festgelegte Zukunft installieren würde, bestünde die Gefahr, daß die Person enttäuscht wird oder bei der Verfolgung von etwas sehr Speziellem ganz rigide vorgeht. Falls Sie spezifische Sachen einbauen, stellen Sie sicher, mehrere Wege einzusetzen, so daß die Person nicht auf nur einen Weg festgelegt ist, der womöglich nicht funktioniert.

Einige Leute haben ein endgültiges Ende bei ihrer Zeitlinie. Besonders wenn jemand älter ist, sollten Sie überprüfen, ob er seinen eigenen Tod programmiert. TA–Leute nennen das ein „Lebensskript" oder ein „Todesskript". Es kann sehr nützlich sein, das zu beachten und eine Veränderung in Betracht zu ziehen.

Sally: Ich habe einmal versucht, mit einer Frau einen Swish zu machen, die in einem Autounfall schwer verletzt worden war. Wann immer ich sie aufforderte, eine attraktive Zukunft zu konstruieren, zeigte sie eine sehr starke negative Reaktion; sie wurde sehr aufgeregt und begann zu weinen. Ich entdeckte, daß sie keinen ihrer Zukunftsentwürfe erfreulich gestalten konnte, weil sie sich selbst in allen entweder tot oder schwerverletzt sah. Ihre Vergangenheitszeitlinie kreiste schnell rund um ihre linke Schulter bis zu einer Stelle vor ihr, aber als sie die Gegenwart erreichte, bündelten sich die Bilder alle zusammen und gingen nirgendwo hin. Ihre Zeitlinie hörte einfach auf. Ich ließ sie allmählich ihre Linie in die Zukunft ausdehnen: „Was werden Sie in fünf Minuten machen? Wie ist es nächste Woche?" Schließlich lernte sie, wieder eine Zukunft zu haben. Der Unterschied war erstaunlich. Es gab so viele Dinge, die ich ausprobiert hatte und die nicht funktioniert hatten, als sie keine Zukunft hatte.

Das ist ein anschauliches Beispiel dafür, wie Sie jemandem helfen können, die Aufgabe, eine Zeitlinie aufzubauen, in kleine Abschnitte aufzuteilen, so daß er es in kleinen Schritten bewältigen kann. Denken Sie auch daran, daß Sie mit einer Person, die „keine Zukunft hat", keinen Swish machen können. Ohne Zukunft ist ein Swish sinnlos, und viele andere Dinge ebenfalls.

Gary: Hätte man das Glaubenssystem dieser Frau verändern können? Sie glaubte offensichtlich, daß ihre Zukunft vorüber und daß sie tot war.

Sally: Das ist interessant, weil sie vor dem Unfall eine dünne Person gewesen war, aber danach zugenommen hat. Sie hat Schwierigkeiten, wieder abzunehmen, weil sie denkt, sie könnte sterben, wenn sie wieder dünn wird.

Sie setzt womöglich „dünn sein" mit „sterben" gleich, und es könnte ein Versuch angebracht sein, einige ihrer Glaubenssysteme zu ändern. Auf der anderen Seite könnte ihre Gewichtszunahme auch ein Resultat dessen sein, daß sie keine Zukunft hat. Wenn man mehr gegenwartsorientiert ist, ist der Geschmack von Essen im Moment verlockender. Und die Motivation, Gewicht zu verlieren, ist sicherlich gleich Null, wenn man erwartet, irgendwie bald tot zu sein!

Gestaltung einer Zeitlinie

In den vorhergehenden Fällen vermißte die Person den Zukunfts*teil* seiner oder ihrer Zeitlinie. Einmal begegnete ich einer Frau, die sogar *überhaupt* keine Zeitlinie wollte! Sie weigerte sich, die Übung zu machen. Die Leute in ihrer Gruppe sagten, „tu mal so, als ob; mach' es einfach, es wird dir Spaß machen", aber sie gab nicht nach. „Nein, ich will nicht! Macht es ohne mich!" Wenn jemand so „Nein!" sagt, ist es an der Zeit, dies zu respektieren und eher an die Ökologie zu denken, als zu sagen: „Dies ist eine Übung. Folgen Sie den Schritten." Sie hatte absolut recht mit ihrer Weigerung, eine Zeitlinie auszuprobieren, solange sie nicht vorher andere Sachen erledigt hatte. Als ich mich mit ihr zusammensetzte, um weiter Informationen zu sammeln, stellte sich heraus, daß ihre Weigerung völlig damit übereinstimmte, wie sie in dem Seminar aufgetreten war. Sie war oft hinsichtlich der Zeit verwirrt und sortierte die Dinge nicht so, wie das andere Leute taten. Sie hatte einen großen Mischmasch von Erfahrungen, die nicht danach sortiert waren, *wann* sie auftraten. Ihre Weigerung, alles ordentlich auf einer Zeitlinie zu organisieren, beruhte darauf, daß dies ihre Spontaneität ersticken würde, die sie wirklich schätzte. In diesem Fall half ich ihr, „Spontaneität" zu reframen, so daß die natürliche und spontane Fähigkeit, eine Zeitlinie zu haben, ihr ermöglichen konnte, sogar *noch flexibler* zu sein — sie konnte wählen, ob sie eine Zeitlinie haben wollte oder nicht!

Mark: Wollen Sie damit sagen, daß sie vor diesem Moment tatsächlich keine Zeitlinie hatte?

Ich habe keine gefunden, so sehr ich es auch versuchte! Sogar bei Menschen, die sich nicht bewußt sind, daß sie eine haben, kann ich normalerweise eine finden. Aber bei dieser Frau konnte ich das nicht. Das war sehr seltsam; sie hat jedoch, nachdem auf den Ökologieaspekt der Spontaneität Rücksicht genommen worden war, spontan eine Zeitlinie entwickelt! (Lachen) Sie mußte sie aber auch nicht langsam und vorsichtig konstruieren; sie kam einfach.

June: Wenn diese Frau vorher keine Zeitlinie hatte, wie kam sie dann zu Ihrem Workshop? Sie muß irgendeinen Weg gehabt haben, die Zeit zu sortieren, wenn sie irgendein Konzept der Vergangenheit, Gegenwart und Zukunft hatte. Hatte sie das, oder war es in dem Fall wirklich so schlimm?

Ich stellte mir auch solche Fragen. Sie konnte Dinge erreichen, aber sie konnte nicht sehr gut planen. Sie hatte ihr Leben nicht in dieser Weise geordnet. Sie war verheiratet, und ihr Mann konnte die Dinge gut in Ordnung halten. Da sie es geschafft hatte, bevor sie verheiratet war, muß sie *irgend etwas* in ihrem Kopf gehabt haben, womit sie bestimmte Dinge speichern konnte! Aber dies geschah sicherlich nicht in der wohlgeformten Art, wie dies bei den meisten Leuten der Fall ist. Im übrigen setzte ich voraus, daß es einen Teil von ihr gab, der in einer bestimmten Weise durchs Leben ging und der wissen würde, an welchen Stellen Ereignisse auf ihre neue Zeitlinie zu setzen waren. Als ich es in dieser Weise erklärte, hatte sie keine Schwierigkeiten. Die Arbeit mit dieser Frau war besonders interessant für mich, weil es speziell in Seminaren sehr selten ist, jemand zu treffen, der die Zeit nicht sortiert.

Sortieren nach angenehmen und unangenehmen Erfahrungen

Marge: Für mich ist es vom Inhalt einer Erfahrung abhängig, wo sie auf meiner Zeitlinie eingeordnet wird. Wenn ein Ereignis trivial oder unangenehm ist, und ich es loswerden möchte, lege ich es hinter mich. Aber wenn es etwas ist, an was ich mich erinnern will, oder was ich mag, stelle ich es hier hin (zeigt nach links oben).

Andere Leute haben auch dieses Sortierungsprinzip. Sie legen einige Dinge auf einen Teil ihrer Zeitlinie, den sie nicht „sehen" können — irgendwo hinter sich —, so daß diese Erfahrungen sie nicht belasten. Andererseits kommen Dinge, die wichtig sind, auf Teile der Zeitlinie, die „sichtbar" sind — gewöhnlich auf eine Seite oder sogar vor die Person.

Joe: Ich mache das auch, aber ich war mir der unangenehmen Erinnerungen auf dem unsichtbaren Teil der Zeitlinie nicht bewußt, bis jemand in meiner Gruppe mich aufforderte, eine Erfahrung hinter mich zu legen. Ich entdeckte, daß dort schon Sachen waren, weil ich sie umherbewegen mußte, um Platz zu schaffen!

Ich denke, Sie erkennen alle die Vorteile, ressourcevolle Erfahrungen von unangenehmen zu trennen. Was ist jedoch möglicherweise ein Problem bei dieser Art von Zeitsortierung?

Sam: Man wird nicht aus den Erfahrungen lernen, die man hinter sich legt.

Man könnte aus ihnen *womöglich* nichts lernen. Jill legt die Vergangenheit hinter sich, wenn sie mit ihr fertig ist, aber sie extrahiert auch *zuerst* alle nützlichen Lehren daraus und nimmt diese in ihre Zukunft mit, *bevor* sie etwas für immer hinter sich läßt. Das zu tun ist sehr wichtig, bevor man „die Vergangenheit hinter sich läßt".

Sam: Was ist mit Amnesie?

Gut, ich weiß wirklich nicht ... äh ... mhm ... über was haben wir gesprochen? (Lachen)

Sam: Lassen Leute mit Amnesie die Vergangenheit hinter sich?

Nein. Amnesie ist etwas anderes. Wenn Sie Ihre Vergangenheit hinter sich lassen, denken Sie nicht viel über sie nach, aber sie ist immer noch für Sie verfügbar. Ein Mensch mit Amnesie scheint überhaupt keinen Zugang zu der Vergangenheit zu haben — sie ist *bewußt nirgendwo* verfügbar. Es wäre interessant, jemanden mit Amnesie zu fragen, wo seiner Meinung nach die Vergangenheit sein würde, wenn er sich daran erinnern *könnte*.

Sie können Amnesie erzeugen, indem Sie Erinnerungen hinter eine Grenze plazieren — eine geschlossene Tür, einen schwarzen Vorhang, etc. —, so daß sie zeitweilig nicht verfügbar für die Person sind. Mit jeder Form von vollständiger Unterbrechung können Sie auch permanente Amnesie verursachen, indem Sie z. B. eine Erinnerung nehmen und sie in ein „schwarzes Loch" schicken oder sie zu Asche verbrennen (siehe Kapitel 10). Im allgemeinen raten wir aber nicht dazu. Wenn Sie eine Erinnerung vollständig zerstören, hindert Sie das daran, *jemals* einen Nutzen aus ihr zu ziehen.

Alle Ihre Erfahrungen — sowohl die guten als auch die schlechten, diejenigen, die Sie tatsächlich hatten, und die, die Sie sich vorstellen können — sind wertvolle Ressourcen. Wenn Sie ihren Zugriff auf irgendwelche von ihnen begrenzen, berauben Sie sich selbst wertvoller Möglichkeiten.

Lassen Sie mich Ihnen ein Beispiel für eine Methode geben, die Menschen hilft, von vergangenen, unangenehmen Erfahrungen zu profitieren, ohne von ihnen geplagt zu werden. Vor einigen Jahren war ein Mann in einem unserer Seminare, der eine gewaltsame Revolution in Lateinamerika miterlebt hatte. Danach machte er noch mit einigen anderen Horrorgeschichten Bekanntschaft. Dieser Mann behauptete, er hätte keine Vergangenheitszeitlinie, und er wolle eine haben. Ich testete dies, indem ich ihm Fragen stellte, die ein Ordnungssystem für die vergangene Zeit voraussetzten. Wann immer ich das machte, wurde er sehr verwirrt. Er „klinkte" sich für einen Moment aus und fragte mich dann, über was ich gesprochen hatte.

Ich ließ ihn seine ganze Vergangenheit nehmen — von der er viele Abschnitte aus guten Gründen ausgeblendet hatte — und sich *unbewußt* von allen seinen unangenehmen Erinnerungen dissoziieren, und sie in schwarz/weiß–Bilder verwandeln, so daß sie ihn nicht belasten würden. Auf diese Weise konnte er seine Vergangenheit noch sehen und aus ihr lernen, aber die Gefühle waren „da drüben". Dann ließ ich ihn all die angenehmen Erinnerungen nehmen und sicherstellen, daß sie in Farbe waren, so daß er für all die positiven Erinnerungen voll empfänglich sein konnte. Das Ergebnis war, daß er viel weniger konfus bezüglich der Vergangenheit war, weil er einen effektiven und komfortablen Weg hatte, seine Erfahrungen zu sortieren.

Fred: Haben Sie ihn die unangenehmen Erinnerungen eher in Standbilder verwandeln lassen als in Filme?

Ich tue das normalerweise nicht, weil man viel mehr Information in einem Film über ein vergangenes Ereignis unterbringen kann als in einem Standbild, aber das ist sicherlich eine Möglichkeit.

Fred: War es für ihn einfach, seine Zeitstruktur zu ändern?

Ja. Nachdem ich vorgeschlagen hatte, daß er es versuchen könnte, schien er völlig in der Lage zu sein, die Veränderungen selbst zu machen. Das Unbewußte ist sehr fähig, solange Sie explizite Instruktionen geben. Ich bat sein Unbewußtes, in seiner ganzen Lebensgeschichte zu sortieren, und die angenehmen Erfahrungen von den unangenehmen zu trennen.

Nachdem Sie die Erinnerungen so sortiert haben, daß Sie die unangenehmen dissoziiert sehen, können Sie damit fortfahren, die unangenehmen zu revidieren, indem Sie durch den Gebrauch von Change History, Reframing oder irgendeinem anderen Muster Ressourcen hinzufügen. Nachdem Sie die Erinnerungen ressourcevoll gemacht haben, kann der Klient sich wieder mit ihnen assoziieren, und sie farbig machen.

Al: Sie haben das Change–History–Muster einige Male erwähnt. Können Sie die Information über eine Zeitlinie bei der Methode nutzen?

Ja, auf verschiedene Arten. Wenn Sie die Zeitlinie von jemandem kennen, können Sie ihn nonverbal pacen und es ihm sehr erleichtern, durch die Prozedur zu gehen. Dies trifft auch für viele andere Techniken zu.

Wenn jemand seine Zeitlinie kennt, kann ihm das auch helfen, den Wechsel besser zu generalisieren. Sie können sagen: „Schauen Sie zurück in der Vergangenheit und beachten Sie alle die unterschiedlichen Zeiten und Orte, wo Sie in *derselben* Art und Weise reagiert haben." Wenn Sie eine dieser Erfahrungen geändert haben — vorzugsweise eine besonders intensive oder frühe —, können Sie davon ausgehen, daß sich all die anderen verändern, *weil sie ähnlich sind*. „Da Sie in allen diesen verschiedenen Situationen gewohnt waren, auf dieselbe Art und Weise zu reagieren, kann dieser neue Weg zu reagieren auch dann angemessen sein und automatisch beschritten werden, wann immer diese Art von Situation in der Vergangenheit auftrat oder in der Zukunft auftritt." Sie brauchen nichts von Zeitlinien zu wissen, um diese Art von Sprache zu benutzen, aber es ist hilfreich. Wir erzählen manchmal den Leuten: „Passen Sie auf, wie diese Veränderung durch Ihre Zeitlinie rieselt und alle Ereignisse verändert, die vor und nach der Situation passierten."

Das Change–History–Muster ist sehr nützlich. Es bewirkt jedoch nur eine neue Reaktion in einem inhaltlichen Bereich, in einer besonderen Art von Situation — auch wenn Sie es auf Ihrer Zeitlinie generalisieren. Im Gegensatz dazu verändern Sie, wenn Sie die Struktur Ihrer Zeitlinie umwandeln, die Art, wie eine Person den Inhalt *insgesamt* behandelt. Das ist eine viel gründlichere Art der Veränderung, mit einer weiterreichenden Auswirkung auf das Verhalten. Dies ist die Art von Veränderung, die wir hauptsächlich in diesem Kapitel besprechen.

Einer unserer Studenten arbeitete beispielsweise mit einem Klienten, der eine „verschämte Blase" hatte; er hatte Schwierigkeiten zu urinieren, wenn irgend jemand in der Nähe war. Er machte Change History über viele Vorfälle in der Vergangenheit des Klienten, die diesem peinlich waren, aber das half nicht. Es stellte sich heraus, daß die Zeitlinie dieses Klienten einen großen Looping enthielt, wie ein Karussell, das aus vielen durcheinanderwirbelnden routierenden Einzelteilen besteht. Dieses „Zeitkarussell" war voller demütigender Erfahrungen. So lange seine Zeitlinie diese Schleife enthielt, half es nicht, Change History mit den Vorfällen zu machen, weil das Karussell sich weiter drehen würde, um immer wieder ein andere Ereignis in einer buchstäblich endlosen Reihenfolge zu zeigen. Als er den Klienten die Schleife auseinanderziehen ließ, konnte dieser sehen, daß es eine begrenzte Zahl von Vorfällen gab, mit denen er umgehen mußte, und es wurde viel einfacher.

Eine andere Klientin hatte gerade eine Krise erlebt. Ihr Ehemann hatte ein Verhältnis gehabt; er hatte seine Bindung an sie neu bekräftigt, und sie hatte ihm vergeben; sie war jedoch noch beunruhigt und niedergeschlagen. Sie sagte: „So läuft es immer; auch wenn etwas bereinigt ist, fühle ich mich für ungefähr sechs Monate deprimiert, und danach bin ich okay." Es stellte sich heraus, daß sich auf ihrer Zeitlinie die vergangenen sechs Monate und die kommenden sechs Monate überlappten, so daß sie nicht so einfach angeben konnte, ob etwas, was sich in diesem Zeitraum befand — in diesem Fall der Seitensprung — in ihrer Vergangenheit oder in ihrer Zukunft war. Ihre

Zeitlinie hatte die Form eines „Y". Der Strich des „Y" ging gerade vor ihr weg, und darauf plazierte sie Vorfälle sowohl der vergangenen sechs Monate als auch der kommenden sechs Monate. Nach diesem Zeitraum verzweigte sich ihre Zeitlinie in einer typischeren Art und Weise. Als sie ihre nahe Vergangenheit und Zukunft trennte, fühlte sie sich sofort besser und mußte nicht sechs Monate warten.

Eine andere Frau hatte eine Zeitlinie wie ein umgedrehtes horizontales „W". Die nahe Vergangenheit ging vor ihr in einem Winkel nach rechts und bog dann ab, so daß sich die weiter entfernte Vergangenheit in einem Winkel hinter ihr erstreckte. Ihre nahe Zukunft ging in einem Winkel vor ihr nach links, und bog dann ab, so daß ihre weiter entfernte Zukunft sich in einem Winkel hinter ihr erstreckte. Sie sagte, ihre Zeitlinie schiene ihr sinnvoll, wenn sie an ihre Schwierigkeit denke, Dinge zu erledigen. Sie hatte das Problem, durch Dinge abgelenkt zu werden, die gerade passiert waren oder kurz davor waren, zu passieren.

Als sie ihre Zeitlinie in Richtung einer mehr standardmäßigen veränderte, mit einer Linie für die Zukunft auf ihrer *rechten* Seite und einer geraden Linie für ihre Vergangenheit auf ihrer *linken* Seite, war sie über die Auswirkungen sehr erfreut. In den nächsten Tagen sagte sie immer wieder, es wäre einfacher, sich darauf zu konzentrieren, Dinge zu erledigen, weil die nahe Zukunft und die nahe Vergangenheit nicht genau vor ihr waren und sie ablenkten. Es war auch leichter für sie, ihre Zukunft zu planen, weil die neue Zeitlinie nicht so zusammenhangslos war wie ihre vorherige gebogene Zukunftslinie. Außerdem fand sie es einfacher abzunehmen, weil die zukünftigen Konsequenzen des Essens für sie offensichtlicher waren.

Gary: Ich entdeckte, daß ich zwei verschiedene Zeitlinien habe. Eine ist für historische Ereignisse: den Krieg von 1812, die Wirtschaftskrise, diese Art von Dingen. Die andere ist für Ereignisse aus meiner persönlichen Vergangenheit: Kindheit, High School, usw.

Wir haben dies gelegentlich auch schon bei anderen Leuten entdeckt. Es ist faszinierend, all die Variationen zu beobachten.

Richard: Unsere Gruppe stellte fest, daß einige von uns verschiedene Einteilungen für verschiedene Typen von Dingen benutzen. Für mich sind Aktivitäten auf einer Zeitlinie, und Orte sind auf einer anderen.

Also haben Sie Zeitlinien, die entsprechend dem Inhalt organisiert sind. *Das* ist Flexibilität!

Gary: Haben die Leute jemals auch Zeitkreise oder etwas anderes als Linien?

Wir haben meistens Linien gefunden. Ich fand eine Frau mit einem Zeitkreis, wo ihre Zukunft auf ihrer rechten Seite kreiste, und ihre Vergangenheit auf ihrer linken. Die ferne Vergangenheit und die ferne Zukunft waren direkt hinter ihr. Sie hatte das Gefühl, daß ihre Vergangenheit und Zukunft sich hinter ihr verbanden, aber sie war sich nicht ganz sicher wie.

Ein Mann hatte eine sehr detaillierte „Zeit–Helix". Auf einem niedrigen Niveau machte jeder Kreis der Helix eine Woche aus. Viele dieser kleinen Kreise bogen sich zusammen zu einer größeren Helix herum, wie bei einer gekrümmten Feder, und ergaben ein Jahr. Die Jahre krümmten sich zu einer noch größeren Helix zusammen, und bildeten zusammen ein Jahrhundert. Dieser Mann erinnert sich in minutiösen Details an die Dinge — und er war immer schon sehr gut in Geschichte.

Wir haben es nicht überprüft, aber wir vermuten, daß man in östlichen Kulturen mehr Kreise oder Zyklen finden könnte. Es gibt viele zyklische Metaphern in östlichen Religionen: Das Rad des Lebens, den Zyklus des Todes und der Wiedergeburt, etc.

Weitere Beispiele für Zeitlinien

Ein Computer–Fachmann hatte seine Vergangenheit hinter sich und seine Zukunft erschien als eine Serie von *transparenten* farbigen Dias, die gerade vor ihm nach vorne weggingen. Wenn er in die Zukunft sehen wollte, machte er diejenigen in der nahen Zukunft sehr groß und ausgedehnt, so daß er durch sie hindurch in das nächste sehen konnte. Wenn er weiter vorausschauen wollte, vergrößerte er dieses wieder, um durch sie die nächsten zu sehen, usw. Seine nahe Zukunft färbte buchstäblich die weiter entfernt liegende Zukunft ein. Probieren Sie diese Zeitlinie aus, wenn Sie einen veränderten Zustand wollen. Das ist eine der etwas ungewöhnlicheren Zeitlinien, auf die wir gestoßen sind.

Ann: Ich habe diese Zeitlinie gerade mit einer wirklich schönen Sache aus meiner Vergangenheit ausprobiert. Als ich mit dieser transparenten Zeitlinie zu einer ressourcevollen Zeit zurückging, verwandelte die Ressource die nahe Zukunft, und die nahe Zukunft färbte die entferntere Zukunft ein und machte sie ebenfalls ressourcevoller.

Das ist eine sehr nützliche Sache, die Sie machen können, wann immer sie das Change–History–Muster benützen, die „Fast Phobia-Technik", oder irgendwelche anderen NLP–Muster, um die Repräsentation der Vergangenheit zu verändern. Nachdem Sie eine spezielle Erinnerung an einem bestimmten Ort auf der Zeitlinie verändert haben, können Sie sagen: „Diese alte Erfahrung war wie ein Filter, der Sie auf spätere Ereignisse in einer bestimmten Weise reagieren ließ, indem er sie in einer Art einfärbte, die Sie nicht ignorieren oder ändern konnten. Nun trifft dasselbe auf diese neue Weise zu, in der Sie das vergangene Ereignis erleben. Wenn Sie diese Erinnerung auf ihren Platz in Ihrer Zeitlinie zurücklegen, möchte ich, daß Sie bemerken, wie diese in einem ‚Domino'–Effekt alle Ereignisse zwischen damals und heute verändert und neu einfärbt, so daß Sie die Vorteile dieses Wechsels sowohl *momentan genießen* als auch an allen dazwischenliegenden Zeitpunkten in der Vergangenheit." Das ist eine sehr spezifische Instruktion, um die Vorteile einer Veränderung zu generalisieren.

Die Zukunft einer Frau erstreckte sich in einem Winkel *hinter* ihr auf ihrer *linken* Seite, und ihre Vergangenheit lag in einem Winkel *hinter* ihr auf ihrer *rechten* Seite. Sie war die Spitze eines „V", das hinter ihr auseinanderlief. Raten Sie, was Sie war.

Sally: Die Gallionsfigur eines Schiffes? (Gelächter)

Einige Leute: Gegenwartsorientiert!

Sehr *gegenwartsorientiert*. Zuerst war sie sich nicht bewußt, wo ihre Zeitlinie überhaupt war, aber ich sah sie mit den Armen gestikulieren, während ich ihr über ihre Vergangenheit und Zukunft Fragen stellte. Als sie sich ihrer Zeitlinie bewußt wurde, sagte sie, hinsichtlich der Art, wie sie lebte, ergäbe diese Linie einen Sinn. Sie war sehr gegenwartsorientiert, und andere Leute hatten an ihr auszusetzen, daß sie die Zukunft nicht sehr gut plane. Glücklicherweise war ihr Ehemann ein *sehr* guter Planer. Ich schlug vor, daß die Gruppe ihr helfen sollte, mit anderen Zeitlinien zu experimentieren, um herauszufinden, ob irgendeine andere besser für sie passen würde. Es wäre nicht sehr klug gewesen, ihre Vergangenheits– und Zukunftslinien einfach an eine Stelle vor sie herumzuschwingen, weil ihre Zugangshinweise normal waren; sie hätte immer weiter versucht, mit erinnerten Bildern Zugang zur Zukunft zu bekommen, und mit konstruierten Bildern zur Vergangenheit. Ihre Gruppe versuchte, sie dazu zu bringen, in der Art und Weise über die Zeit nachzudenken, wie es die meisten Leute tun, und sie konnte das nicht. Sie erklärte ihnen schließlich: „Wißt ihr, ich fühle mich völlig verdreht." Sie mußten sie tatsächlich körperlich herumdrehen, und dabei ihre Zeitlinie da im Raum lassen, wo sie war. Sie drehte sich schnell um die eigene Achse, bevor ihre Zeitlinie sich bewegen konnte. Das mag ein bißchen bizarr klingen, aber es funktionierte! Plötzlich hatte sie viel „mehr Zeit zur Verfügung", und sie konnte die Fähigkeit genießen, einfacher über die Vergangenheit nachdenken zu können und für die Zukunft zu planen.

Eine andere Person mit den üblichen Zugangshinweisen hatte ihre Vergangenheit auf einer Linie, die nach unten und zu ihrer rechten Seite ging. Raten Sie, auf welches Repräsentationssystem sie sehr stark ausgerichtet war, als sie über ihre Vergangenheit nachdachte? *Teilnehmer*: Kinästhetisch! Gefühle!

Stimmt. Sie dachte „mit viel Gefühl" an unangenehme vergangene Erfahrungen. In dieser Art sprach sie darüber. Sie mochte das nicht sehr, deshalb war sie eher geneigt, sich statt dessen auf die Zukunft zu konzentrieren. Sie entschied sich, ihre Vergangenheit nach oben und auf ihre linke Seite zu bewegen, wo die meisten Leute ihre hintun. Nachdem sie dies gemacht hatte, konnte sie über die Vergangenheit ohne die intensiven schlechten Gefühle nachdenken. Ich ermutigte sie, ihren alten Weg, die Zeit zu sortieren, beizubehalten, wenn sie über angenehme vergangene Erfahrungen nachdenken wollte.

Die Vergangenheit eines Mannes war auf einer Linie gerade vor ihm, leicht nach rechts geneigt. Sie bog nach oben ab, so daß er sie ganz sehen konnte. Seine Gegenwart war direkt vor ihm, und seine Zukunft war in einem Spalt über und ein bißchen hinter seinem Kopf. Er sagte zu mir: „Ich bin ganz gut darin, die Zukunft zu nehmen, sie herunterzuziehen, in sie hinein zu steigen, und sie in meinem Verhalten manifest werden zu lassen, aber ich würde gerne wissen, ob es einen Weg gibt, meine Zeitlinie so einzurichten, daß ich die Zukunft noch schneller manifest werden lassen könnte." Dies ist jemand, für den der New Behavior Generator ein Kinderspiel ist!

Was denken Sie über seine Bitte, vor dem Hintergrund, daß seine Zukunft über seinem Kopf ist? Erinnern Sie sich, er wollte dazu fähig sein, seine Zukunftsbilder herunterzuziehen und noch schneller in sie hineinzusteigen, als er es sowieso schon tut. Ist das eine ökologische Bitte?

Chris: Es ist ziemlich ökologisch, weil er, wenn er an etwas Zukünftiges denkt, es einfach ausprobiert. Auf diesem Weg kann er eine kinästhetische Repräsentation dieser Möglichkeit bekommen. Wenn er sie nicht mag, kann er aus dem Bild heraustreten, und sich entscheiden, einen anderen Weg zu gehen.

Es wäre schön gewesen, *wenn* er das getan hätte. Er bat jedoch nicht darum, besser *entscheiden* zu können. Er wollte „die Zukunft schneller manifest werden lassen". Er wollte hineinsteigen und es umsetzen können. Er sagte nichts von der Flexibilität, aus einer Zukunft heraussteigen zu können, die er nicht mag. Sie haben wahrscheinlich diese Fähigkeit, Chris, aber ich bekam keinen Hinweis, daß *er* sie hatte. Er würde einfach das nächste Bild auf die Linie bekommen, es herunterziehen und hineinsteigen! Denken Sie einen Moment darüber nach. Er konnte seine Zukunft überhaupt nicht sehr klar sehen — die Bilder waren über seinem Kopf —, so daß er kaum inhaltliche Einzelheiten erkennen konnte. Und er wollte es noch schneller machen!

Als wir es mehr explorierten, stellte sich heraus, daß er zwei Stellen für die Lagerung von vergangenen Ereignissen hatte: seine unangenehme Vergangenheit ging nach links weg, und da schaute er nicht mehr hin. Nur seine „gute" Vergangenheit befand sich auf der Linie gerade vor ihm. Deswegen waren die einzigen Erfahrungen der Vergangenheit, die er im Blickfeld hatte, diejenigen, in denen er erfolgreich war. Was glauben Sie, wie wirkte sich das auf ihn aus?

Bob: Er würde nur das wiederholen, was in der Vergangenheit funktioniert hatte.

June: Er würde nichts aus seinen Fehlern lernen.

Sally: Er war risikofreudig.

Richtig! Da er nur Zugang dazu hatte, wie Dinge funktionierten, und nicht, wie sie mißlungen waren, ging er viele Risiken ein, lernte aber nicht viel aus seinen Fehlern. Er konnte sich wunderbare Bilder einer erfolgreichen Zukunft vorstellen und in sie hineinsteigen; auf diese Weise wirkte er wie „Mister Vertrauen" persönlich. Er ging Dinge kongruent an, aber es war eine Kongruenz, der es an Tiefe fehlte. Er nützte die Gelegenheiten nicht voll aus, in denen die Dinge nicht funktioniert hatten — die Gegenbeispiele und die Ausnahmen — die ihm alle hätten helfen *können*, seine Ziele in einer realistischen

Weise zu erreichen. Wir hörten später, daß er bei einem großen und riskanten Wirtschaftsprojekt mitmachte und bankrott ging.

Bob: Ich komme aus einem Bereich des Sports, und ich kann mir vorstellen, daß diese Art von Vertrauen im Sport wirklich nützlich sein könnte.

Ja, das ist ein guter Aspekt. *Wann* genau würde es für Sie nützlich sein, nur Erfolgsbeispiele wahrzunehmen und in sie hineinzusteigen?

Mann: Wenn Sie beim Skifahren durch die Slalomstangen rasen.

Ja. Wenn Sie sich tatsächlich innerlich festgelegt haben, den Berg hinabzufahren, brauchen Sie Zugang zu Erlebnissen, wo es gut lief, und nicht zu all den Malen, als Sie die Stangen trafen. Dieser Mann hatte also eine Fähigkeit, die viele Leute benützen könnten. *Vorher* jedoch, wenn Sie sich entscheiden, „Möchte ich diesen Slalom hinunterfahren?", ist es viel besser, daran zu denken, ob Sie verletzt werden könnten, wenn Sie es tun.

Wann man Zeitlinien ändern sollte

Mann: Wann würden Sie die Zeitlinie von jemandem ändern wollen? Wenn Sie mit jemandem arbeiten würden, was würden Sie dann als Hinweis betrachten, daß es angemessen sein könnte?

Wenn eine Person nicht in der Weise reagieren und sich verhalten kann, wie sie es möchte, und ich dafür keinen Grund ausmachen kann, beginne ich mich zu fragen, ob irgend etwas in Zusammenhang mit der Zeitlinie die Ursache ist, oder irgendeine andere Grundstruktur. Wenn es sich um ein Problem in der Art eines einfachen Stimulus–Response–Typs handelt, können Sie eines der Standard–Muster wie Ankern oder Reframing (aus: *Neue Wege der Kurzzeit–Therapie**) benutzen, oder einen Swish machen (beschrieben in: *Veränderung subjektiven Erlebens*). Wenn keines der Standard–Muster zu funktionieren scheint, ist dies eine weitere Indikation.

In einigen Situationen gibt es offenkundige Hinweise, die eine Veränderung der Art, in der die Zeit sortiert wird, nahelegen. Wenn jemand allzusehr vergangenheitsorientiert ist — besonders, wenn

---

* oder aus: *Thies Stahl*, Triffst du 'nen Frosch unterwegs... (Anm. d. Übers.)

sich die Person viel mit unangenehmen, vergangenen Erfahrungen beschäftigt — kann es nützlich sein, zusätzlich dazu, daß man spezielle Ereignisse verändert, ihr zu helfen, die Vergangenheit weiter aus ihrem Gesichtsfeld heraus zu bewegen. Einige Leute haben die Vergangenheit in einer Linie direkt vor sich, und dies hindert sie normalerweise daran, im Leben vorwärts zu kommen. Auf der anderen Seite sind manche Menschen so auf die Zukunft bezogen, daß sie die Gegenwart nicht genießen oder die Vergangenheit nicht als eine Ressource nützen können. Andere beklagen sich darüber, daß sie zu impulsiv sind und nicht dazu fähig, ihre Zukunft zu planen. Wann immer Menschen über Freßsucht oder Drogenmißbrauch klagen, ist das ein starker Hinweis darauf, daß jemand sehr gegenwartsorientiert ist. Einige Leute werden es von selbst erwähnen und Ihnen berichten, daß sie keine Zukunft haben. Mehr können wir Ihnen kaum darüber erzählen, wann dieser Ansatz nützlich sein könnte. Wir laden Sie ein, es auszuprobieren.

Einige von Ihnen haben gefragt, ob eine Veränderung oder Neugestaltung der Zeitlinie von anderen Menschen ethisch vertretbar ist, auch bei Personen, die scheinbar keine haben. Da Ihre Zeitlinie die Basis all Ihrer Fähigkeiten und Einschränkungen ist, kann der Weg, wie Sie die Zeit sortieren, zu einigen neuen und nützlichen Fähigkeiten führen *oder* diese eliminieren. Wenn Sie jemandem helfen möchten, mit bestimmten Schwierigkeiten umzugehen, kann es womöglich die Ethik gebieten, seine Zeitlinie zu verändern. Wie bei jeder anderen Veränderung, zu der Sie jemandem verhelfen, ist dies solange ethisch vertretbar, wie Sie etwas installieren, was ökologisch ist, und was für die Person nützlich sein wird.
Falls Sie nur herausfinden wollen, wie eine Person die Zeit sortiert, um von ihr lernen zu können, sammeln Sie einfach nur so gut wie möglich Informationen. Dabei halte ich mich immer zurück, irgend etwas zu installieren, indem ich mich durch die verbalen und nonverbalen Hinweise der Person führen lasse. Wenn ich Vorschläge mache, die die Person führen könnten, biete ich immer zwei oder drei auf einmal an, zwischen denen sie auswählen kann: „Woher wissen Sie, daß es jetzt ist im Gegensatz zu gestern? Ist das Bild größer? Ist es näher? Ist es an einer anderen Stelle?" Wenn Sie ihr nur eine Wahlmöglichkeit geben — „Ist das Bild näher? Ist es das, woran Sie es erkennen können?" –, machen Sie es ihr zu einfach, Ihrer Führung ohne

Überprüfung zu folgen, und Sie könnten unwissentlich eine Veränderung einrichten, die nicht nützlich ist.

Auch wenn Sie anfangs viele irgendwie gearteten Ideen haben können, wie die Zeitlinie einer Person beschaffen ist und wie sie funktioniert, ist es sehr nützlich, die Person einzuladen, ihre eigenen Entdeckungen zu machen, ohne ihr Ihre Theorien aufzubürden. Denken Sie daran, sie ist immer der eigene Experte, und Sie wollen *ihre* Wirklichkeit respektvoll erforschen, anstatt sie mit Ihrer eigenen niederzuwalzen. Wenn Sie sich vor diesem geistigen Hintergrund annähern, können Sie oftmals etwas ganz Neues und Faszinierendes lernen, etwas sehr Nützliches für Sie und für Ihre anderen Klienten, was Ihnen sonst nie begegnen könnte. Diese Einstellung, daß Erkundungen faszinierend sein können, enthält viel von dem, was NLP ist — und es macht Ihre Arbeit auch viel einfacher und bringt Ihnen mehr Spaß.

2 Die Verwendung von Zeitformen

Bei der Beschreibung von Ereignissen verwenden wir, um ihre Position in der Zeit anzugeben, Verben und Zeitformen der Verben. Wie so oft beim Gebrauch von Sprache, nehmen wir auch Verben als selbstverständlich gegeben hin, und machen uns nicht klar, welche Wirkungen sie haben. Beobachten Sie, was Sie erleben, wenn Sie den folgenden Satz lesen:

„Ich möchte, daß Sie sich erwartungsvoll auf das freuen, was Sie jetzt im Moment gerade tun und dabei in Erinnerungen darüber schwelgen, was Sie am Ende Ihres Lebens erreicht haben werden, während Sie wahrnehmen, was Sie an Ihrem fünften Geburtstag erleben."

Wenn Sie diesen Satz verwirrend finden, oder wenn er Ihnen ein leichtes Kopfzerbrechen bereitet, liegt das daran, daß er Worte gebraucht, die Sie fortwährend neu in der Zeit orientieren, und zwar auf eine widersprüchliche Art und Weise. Vereinfacht bedeutet dieser Satz: „Blicken Sie in die Zukunft (aus der Vergangenheit), auf das, was Sie jetzt gerade in der Gegenwart machen, und zurück auf die Zukunft (aus der weiter entfernten Zukunft), während Sie wahrnehmen, wo Sie in der entfernten Vergangenheit *sind*." Oftmals wird die Auswirkung der Sprache auf das Erleben nur bei einer Verletzung der üblichen Regeln ersichtlich.

Kenntnisse über die Verwendung von Zeitformen können Sie in Ihrer Kommunikation sehr wirksam unterstützen. Wenn Sie dieses Wissen nicht haben, kann es leicht passieren, daß Sie Zeitformen zufällig benützen, und dabei durch eine Präsupposition ein Problem auf der Zukunfts–Zeitlinie von jemandem *einbauen*. Während Sie versuchen, etwas zu verändern, können Sie gegen sich selbst arbeiten, indem Sie unpassende Zeitformen gebrauchen. Wir möchten herausfinden, wie Sie Zeitformen systematisch so verwenden können, daß sie nützliche Auswirkungen haben.

Lassen Sie uns zuerst die verschiedenen spezifischen Zeitformen untersuchen. Achten Sie auf Ihre innere Erfahrung, wenn Sie sich jeden der folgenden Sätze vorsagen. Zuerst kommen die einfachen Zeitformen: „Ich sprach mit ihr" (Vergangenheit). „Ich spreche mit ihr" (Gegenwart). „Ich werde mit ihr sprechen" (Zukunft). Die meisten Leute sind bei dem Satz „Ich sprach mit ihr" assoziiert in der Gegenwart und sehen sich (dissoziiert) mit jemandem auf ihrer Vergangenheits–Zeitlinie sprechen. Bei der Aussage „Ich spreche mit ihr" sind die meisten Menschen assoziiert in der Tätigkeit und stellen sich nur die andere zuhörende Person vor. Wenn sie sagen „Ich werde mit ihr sprechen", sind die Leute gewöhnlich assoziiert in der Gegenwart und sehen sich (dissoziiert) mit jemandem auf ihrer Zukunfts–Zeitlinie sprechen.

Beachten Sie, wie Ihr Erleben sich verändert, wenn Sie die folgenden Sätze gebrauchen, um die gleichen drei Zeiträume wie oben zu benennen: „Ich sprach gerade mit ihr." „Ich spreche gerade mit ihr." „Ich werde gerade mit ihr sprechen."* Der Gebrauch dieser Form macht bei den meisten Menschen aus den Bildern, die sie sich innerlich vorstellen, Filme. Das Wort „gerade" weist auf eine fortwährende Tätigkeit hin, die mit einem stillstehenden Bild nicht adäquat repräsentiert werden kann. Oft wird das Bild außerdem größer oder näher, und einige Leute sind assoziiert in dem Bild, auch wenn sie von der Vergangenheit oder der Zukunft sprechen. Probieren Sie das bitte selbst aus. Sagen Sie zuerst, „Ich *rannte* zu dem Laden", und dann „Ich *rannte gerade* zu dem Laden". Stellen Sie sich für den zweiten Satz innerlich einen Film vor (oder einen längeren Film)? Sind Sie im zweiten Satz assoziiert oder finden Sie, daß Ihr Bild näherkommt oder größer wird?

Sie können ein einfaches Experiment machen, das die Wirkung von Veränderungen der Zeitformen demonstriert. Denken Sie zuerst an ein einfaches Problem oder an irgend etwas, was Sie in Ihrem Leben einschränkt; und beobachten Sie dann, was Sie davon für eine Vorstellung haben. ...

---

* Im amerikanischen Original handelt es sich hierbei um die „–ing"–Formen der Verben: „I was talking to her." „I am talking to her." „I will be talking to her." Dafür gibt es im Deutschen keine direkte Entsprechung, nur die Umschreibung mit „gerade"; ähnliche Formen sind: Ich bin/war gerade dabei zu... — Ich bin/war gerade am... (Anm. d. Übers.)

Als nächstes lesen Sie jeden der untenstehenden Sätze, wobei Sie für das Wort „Problem" Ihre innere Vorstellung einsetzen. Halten Sie jedesmal inne, um wahrzunehmen, wie sich Ihre Vorstellung verändert. Wenn Sie nicht sofort einen Wechsel entdecken, gehen Sie schnell zwischen zwei aneinander angrenzenden Sätzen hin und her, um den Kontrast deutlicher zu machen, oder wechseln Sie zwischen zwei anderen Sätzen, die weiter auseinander liegen, um den Unterschied zwischen den beiden hervorzuheben.

Ich werde dieses Problem haben.
Ich habe dieses Problem.
Ich hatte dieses Problem.

Ich werde gerade dieses Problem haben.
Ich habe gerade dieses Problem.
Ich hatte gerade dieses Problem.

Nun nehmen Sie sich die Zeit, um an einen passenden Ressource–Zustand zu denken, ... und vergegenwärtigen sich, wie Sie ihn repräsentieren. ... Achten Sie darauf, wie die Submodalitäten Ihrer internen Repräsentation dieser Ressource wechseln, wenn Sie die Zeitformen in der unten angegebenen Weise verändern.

Ich hatte diese Ressource.
Ich habe diese Ressource.
Ich werde diese Ressource haben.

Ich hatte gerade diese Ressource.
Ich habe gerade diese Ressource.
Ich werde gerade diese Ressource haben.

Wenn Sie jemand dazu bringen wollen, sich von einem vergangenen Problem zu dissoziieren, wird es hilfreich sein, die einfache Vergangenheitsform zu benutzen: „Sie hatten ein Problem." Wenn Sie wollen, daß sich jemand vollständiger in eine vergangene Ressource assoziiert, gebrauchen Sie die „gerade"-Form: „Sie erlebten *gerade* diese Ressource." Dies wird als erster Schritt auf dem Weg in eine voll assoziierte, gegenwärtige Erfahrung der Ressource nützlicher sein als die einfache Vergangenheitsform.

Die Perfekt–Formen sind noch weit interessanter. „Ich hatte mit ihr gesprochen" (Vorvergangenheit) bezieht sich auf ein vergangenes Ereignis, das *vor* einem anderen, vergangenen Geschehen endete. Drei Zeitpunkte sind implizit in diesem Satz: „Ich" bin assoziiert in der Gegenwart und denke gerade an ein Ereignis der fernen Vergangenheit, das *früher als* ein anderes Ereignis in der näherliegenden Vergangenheit stattfand. Im allgemeinen werden die zwei vergangenen Ereignisse dissoziiert erlebt. Das beschriebene Ereignis ist nicht nur in der Vergangenheit lokalisiert; ihm folgt auch ein nicht einzeln angegebenes späteres Ereignis, das *zwischen* dem Sprecher und dem beschriebenen vergangenen Ereignis liegt. Das steigert die Dissoziation zwischen dem Sprecher und dem vergangenen Ereignis.

Sie können diese Information benutzen, um jemandem zu helfen, sich von einem Problem zu dissoziieren und es in seine entfernte Vergangenheit einzuordnen, während Sie „einfach nur Informationen sammeln." „Sie erzählen mir also, daß Sie jedesmal eifersüchtig *wurden*, wenn Ihre Frau sich mit einem anderen Mann unterhielt? Habe ich Sie richtig verstanden, daß Sie das *getan hatten*?" Wenn das für den Klienten ein zu großer Sprung ist, können Sie einen mehr stufenweisen Zeitformenwechsel verwenden, um ihn dahin zu führen: „Habe ich Sie richtig verstanden, daß es das ist, was Sie getan haben? Also ist dies das, was Sie die ganze Zeit getan hatten." Sie werden wahrscheinlich mehr als nur dies tun müssen, um das Problem vollständig zu lösen, aber Sie können mit Bedacht Zeitformen zur Unterstützung Ihrer Arbeit benützen.

Die Wirkung bei dieser Form ist sehr unterschiedlich gegenüber derjenigen, die Sie vermutlich auf die Frage erhalten: „Also, wann *werden* Sie eifersüchtig? *Werden* Sie jedesmal eifersüchtig, wenn Ihre Frau mit einem anderen Mann spricht?" Diese Sätze programmieren die Person letztlich darauf, ihre Eifersuchtsreaktion in der Zukunft beizubehalten!

„Ich habe mit ihr gesprochen" (Perfekt) bezieht sich auf ein vergangenes Ereignis, das in die Gegenwart reichen kann oder nicht. Diese Zweideutigkeit kann als Zwischenschritt genutzt werden, wenn Sie eine Erfahrung aus der Gegenwart in die Vergangenheit versetzen wollen, oder umgekehrt. „Also haben Sie dieses Problem *gehabt* ..." suggeriert, daß die Zukunft anders sein kann, aber da die Aussage zweideutig ist, werden Sie den Rapport dadurch nicht verletzen. „Demzufolge *haben* Sie sich bis jetzt inkompetent *gefühlt*, wenn Ihre Kinder nicht das getan haben, was Sie sie gebeten hatten zu tun."

Noch interessanter ist die Äußerung: „Ich werde mit ihr gesprochen haben" (Zukunft II). Sie bezieht sich auf eine zukünftige Zeit *nach* einem anderen zukünftigen Ereignis. Sie bewirkt, daß sich der Sprecher in die entfernte Zukunft orientiert. Aus diesem Blickwinkel schaut er auf ein „vergangenes" Ereignis zurück, das im Moment des Sprechens tatsächlich noch gar nicht stattgefunden hat. „Nachdem Sie also dieses Problem gelöst haben werden, *werden* Sie die positiven Resultate *bemerkt haben*, die Sie durch diesen Wechsel *erreichten?*" Etwas in die Vergangenheit zu setzen gibt vielen Leuten das Gefühl, als sei es real. Sie können diese Zeitform benützen, um eine Veränderung in bezug auf eine zukünftige Zeit in die Vergangenheit zu versetzen, so daß der Wechsel „real" zu erscheinen anfängt.

Es gibt noch drei weitere Zeitformen, die zwei Zeitrahmen auf eine interessante Art und Weise verbinden.

„Nachdem ich mit ihr gesprochen habe ..." („nachdem" plus Perfekt), stellt einem Ereignis ein anderes schon beendetes voran. „Was denken Sie, worauf wird Ihre Aufmerksamkeit als nächstes konzentriert sein, nachdem Sie diese Veränderung durchlaufen haben?"

„Ich hoffe, mit ihr zu sprechen zu können" (Gegenwart plus Infinitiv Präsens). Das Ereignis (sprechen) folgt einem gegenwärtigen Ereignis (hoffen), was als Absicht ausgedrückt wird. „Sie würden sich in der Situation gerne ressourcevoll fühlen."

„Ich war froh, mit ihr *gesprochen zu haben*" (Vergangenheit plus Partizip Perfekt). Ein Ereignis (sprechen) geht als Voraussetzung einer Bewertung voran (froh), die ihrerseits in der Vergangenheit ist. Mit „hatte gesprochen" gibt es ein vergangenes Ereignis zwischen dem Sprecher und dem beschriebenen Ereignis, das die Dissoziation verstärkt. „Waren Sie betroffen darüber, dieses Problem *gehabt zu haben?*"

NLP handelt immer auch davon, daß Erfahrungen hinsichtlich der Zeit zugänglich gemacht und neu geordnet werden. Eine sehr umfassende, allgemeine Definition von Veränderungsarbeit besagt, daß man mit einem Problem–Zustand anfängt, und dann einen passenden Ressource–Zustand identifiziert und zugänglich macht. Schließlich installiert man den Ressource–Zustand so, daß er als Reaktion auf die gleichen Signale auftritt, die vorher als Auslöser für den

Problem–Zustand gedient hatten. Sie können dies vollständig verhaltensmäßig ausführen, indem Sie nonverbal Erfahrungen in der realen Zeit evozieren und in eine Reihenfolge bringen, vergleichbar dem, was ein Dompteur macht. Beim Gebrauch von Worten werden Sie jedoch herausfinden, wie Sie Zeitformen benützen, um Ereignisse in der internen subjektiven Zeit neu zu ordnen. Dies ginge z. B. mit dem Satz: „Wenn Sie die Auslöser wahrnehmen, die gewöhnlich bewirken, daß Sie sich schlecht fühlen, können Sie statt dessen diese befriedigenden Gefühle erleben."

Hier ist ein Beispiel von *Richard Bandler*, der in seiner „Torpedo–Therapie" Zeitformenwechsel benutzt. Bevor Sie das Folgende lesen, denken Sie am besten an eine persönliche Veränderung, die Sie gerne machen würden, und benutzen diese Veränderung als Inhalt, auf den sich der Satz bezieht.

"Wie wird es sein, wenn Sie diese Veränderungen durchlaufen haben ... *jetzt* ... in der Zukunft ..., wenn Sie zurückschauen und sehen, wie es war, dieses Problem gehabt zu haben ..., und wenn Sie *nun* darüber nachdenken, hier, während Sie in diesem Raum sitzen?"

Was *Richard* in diesem Satz gemacht hat, kann auch auf eine andere Weise dargestellt werden. Um ein gegenwärtiges Problem zu lösen oder eine Einschränkung aufzuheben, können Sie durch die folgenden Schritte gehen.

1. Wenn ich ein Problem habe, das ich nicht lösen kann, bin ich assoziiert im Problem–Zustand, in der Gegenwart. Vielleicht habe ich keine bewußte Kenntnis des gewünschten Zustandes.

2. Der erste Schritt in Richtung auf eine Veränderung ist, *dissoziiert* an den gewünschten Zustand zu denken, wie an eine Möglichkeit in der *Zukunft*. So *sehe* ich *mich* ressourcevoll in der Zukunft handeln.

3. Als nächstes dissoziiere ich mich von dem gegenwärtigen Problem–Zustand, und gehe in eine assoziierte Position im zukünftigen, ressourcevollen Selbst. Nun bin ich *mit Ressourcen in der Zukunft*.

4. Von diesem zukünftigen günstigen Ausgangspunkt aus kann ich das alte Problemverhalten in der abgeschlossenen Vergangenheit sehen.

5. Nun kann ich das zukünftige „Jetzt" mit dem gegenwärtigen „Jetzt" zusammenbringen, so daß ich die Ressourcen in der Gegen-

wart erlebe, und das Problem als etwas *Vorübergegangenes* der Vergangenheit betrachte.

Natürlich wird das bloße Hersagen von *Richards* Text niemanden automatisch verändern; seine Worte müssen in einem passenden Timing angeboten werden, mit hypnotischem Tonfall und tonalen Wechseln, innerhalb eines Kontextes mit Rapport und Aufgeschlossenheit, und mit einem Feedback, das anzeigt, daß die Person tatsächlich Zugang zu den entsprechenden Erfahrungen hat, etc. Angemessene Zeitformenwechsel können ein mächtiger Verbündeter bei Ihrer ganzen Veränderungsarbeit sein, während unpassende Zeitformenwechsel eine ansonsten effektive Arbeit zerstören können.

Es gibt noch eine Variation der oben genannten Schritte, die wieder aus *Richard Bandlers* „Torpedo–Therapie" stammt. Lesen Sie sie langsam genug, damit Sie die Wirkung auf Ihr Erleben wahrnehmen.

„Wenn Sie diese Veränderung für sich selbst bewerkstelligen könnten ..., so daß Sie mit diesem alten Verhalten *aufhören* könnten, das Sie gewöhnlich taten ... nachdem Sie diese Veränderung schon durchlaufen haben, sehen Sie sich selbst, wie Sie sind ... jetzt ... mögen Sie, was Sie sehen?"

Wenn Sie die Zeitlinie von jemandem kennen, können Sie diesen Prozeß durch kongruente Gesten verstärken, um ihm zu helfen, Zugang zu verschiedenen Zeitrahmen zu bekommen, und um die Orientierung des Klienten in der Zeit zu verändern.

Wir haben dargestellt, wie Sie Wörter, die sich auf die Zeit beziehen, benutzen können, um die Erfahrung von jemandem zu verändern. Sie können auch nützliche Information von Klienten oder Freunden sammeln, indem Sie beim Zuhören auf deren Zeitformen *achten*. Wenn Ihr Klient „spontan" beginnt, über sein Problem in der *Vergangenheitsform* zu reden, ist das für Sie ein Hinweis, daß sich das Problem in die Vergangenheit verlagert hat. Zum Beispiel klingt der Satz „Ich bin erstaunt, in wieviele Schwierigkeiten mich das *brachte*" ganz anders als „Ich bin erstaunt, in wieviele Schwierigkeiten mich das *bringt*". Die Zeitformen sind eine zusätzliche Gelegenheit, Ihre Arbeit zu testen. Wenn Ihr Klient fortfährt, über sein Problem im Präsens oder in der Zukunftsform zu sprechen, könnte es sein, daß die Arbeit noch nicht beendet ist. Wenn der Klient jedoch in der Vergangenheitsform über das Problem spricht, ist das ein guter Hinweis darauf, daß Sie erfolgreich sind. Um sicherzugehen, testen Sie verhaltensmäßig oder mit einem genauen Future Pace.

Ursache und Wirkung

Jeder gebraucht Ursache–Wirkungs–Beziehungen, um Ereignisse vorhersagen und verstehen zu können. (Ob dies philosophisch korrekt ist, ist eine völlig andere Frage, die die Denker jahrelang erörtert haben.) Die Ursache muß zeitlich immer früher vorhanden sein als die Wirkung. Auch wenn die Ursache aus dem Verständnis einer mutmaßlichen zukünftigen Konsequenz besteht, muß dieses *Verständnis* zu einem früheren Zeitpunkt auftreten als jede durch dieses Verständnis verursachte Wirkung. Deshalb sind Kausal–Zusammenhänge völlig von einem Ordnungssinn für die Zeit abhängig. Wenn wir nicht in der Lage wären, Ereignisse in einer Reihenfolge anzuordnen, hätten wir keine Möglichkeit, Ursache–Wirkungs–Verbindungen zu erkennen. Die meisten der stillschweigenden Übereinkünfte in unserem Zusammenleben würden sich in ein Chaos auflösen, so wie es in einigen der desorganisierteren Formen von Geisteskrankheiten passiert.

Menschen, die sich selbstsicher fühlen, nehmen sich selbst als *Ursachen* wahr, die Wahlmöglichkeiten haben, ihre Situation zu ändern; und dies motiviert sie in Ihrem Handeln. Im Gegensatz dazu nehmen sich Menschen, die sich hilflos fühlen, eher selbst als *Wirkungen* wahr, anstatt als Ursachen. Neben der typischen depressiven Reaktion — und dem Mangel an Motivation, dem Suchtverhalten und anderen Problemen, zu denen Depression oft führt — gibt es erwiesenermaßen umfassende physiologische Wirkungen, einschließlich der Unterdrückung des Immunsystems und einer kürzeren Lebensspanne. Einer unveröffentlichten Vorstudie zufolge, die sich mit dem Überleben von Hautkrebspatienten im vierten Stadium befaßte[*], lebten diejenigen länger, die glaubten, durch ihr Verhalten Einflußmöglichkeiten auf das Krebswachstum zu haben. Im Gegen-

---

[*] Dr. Martin Jerry, Tom Baker Cancer Centre, 1331 29 St. NW, Calgary Alberta, T2N 4N2 Canada.

satz dazu starben diejenigen schnell, die der Meinung waren, daß die Krankheit „einfach gerade sie getroffen hatte", und daß sie nichts tun konnten, um den Krankheitsverlauf zu ändern.

Da Ursache–Wirkungs–Glaubenssysteme von so entscheidender Bedeutung für die Aufrechterhaltung einer kohärenten internen Welt sind, ist es sinnvoll zu untersuchen, wie wir sie repräsentieren. Denken Sie an einige einfache Kausal–Zusammenhänge, die *Sie* für wahr halten, wie z. B. „Regen läßt das Gras wachsen", oder „eine Kindheit voll Liebe bringt ausgeglichene Erwachsene hervor". Dann achten Sie auf die Submodalitäten, die Sie benutzen, um diese Ursache–Wirkungs–Zusammenhänge zu repräsentieren ...

Sie können dies einerseits mit einem vollständigen und detaillierten Film (assoziiert oder dissoziiert) der Ereignisse machen, die von der Ursache zur Wirkung führen. Sie können diesen vollständigen Film auch auf einen Filmstreifen verkürzen; obwohl dieser viel weniger Einzelheiten hat, kommt die Ursache–Wirkungs–Relation vermutlich im Filmstreifen klarer heraus. Sie können andererseits auch eine einfache graphische Darstellung verwenden, oder zwei stillstehende Bilder, die durch einen Pfeil verbunden sind, etc.

Da diese Ursache–Wirkungs–Repräsentationen so grundlegend für die Aufrechterhaltung einer kohärenten Welt sind, ist es oft schwer, sie zu verändern. Wenn Sie versuchen, einen Ursache–Wirkungs–Glauben, der einschränkende Auswirkungen hat, zu *eliminieren*, wie z. B. „meine schlimmen, von Mißhandlungen geprägten Kindheitserfahrungen machen es mir unmöglich, mich in einer engen Beziehung sicher zu fühlen", greifen Sie buchstäblich einen Teil des Selbstverständnisses der Person an. Es ist bezeichnenderweise viel leichter, eine *neue* Ursache–Wirkungs–Verbindung zu erschaffen, die dieselbe Aussage in einer neuen Weise nutzt, um die Vorannahmen der einschränkenden zu überlagern oder umzudrehen. Sie können z. B. sagen: „Sie haben eine unglückliche Kindheit gehabt, die Sie sich in minutiösen Einzelheiten ins Gedächtnis rufen können. Sie kennen aus persönlicher Erfahrung die Art von Dingen, die verrückte, konfuse Menschen tun werden, und Sie kennen die Warnsignale gut, die anzeigen, ob dies kurz bevorsteht." Dies ist weiter nichts als ein vollständiges Pacing der Erfahrung der Person. Dann beginnen Sie, sie in eine neue Richtung zu führen. „Andere, die eine glückliche Kindheit hatten, bekamen niemals die Gelegenheit, dies alles zu lernen. Sie mögen sich in einer engen Beziehung sicher *fühlen*, aber sie leben nur in einem Wolkenkuckucksheim, das jederzeit zerschlagen werden könnte. Sie sind wie kleine Kinder, die glücklich in den afrikanischen Dschungel gehen. Weil Sie *wissen*, was passieren kann, und entsprechend auf der Hut sein können, können Sie viel besser wissen, wann Sie wirklich sicher sind. Aufgrund Ihrer Kindheit können Sie tatsächlich viel sicherer sein als andere, die sich nur sicher *fühlen*, weil sie es nicht besser wissen." Die Veränderung von Ursache–Wirkungs–Verbindungen macht einen großen Teil dessen aus, was „Bedeutungs–Reframing" genannt wird. (Um mehr darüber zu erfahren, lesen Sie am besten *Reframing* von *Bandler* und *Grinder*.*

Zeit–Präsuppositionen

Seit Jahren haben NLP–Praktiker Präsuppositionen benutzt. Mit Hilfe von Submodalitäten wird verständlich, wie sie funktionieren. Bei neun der 24 syntaktischen Formen von komplexen Präsuppositionen spielt die Zeit eine wichtige Rolle, und bezeichnenderweise gehören sie zu denen, die in hypnotischen Induktionen am meisten verwendet werden. Die am häufigsten gebrauchte Kategorie, die „Subordinate Clauses of Time" genannt wird, umfaßt Worte wie *vorher, nachdem, während, seit, wenn, früher*, etc. Diese Worte kreieren im voraus angenommene Abfolgen oder Verknüpfungen (im Gegensatz zu expliziten, bewußten Ursache–Wirkungs–Zusammenhängen) zwischen verschiedenen Erlebnissen in der Zeit.

Probieren Sie folgendes Experiment. Stellen Sie sich zuerst vor, daß Sie in einem Restaurant zu Abend essen, ... und dann machen Sie sich eine Vorstellung davon, wie Sie mit jemandem „einen Vorschlag erörtern". ... Nun beobachten Sie Ihre Wahrnehmung des folgenden Satzes: „Wir könnten zusammen in einem Restaurant zu Abend essen, bevor wir den Vorschlag erörtern." ... Achten Sie darauf, wie die zwei Repräsentationen in Ihrem Denken reibungslos miteinander verbunden werden. Vorausgesetzt, Sie haben keine Erfahrung darin, Präsuppositionen zu erkennen, so tritt dieser Prozeß unbewußt auf. (Versuchen Sie, den Satz zu lesen, *ohne* diese zwei Re-

---

* oder: *Thies Stahl*, Triffst du 'nen Frosch unterwegs... (Anm. d. Übers.)

präsentationen miteinander zu verbinden.) Nun testen Sie einen etwas anderen Satz: „Bevor wir den Vorschlag erörtern, könnten wir zusammen in einem Restaurant zu Abend essen." In diesem Fall bewegt sich die erste Vorstellung, die Sie sich davon machen, „einen Vorschlag zu erörtern" seitwärts in Richtung Ihres weniger detaillierten peripheren Blickfeldes, um Platz zu machen für „in einem Restaurant zu Abend essen". In jedem Fall ist das Ergebnis dasselbe; die vorher angenommene Repräsentation wird mit der anderen, bewußteren verbunden. Der Prozeß, wie Sie dahin gelangen, ist entsprechend der unterschiedlichen Ordnungsstruktur der zwei Sätze jeweils etwas anders.

Nun können Sie versuchen, das Wort „während" zu verwenden. Achten Sie darauf, wie Sie den Satz repräsentieren: „Während wir den Vorschlag erörtern, könnten wir zusammen in einem Restaurant zu Abend essen." ... Jetzt testen Sie den umgekehrten Satz: „Wir könnten zusammen in einem Restaurant zu Abend essen, während wir den Vorschlag erörtern." ... Bei beiden Sätzen werden die zwei Repräsentationen im gleichen Zeitrahmen verbunden. Die meisten Menschen finden den ersten Satz leichter zu verarbeiten, weil das erste Wort „während" Sie darauf vorbereitet, daß Sie zwei Repräsentationen zusammenfügen werden. Der zweite Satz erfordert, daß Sie zurückgehen und die erste Repräsentation ändern, mit der Sie angefangen haben, und die Sie zuerst aufgebaut haben.

Wenn Sie denselben Vorgang mit den anderen Adverbien der Zeit wiederholen, die oben aufgelistet sind, können Sie feststellen, wie diese über Submodalitätenveränderungen die Repräsentationen in Ihrem Denken verbinden.

Auf dieselbe Art und Weise können Sie die Auswirkungen der anderen acht syntaktischen Präsuppositionsformen erforschen, die einen Zeitbegriff nutzen und unten aufgeführt werden (nachgedruckt aus dem Anhang von *Patterns of the Hypnotic Techniques of Milton H. Erickson, M.D. Vol. I* von *Richard Bandler* und *John Grinder*, Seite 257–261). Zur Erklärung: Der Satz in Klammern ist die Voraussetzung des Satzes in Anführungszeichen.

1. Auf die Zeit bezogene Adjektive: *neu, alt, früher, gegenwärtig, vorher.* „Wenn Frodo seinen alten Ring trägt, werde ich hin und weg sein." (Frodo hat einen neuen Ring.)

2. Ordinalzahlen: *erster, zweiter, dritter, vierter, etc.* „Wenn du einen

dritten Anhaltspunkt in diesem Brief findest, werde ich dich fertig machen." (Zwei Anhaltspunkte wurden schon gefunden.)

3. Schlüsselwörter der Wiederholung: *auch, ebenso, jeder, wieder, noch einmal, zurück, ein anderer.* „Wenn sie mir das noch einmal erzählt, werde ich sie küssen." (Sie hat mir das schon einmal erzählt.)

4. Verben und Adverben der Wiederholung: Verben und Adverben, die mit „wieder" oder „er–" beginnen: *wiederholt, wiederkommen, wiederherstellen, wiederholen (in der Bedeutung von nochmals erzählen), wieder hinstellen oder –legen (in der Bedeutung von ersetzen), erneuern, wieder erlangen.* „Wenn er wiederkommt, bevor ich gehe, möchte ich mit ihm sprechen." (Er ist schon mal dagewesen.)

5. Verben, die auf einen Ortswechsel hinweisen: *kommen, gehen, weggehen, ankommen, verlassen, eintreten.* „Falls Sam von zu Hause weggegangen ist, ist er verloren." (Sam war zu Hause.)

6. Verben und Adverben, die auf einen zeitlichen Wechsel hinweisen: *beginnen, enden, aufhören, anfangen, fortdauern, fortfahren, weitergehen, weiterhin, schon, noch, immer noch, noch mehr.* „Ich wette, daß Harry weiterhin lächeln wird." (Harry hat gelächelt.)

7. Verben, die auf eine Zustandsänderung hinweisen: *ändern, wechseln, umwandeln, verwandeln, werden.* „Wenn Mae ein Hippie wird, werde ich überrascht sein." (Mae ist noch kein Hippie.)

8. Konditionalsätze, die im Gegensatz zu den Tatsachen stehen. Verben in der Konjunktivform. „Wenn du auf mich und deinen Vater gehört hättest, wärest du jetzt nicht in der wunderbaren Situation, in der du jetzt bist." (Du hörtest nicht auf mich und deinen Vater.)

Achten Sie darauf, wieviele dieser Beispielsätze die „wenn–dann"-Kausal–Struktur benutzen. Auch Sätze, die mit Hilfe dieser syntaktischen Formen ohne „wenn–dann"-Aussagen produziert werden, werden trotzdem Ursache–Wirkungs–Verbindungen enthalten.

Zwingende Zukunft

Zu den Besonderheiten von Menschen gehört die Möglichkeit, sich die Zukunft vorzustellen. Zukunftsrepräsentationen sind oft sehr motivierend; sie können uns dazu bringen, in der Gegenwart bestimmte Dinge zu tun, um die Art von Zukunft zu schaffen, die wir haben wollen. Nehmen Sie sich nun ein bißchen Zeit, eine kurze Übung zu machen, in der Sie die Submodalitäten entdecken, die ein Zukunftsereignis, das Sie sich vorstellen, für Sie sehr zwingend bzw. verlockend machen.

Übung

1. Zwingende, unwiderstehliche Zukunftsvision. Denken Sie an eine zukünftige Konsequenz (X), die ihr gegenwärtiges Verhalten stark beeinflußt. Dies könnte eine unangenehme Konsequenz sein — der Gedanke an einen Autounfall bringt Sie dazu, Ihren Sicherheitsgurt regelmäßig anzulegen — oder eine angenehme Konsequenz — Sie kümmern sich um Ihren Garten, weil Sie daran denken, wie Sie ihn im Sommer genießen können.

2. Nicht zwingende bzw. unverbindliche Zukunftsvision. Denken Sie an eine zukünftige Konsequenz (Y) *desselben* Typs (angenehm oder unangenehm), die ihr gegenwärtiges Verhalten *nicht* beeinflußt, und von der Sie glauben, daß es nützlich wäre, wenn sie das tun würde. Stellen Sie *sicher*, daß Y eine Konsequenz derselben Art ist, die Sie im vorhergehenden Schritt gewählt haben. Wenn X eine unangenehme Konsequenz ist, sollte Y ebenfalls eine unangenehme Konsequenz sein — ein Beispiel könnte sein, daß der Gedanke, alle Ihre Zähne durch Paradontose zu verlieren, Sie nicht dazu bringt, Zahnseide für ihre Zähne zu verwenden. Wenn X eine angenehme Konsequenz ist, sollte Y auch eine angenehme Konsequenz sein: Sie wissen, daß Ihr Auto schön aussehen wird, wenn Sie es regelmäßig waschen, aber Sie schaffen es wirklich nie, dies umzusetzen.

3. Kontrastierende Analyse. Vergleichen Sie die zwei Repräsentationen, um die Submodalitätsunterschiede zu bestimmen. Testen Sie jeden Unterschied, um zu entdecken, welche Submodalitätswechsel verwendet werden können, um Y verlockend oder zwingend zu machen.

4. Ökologie–Check. Hat irgendein Teil von Ihnen irgendeinen Einwand dagegen, daß Sie Y in eine Konsequenz umwandeln, die ihr Verhalten in der Gegenwart dahingehend beeinflussen wird, entweder die erwünschte Konsequenz zu erzielen oder die unerwünschte Konsequenz zu vermeiden? Berücksichtigen Sie jeden Einwand oder jede Sorge mit Bedacht und vollständig, bevor Sie weitermachen.

5. Übersetzen. Verwenden Sie die Submodalitätsunterschiede, die Sie identifiziert haben, um Y in eine Repräsentation umzuwandeln, die ihr Verhalten in der Gegenwart beeinflußt.
6. Test. Motiviert diese Zukunfts–Repräsentation Sie nun zu dem entsprechenden Verhalten.

Realitätsbezug

Auf diese Art und Weise kann das Prinzip der kontrastierenden Analyse, der Submodalitätsunterschiede und des Übersetzens ebenfalls einfach und direkt angewendet werden. Wie sonst auch ist Ihre Reaktion auf Repräsentationen, die größer, heller, näher, farbiger etc. sind, normalerweise stärker, da diese Repräsentationen Ihr Verhalten eher beeinflussen.

Natürlich muß eine Konsequenz, um Ihr Verhalten zu beeinflussen, auch *realistisch* und *glaubwürdig* sein. Wenn Sie die Submodalitätsunterschiede überprüfen, die Sie gerade fanden, werden Sie entdecken, daß einige damit zu tun haben, wie Sie die Realität kodieren. Mit Hilfe dieser Submodalitäten können Sie eine Konsequenz, die Sie für sehr unwahrscheinlich halten, von einer anderen unterscheiden, von der Sie wirklich glauben, daß sie passieren wird. Ein Teilnehmer stellte sich die unangenehmen Konsequenzen des Rauchens in einer Art *Cartoon* vor, der alles beinhaltete, was einem Raucher passieren könnte. Er sah wie Mickey Mouse schwarze Lungen bekam. Es erübrigt sich zu betonen, daß dies sein Verhalten *nicht* beeinflußte. Die Zukunft war nicht so repräsentiert, daß die Auswirkungen des Rauchens für ihn realistisch erschienen.

Machen Sie ein kleines Experiment. Denken Sie an etwas (Z), daß Sie tun *könnten*, wo es aber unwahrscheinlich ist, daß Sie es jemals tatsächlich tun würden — z. B. angezogen in einer Badewanne zu sitzen — und achten Sie darauf, wie Sie das repräsentieren.

Nun sagen Sie zu sich selbst: „Ich *könnte* Z tun." („Ich *könnte* angezogen in einer Badewanne sitzen.") ...

Dann sagen Sie: „Ich *kann* Z tun." („Ich *kann* angezogen in einer Badewanne sitzen.") Achten Sie darauf, was sich verändert. ...

Als nächstes sagen Sie mit Überzeugung: „Ich *werde* Z tun." („Ich *werde* angezogen in der Badewanne sitzen.") Achten Sie wieder darauf, was sich verändert. ...

Eine typische Antwort ist, daß der Satz „Ich *könnte* Z tun" dort lokalisiert ist, wo immer Sie ganz unverbindlich Möglichkeiten in Erwägung ziehen, unabhängig davon,wie unwahrscheinlich sie auch sind; der Vorgang ist *nicht* auf Ihrer Zeitlinie. „Ich *kann* Z tun" bewegt sich gewöhnlich auf Ihre Zukunftszeitlinie zu, und „Ich *werde* Z tun" ist tatsächlich auf Ihrer Zukunftszeitlinie. Natürlich wird es nicht auf Ihrer Zeitlinie *bleiben*, wenn es nicht eine kongruente und ökologische Entscheidung ist.

Für eine positive, zwingende und unwiderstehliche Zukunftsrepräsentation ist es v. a. charakteristisch, daß sie sich auf Ihrer Zeitlinie befindet. Eine Repräsentation, die nicht auf Ihrer Zeitlinie ist, wird im allgemeinen nicht verlockend sein, wie groß und hell sie auch immer sein mag. Sie können in so einem Fall denken: „Es ist interessant, paßt aber nicht in *mein* Leben." Eine verlockende Zukunftsrepräsentation muß jene Submodalitätscharakteristika haben, die auch für Ihre glaubwürdigen Zukunftsrepräsentationen kennzeichnend sind. Wenn sie sich wesentlich von Ihren anderen Zukunftsrepräsentationen unterscheidet, kann sie Ihnen unglaubwürdig erscheinen und wird sich nicht auf Ihr Verhalten auswirken. Oft haben die zukünftigen Konsequenzen keinen Einfluß auf Ihr Verhalten, weil sie *so* übertrieben sind, daß sie als unglaubliche Karikaturen wirken.

Viele Leute halten eine zukünftige Konsequenz automatisch für realistischer, wenn sie diese Konsequenz zu irgendeinem Zeitpunkt in der Vergangenheit schon einmal persönlich erlebt haben. Kleine Kinder repräsentieren oft zukünftige Konsequenzen nicht als real, bis sie sie tatsächlich in der wirklichen Welt erlebt haben. Wir *erzählten* unseren kleinen Jungen von der heißen Ofenplatte, aber erst, als sie hinfaßten und die Hitze *spürten*, machten sie sich eine wirksame und zuverlässige Repräsentation von etwas, was besser vermieden werden sollte.

Direkte persönliche Erfahrung stellt eine wirkungsvolle Lehre dar, sogar für Erwachsene. Viele Leute hören nach einem Herzanfall sofort (und ohne Schwierigkeiten) mit dem Rauchen auf. Manchmal liefert ein Schlaganfall einen zwingenden, persönlichen Beweis der Konsequenzen. In einer kürzlich durchgeführten Studie wurden Männer, die der Mißhandlung ihrer Ehefrauen angeklagt waren, durch eine Zufallsaufteilung zwei Gruppen zugewiesen. Die mißhandelnden Ehemänner der einen Gruppe kamen ins Gefängnis, während jene der anderen Gruppe nur verwarnt wurden. Von denen, die nur eine Verwarnung erhielten, wiederholten ungefähr 70 % die Mißhandlungen. Von denen, die eingesperrt wurden, wiederholten nur zirka 30 % die Mißhandlungen, wobei viele von diesen spontan berichteten, daß *sie dachten, ihre erste Haft wäre ein unglücklicher Zufall, der in der Zukunft kaum wieder passieren würde.* Der erste Gefängnisaufenthalt war nicht ausreichend, um sie in ihrem zukünftigen Verhalten zu beeinflussen.

Wenn Sie älter werden, haben Sie mehr Erfahrungsgrundlagen, aufgrund derer Sie eine überzeugende zukünftige Konsequenz konstruieren können. Die meisten Menschen müssen nicht von einem Lastwagen überfahren werden, um sich ein wirksames Bild von diesem Vorgang machen zu können, das sie davon abhält, sich einem in den Weg zu stellen. Dies funktioniert dann gut, wenn die Situation nicht allzu weit von Ihrem eigenen Erleben entfernt ist. Auch jemand, der einen Krieg miterlebt hat, kann sich einen weltweiten Nuklearkrieg nicht vorstellen, in dem die *ganze* durch den Zweiten Weltkrieg verursachte Verwüstung sich in jeder *Minute* beinahe eines ganzen Tages ereignen würde. Da wir uns solche Zukunftsentwürfe nicht in einer überzeugenden Art vorstellen können, haben sie unglücklicherweise keine großen Auswirkungen auf unsere Planung.

Bei der Erörterung wirksamer Zukunftsvisionen sind wir von der *Annahme* ausgegangen, daß die Person eine Ursache–Wirkungs–Beziehung zwischen dem gegenwärtigen Verhalten und den zukünftigen Konsequenzen erkennt. Manchmal nimmt jemand die zukünftigen Konsequenzen deutlich wahr und hält sie für glaubhaft, aber er ist nicht überzeugt, daß es irgend etwas gibt, was er tun kann, um diese Konsequenzen zu beeinflussen. In diesem Fall wäre es überflüssig, eine zwingende Zukunftsvision aufzubauen. Statt dessen müssen Sie subjektiv realistische Ursache–Wirkungs–Glaubenssysteme aufbauen, die die gegenwärtigen Handlungen mit den zukünftigen Konsequenzen verbinden.

Wenn jemand eine Ursache–Wirkungs–Beziehung zwischen einem Verhalten und einer angenehmen zukünftigen Konsequenz wahrnimmt, kann er einfach entscheiden, was, wo und wann als Verhalten getan werden muß und diese Verhaltensweisen dann im Future Pace auf die Zukunft übertragen.

Wenn jemand dagegen eine Ursache–Wirkungs–Beziehung zwischen einem gegenwärtigen Verhalten und einer *un*angenehmen zukünftigen Konsequenz wahrnimmt, ist die Sache nicht ganz so einfach. Es wäre nicht sehr sinnvoll, einfach dieses Verhalten und seine unerwünschten Konsequenzen im Future Pace auf die Zukunft zu übertragen! Wenn eine unangenehme zukünftige Konsequenz eine Person zwingt, ihr Verhalten zu ändern, dann geschieht dies deshalb, weil sie einen nützlichen polarisierenden Prozeß auslöst. Normalerweise reagiert die Person, indem sie „Nein" oder „Ich will das nicht" sagt, und dann ein alternatives Verhalten mit anderen angenehmen Konsequenzen entwickelt. Dieses alternative *wünschenswerte Verhalten und seine Konsequenzen* reichen dann auf der Zeitlinie der Person bis in die Zukunft.

Wenn Sie eine unangenehme Konsequenz auswählen, die Sie schon jetzt dazu motiviert, etwas *Sinnvolles* zu tun, und dann übersetzen, werden diese anderen Elemente gewöhnlich automatisch mit übersetzt. Wenn Sie die neue unangenehme Konsequenz gleich wie die alte machen, wird Sie dies motivieren, etwas Nützliches zu tun, da sie die anderen notwendigen Elemente schon hat.

Für die Zukunftsplanung brauchen Sie eine zwingende und verlockende Zukunft als Motivation, Ursache–Wirkungs–Beziehungen, um zu wissen, was zu tun ist, und ein Future Pace, um diese Verhaltensweisen tatsächlich zu programmieren. Wenn irgendeiner dieser Schritte fehlt, werden Sie nicht fähig sein, Zeit dafür zu verwenden, um Ereignisse vorherzusehen und auf sie zu reagieren.

3 Das Swish–Muster

In den zwei Jahren, seit wir *Richard Bandlers* Buch *Veränderung des subjektiven Erlebens* herausgaben, haben wir viele Erfahrungen hinsichtlich der subtilen Aspekte gemacht, die für den Erfolg dieses Musters ausschlaggebend sind. In diesem Kapitel geben wir Ihnen einige ausführliche Leitlinien für einen wirksamen Swish in jedem Repräsentationssystem und bieten einzigartige Fallbeispiele, wie man den Swish mit Klienten effektiv machen kann. Wir setzen voraus, daß Sie in *Veränderung des subjektiven Erlebens* das Kapitel über den Swish gelesen haben. Unser Videotape „The Swish Pattern" liefert sowohl zwei Life–Demonstrationen mit dieser Technik über Nägelbeißen und Jähzorn — eine davon im auditiven System — als auch eine diesbezügliche Diskussion. *Richard Bandlers* Videotape „Anticipatory Loss" über eine Sitzung mit einer Klientin zeigt eine weitere Demonstration.

Im Größe/Helligkeits–Swish beginnt das auslösende Bild groß und hell und wird dann schnell klein und dunkel. Gleichzeitig ist das gewünschte Selbstbild zuerst klein und dunkel und wird dann schnell groß und hell. Wenn die Submodalitäten auf diese Weise verändert werden, wird die Aufmerksamkeit der Person schnell von dem auslösenden Bild abgezogen und auf das gewünschte Selbstbild gelenkt. Dieser Prozeß wird Verkettung genannt: Zwei Erfahrungen werden miteinander verbunden.

Die drei Hauptelemente des Swishs sind:
1. Auswahl des Auslösers, von dem aus der Swish durchgeführt werden soll.
2. Entwicklung eines gewünschten Selbstbildes, das attraktiv und motivierend ist.
3. Verwendung wirkungsvoller Submodalitätsveränderungen, um die zwei Vorstellungen miteinander zu verknüpfen.

Wahl des Auslösers

Da der Auslöser der Anfangspunkt für den Swish ist, ist die Identifizierung eines Auslösers wichtig, mit dem die Methode funktionieren wird. Wenn Sie einen ungeeigneten Auslöser benutzen, kann der Swish perfekt funktionieren, aber leider nur in zeitlich und räumlich irrelevanten Situationen.

Zuverlässigkeit. Wählen Sie ein auslösendes Bild, das *immer* kurz, bevor das Problem auftritt, auftauchen wird. Wenn Sie einen Swish machen und danach herausfinden, daß das Problemverhalten merklich reduziert, aber nicht eliminiert wurde, gibt es vielleicht einen zusätzlich vorhandenen Auslöser, der das Problemverhalten möglicherweise nach wie vor verursacht. Nach einem von einem unserer Schüler durchgeführten Swish reduzierte beispielsweise ein Raucher seinen Zigarettenkonsum sofort von einer Packung pro Tag auf ungefähr fünf Zigaretten täglich. Er hatte von da an keine eigenen Zigaretten mehr dabei, sondern bat gelegentlich Freunde um eine Zigarette. Als auslösendes Bild hatte er die Vorstellung verwendet, wie seine Hand eine Zigarette „aus einer Schachtel" nahm. Der Swish funktionierte perfekt, wann immer der Auslöser auftrat. Der Anblick, eine Zigarette „aus der Hand von jemand anderem" zu nehmen, setzte den Swish jedoch nicht in Gang. Sein Gehirn hat nicht automatisch von einer Situation auf die andere generalisiert. Einige Leute würden ihre Vorstellung automatisch von einem Kontext auf andere übertragen; Sie können sich aber nicht darauf verlassen, daß das alle tun. Nachdem bei diesem Klienten das auslösende Bild mit „eine Zigarette in Ihrer Hand sehen" neu beschrieben worden war und er den Swish wiederholt hatte, hörte er sofort völlig zu rauchen auf.

Ein anderes Beispiel für ein zu spezifisches, auslösendes Bild lieferte ein Klient, der aufhörte, mit der rechten Hand zu rauchen, aber mit seiner linken Hand anfing! Die meisten Leute werden bei der Aufforderung „sehen Sie Ihre Hand mit einer Zigarette" verstehen, daß damit *beide* Hände gemeint sind. Dieser Klient machte jedoch einen Unterschied hinsichtlich der beiden Hände; der Swish funktionierte perfekt für die rechte Hand, aber überhaupt nicht für die linke.

Eine Frau, die an der Nagelhaut ihrer Hände zupfte, verwendete als Auslöser das Bild ihrer *beiden* Hände, wie sie gegenseitig an sich herumzupften. Das Verhalten hörte zwar auf, aber sie bemerkte, daß jede Hand immer noch an den Nägeln derselben Hand zupfte! Als sie den Swish wiederholte, und dabei ein Bild ihrer Hände benutzte, wie sie an sich selber herumzupften, hörte dieses Verhalten ebenfalls auf.

Verwendung eines internen auslösenden Bildes. Wenn viele verschiedene äußere Umweltfaktoren zusammen einen inneren Zustand auslösen und dieser innere Zustand daraufhin die unerwünschte Reaktion bedingt, ist es oftmals viel einfacher und effizienter, ein inneres Bild als Auslöser zu verwenden, das immer zuverlässig auftritt. *Richard Bandler* verwendete bei einer Demonstration auf dem Videotape „Anticipatory Loss" die innere Vorstellung einer Klientin als Auslöser, wie diese das Bild eines verwundeten Freundes näher zu sich heranholte, anstelle eines äußeren Auslösers, wie z. B. den Blick auf die Uhr und die Feststellung, daß der Freund eine halbe Stunde zu spät kam. Da das innere Bild immer gegenwärtig war, bevor sie in Panik geriet, war es ein verläßlicher Auslöser für den Swish.

Diese Klientin meinte auch, ihr inneres Bild sei manchmal etwas anders geartet: „Ein Blick in die Welt ... und niemand ist da." *Richard* machte den Swish nicht explizit nochmal mit dem zweiten Bild; und für sie entsprach diese Vorstellung dem ersten Bild, so daß sie unbewußt den Swish auch auf dieses zweite Bild generalisierte.

Empfehlung: Verwendung eines assoziierten auslösenden Bildes. Wenn das auslösende Bild von einem realen, äußeren Hinweis stammt und z. B. der Anblick der eigenen Hand mit einer Zigarette ist, sollte es vom Klienten *immer assoziiert* imaginiert werden. Auf diese Weise ist es dem Bild äußerst ähnlich, auf das er tatsächlich in der wirklichen Welt treffen wird. Diese Vorgehensweise sorgt dafür, daß der Swish–Mechanismus vom realen, äußeren Hinweis ausgelöst wird, da er das innere Abbild eben jenes Hinweises zur Grundlage hat.

Wenn der Auslöser ein inneres Bild ist, das die unerwünschte Verhaltensreaktion in Gang bringt, sollte es *exakt dem entsprechen, was die Person erlebt, wenn sie in der unerwünschten Weise reagiert.* Eine Klientin bedauerte, sich mehreren verschiedenen Situationen nicht gewachsen zu fühlen. In jeder dieser Situationen machte sie praktisch einen umgekehrten Swish mit sich selber: sie sah ein Bild von sich selbst vor ihrem geistigen Auge (dissoziiert), wie sie zusammenbrach und in einer unqualifizierten Weise handelte. Da sie dieses Selbstbild in jedem der Kontexte sah, die sie ändern wollte, ließ ich sie dieses dissoziierte innere Bild als Auslöser benutzen. Sie berichtete später, daß dieses Vorgehen eine grundlegende Veränderung bewirkte, die ihr erlaubte, sich ressourcevoll zu fühlen und dementsprechend zu handeln.

Gewünschtes Selbstbild

Das gewünschte Selbstbild zeigt „Sie selbst, als eine Person, die mehr Wahlmöglichkeiten hat und für die dieses unerwünschte Verhalten bzw. die unerwünschte Reaktion kein Problem darstellt". Es gibt etliche Bestandteile, die dieses Bild stark motivierend für einen Wechsel gestalten.

Empfehlung: Verwendung eines dissoziierten Selbstbildes. Es ist unbedingt erforderlich, daß das gewünschte Selbstbild eine *dissoziierte* Vorstellung ist, damit es eine starke Motivation darstellt. Sie werden *zu* diesem Bild hingezogen, wenn es dissoziiert ist. Sind Sie assoziiert darin, so kann es nicht mehr *anziehend* und infolgedessen auch nicht motivierend sein. Wenn Sie den Swish in Richtung auf ein assoziiertes Bild machten, würden Sie einen der wirkungsvollsten Bestandteile der Methode ungenutzt lassen. Dieser Punkt wird ziemlich ausführlich in *Veränderung des subjektiven Erlebens* erörtert. *Manchmal* wird der Swish in Richtung auf ein assoziiertes Bild bei der Lösung eines Problems helfen, aber er wird nicht annähernd so wirkungsvoll oder *generativ* sein. Die Resultate werden eher jenen ähneln, die Sie mit einer einfachen Verkettung oder einer Übersetzung von einer Situation auf eine andere erreichen können. Wenn Sie eine Übersetzung machen, werden Sie im allgemeinen assoziiert in irgendeinem bestimmten Ressource–Zustand landen.

Beim Prozeß der Entwicklung eines gewünschten Selbstbildes ist es manchmal nützlich, sich vorübergehend assoziiert in diesem Bild wahrzunehmen, um das Gefühl zu bekommen, wie es wäre, diese Person zu sein. Dies gilt vor allem dann, wenn der Klient etwa sagt: „Ich kann mich mit mehr Wahlmöglichkeiten sehen, aber ich habe keine Vorstellung davon, wie das wäre; ich weiß nicht, ob ich mich wohlfühlen würde oder nicht." Die zeitweilige Assoziation mit diesem Bild kann Information darüber liefern, wie schön es sein würde. Dann wird das dissoziierte Bild, wenn Sie wieder dahin wechseln, motivierender sein.

Eine Assoziation ist auch nützlich, wenn die Person sich selbst nicht mit genügend Wahlmöglichkeiten sehen kann, um das Problem zu überwinden. In diesem Fall können Sie sie bitten, sich selbst mit einigen kreativen Ressourcen mehr zu sehen, und sich dann in dieses Bild hinein zu assoziieren. „Da Sie nun diese zusätzlichen kreativen Ressourcen haben, können Sie sogar ein noch wirkungsvolleres und angemesseneres gewünschtes Selbstbild schaffen." Sie können diesen Prozeß so oft wie nötig wiederholen, um die Aufgabe, ein gewünschtes Selbstbild zu entwickeln, in kleine Abschnitte aufzuteilen.

Fähigkeiten versus spezielle Verhaltensweisen. Das Selbstbild besteht aus Fähigkeiten, nicht aus spezifischen Verhaltensweisen. Sie sehen eher sich selbst mit bestimmten *Fähigkeiten* und *Wahlmöglichkeiten* als spezielle alternative Verhaltensweisen.

Diese Unterscheidung ist für einige Klienten nicht offensichtlich. In diesen Fällen können Sie sie verdeutlichen, indem Sie sagen: „Denken Sie an etwas, was Sie gut tun können, z. B. Skifahren. Wenn Sie einen Schnappschuß von sich selbst sehen würden, wüßten Sie beim Betrachten schon, daß diese Person wüßte, wie Skifahren geht, auch wenn Sie in diesem Bild eigentlich gar nicht skifahren."

Ein anderer Weg, den Unterschied zu erklären, ist zu sagen: „Stellen Sie sich vor, ich erzähle Ihnen, daß ich Ihnen in ein paar Minuten diesen Kugelschreiber zuwerfen werde, und zwar in einer Art und Weise, die es Ihnen leicht machen wird, ihn zu fangen. Wenn Sie ein Bild von sich selbst machen, darüber, daß Sie fähig sind, den Kugelschreiber zu fangen, wissen Sie nicht genau, wie Sie den Kugelschreiber fangen werden — durch einen Griff nach oben, nach unten oder zur Seite, etc. — weil das davon abhängen wird, wie ich ihn werfe. Sie wissen jedoch, daß Sie fähig sein werden, ihn zu fangen, auch wenn Sie nicht genau wissen, wie Sie das tun werden."

„Wenn Sie sich ein Bild von sich selbst vorstellen, wie Sie in einer Woche in einem Restaurant eine Mahlzeit bestellen werden, wissen Sie nicht, was Sie bestellen werden, weil das davon abhängen wird, wie hungrig Sie zu dieser Zeit sein werden und was auf der Speisekarte steht. Trotzdem können Sie sehen, daß Sie sich die Fähigkeit zutrauen, das richtige zu bestellen, wenn Sie tatsächlich in dem Restaurant sind."

Diese Erklärungen reichen auf einem Workshop immer noch nicht aus, einem Teilnehmer den Unterschied zu verdeutlichen. Ich zeigte zu einer gutangezogenen, sehr lebhaften Frau in der ersten Reihe. „Schauen Sie die Frau an. Es ist doch klar, von ihrer Kleidung her, ihrer Körperhaltung, der Art, wie sie sich bewegt und Sie anschaut, daß hier eine Frau mit einem großen Repertoire an Fähigkeiten und Wahlmöglichkeiten sitzt?" Wenn Sie keinen geeigneten Teilnehmer in der Nähe haben, auf den Sie deuten können, könnten Sie den Klienten bitten, an jemanden zu denken, den er bewundert, und dann denselben Ansatz benutzen.

Dieses Bild Ihrer selbst mit den *Eigenschaften* von Wahlmöglichkeiten und Fähigkeiten bringt Sie dazu, vielseitige Verhaltensweisen zu entwickeln, die der Problemsituation angemessen sind. Wenn Sie ein spezielles Verhalten einrichten wollen, ist es einfacher, irgendeine andere NLP–Technik zu verwenden, wie z. B. den New Behavior Generator. Dieser Punkt wird ausführlich und detailliert in *Veränderung des subjektiven Erlebens* erörtert.

Ökologie. Es gibt einige Elemente des Swish–Musters, die dazu beitragen, daß die Ökologie gesichert ist. Die Tatsache, daß das gewünschte Selbstbild eher Fähigkeiten als eine spezifische Lösung umfaßt, sorgt mit größerer Wahrscheinlichkeit für eine ökologische Veränderung. Da bei jeder spezifischen Lösung die Wahrscheinlichkeit ökologischer Probleme höher ist, stellt „das Bild von Ihnen, für das dies kein Problem mehr ist", ökologischen Schutz bereit. Denken Sie daran, wenn der Klient eine spezifische Lösung fordert, spricht meistens sein Bewußtsein, und der Grund, warum er diese Lösung noch nicht erreicht hat, kann darin liegen, daß sie in irgendeiner Hinsicht ungeeignet ist, und daß irgendein anderer Teil von ihm das weiß. Wenn Sie *Eigenschaften* einprogrammieren, ermöglichen Sie dem Klienten viel mehr Flexibilität darin, *wie* das erwünschte Ergebnis erreicht werden kann: Man sieht dann jemand vor sich, der in Reaktion auf die Erfordernisse der Situation viele spezifische, alternierende Verhaltensweisen entwickeln könnte.

Ein ökologisches Vorgehen ist noch auf eine andere Weise in das Swish–Muster eingebaut: Das gewünschte Selbstbild wird unter beträchtlicher Teilnahme des Unbewußten der Person aufgebaut. Obwohl die anfängliche Richtung vom Bewußtsein bestimmt wird, ist das resultierende Bild autonom und unbewußt: Man mobilisiert unbewußte Ressourcen, um ein Bild zu entwickeln, das anderen unbewußten Zielen entspricht. Falls Sie dies nicht glauben, holen Sie sich solch ein Bild und versuchen Sie dann, es bewußt zu ändern. Sie können es vielleicht vorübergehend ändern, aber es wird gewöhnlich sofort in den alten Zustand zurückwechseln, sobald Sie Ihre bewußte Aufmerksamkeit auf irgend etwas anderes richten.

Dieses Bild Ihrer selbst mit Fähigkeiten und Talenten bietet all Ihre unbewußten Ressourcen auf, um viele spezifische Verhaltensweisen zu entwickeln, die zur jeweiligen Situation passen. Ein Swish reorganisiert oftmals das Verhalten einer Person in ein paar Sekunden neu, und die meisten Leute, die den Swish erfolgreich gemacht haben, berichten, daß sie keine bewußte Information darüber haben, was das für eine Reorganisation war oder wie sie sie zustande bringen konnten.

Wenn auch alle diese Faktoren die Tendenz haben, für die Ökologie des Swish zu sorgen, sind sie doch von den Fähigkeiten des Unbewußten des Klienten abhängig. Und manchmal braucht es etwas Hilfe und Anleitung.

Zugänglichmachen geeigneter Ressourcen. Wenn Sie den Klienten auffordern, „Sehen Sie sich selbst als Person, für die dies kein Problem ist", werden einige Leute sich sofort eine Person vorstellen können, die die nötigen Ressourcen hat, um mit der Situation umzugehen. Andere werden ein bißchen Hilfe brauchen, um die Art von Person sehen zu können, die jene wesentlichen Ressourcen hat, ohne die eine Veränderung nicht klappen würde. Oft können Sie einige Vermutungen darüber anstellen, welche Ressourcen nützlich für den Klienten wären. Manchmal kann sich der Klient auf überhaupt keine Ressourcen besinnen, die einen Unterschied machen würden, während Sie das sehr wohl können. Wenn Sie dem Klienten Ressourcen vorschlagen, können Sie ihn beobachten und dann das verstärken, auf was der Klient positiv reagiert. Wenn Sie etwas vorschlagen, ohne daß der Klient darauf reagiert, vergessen Sie es.

Wenn Sie beispielsweise einen Swish mit einer Person machen, die bei „banalen", alltäglichen Dingen die Beherrschung verliert, könnten Sie sagen: „Wenn es angemessen ist, können Sie die Fähigkeiten hinzufügen, mitfühlend mit anderen Menschen umzugehen, und im voraus erwarten, daß sie manchmal Fehler machen werden. Oder vielleicht ist diese Person in Ihrem Selbstbild besser fähig, Dinge aus der Sicht eines anderen Menschen zu sehen, und zu verstehen, wie dieser in der Weise handeln konnte, wie er es tat. Vielleicht muß diese Person andere nicht tadeln, wenn ihnen etwas mißlingt, sondern bemerkt stattdessen einfach, daß sie eine andere Perspektive haben und beginnt sofort darüber nachzudenken, wie die Situation zu ihrer beider Zufriedenheit gestaltet werden kann." Sie können eine Menge an Ressourcen in ein Bild packen. Die diesen Vorschlägen zugrundeliegende Leitlinie ist *nicht*, „Sind dies die *richtigen* Ressourcen?", sondern „Helfen diese Worte dem Klienten, etwas zu sehen, was für ihn immer ressourcevoller und attraktiver aussieht?"

Eine andere Weise darüber nachzudenken ist, daß Sie spezifische Ressourcen in das gewünschte Selbstbild einfügen, die der positiven Absicht der alten Reaktion genügen. Dadurch stellen Sie sicher, daß Ihre Arbeit ökologisch sein wird. Wenn jemand raucht, um sich zu entspannen und eine kurze Arbeitspause zu machen, können Sie sagen: „Sehen Sie ein Bild von sich als Person, für die das Rauchen belanglos ist. Dies sind Sie, als eine Person, die *viele* Wahlmöglichkeiten hat, wie sie sich entspannen und eine Pause gönnen kann. Sie wissen vielleicht nicht genau, *wie* sie diese Dinge tut, aber Sie können, indem Sie sie anschauen, sehen, daß dies eine Person mit vielen Möglichkeiten ist, sich zu entspannen."

Wenn ein Swish teilweise erfolgreich ist, können Sie nach den *Kontexten* fragen, in denen er funktionierte, und nach jenen, in denen er nicht wirkte. Wenn jemand sagt, „Als ich allein in meinem Büro war, ging es mir gut, aber in der Abteilungsbesprechung gingen mir alle Leute wirklich auf die Nerven", können Sie annehmen, daß er mehr Wahlmöglichkeiten braucht, mit anderen Menschen umzugehen. Mit ein paar Fragen werden Sie noch mehr spezifische Informationen darüber erhalten, welche zusätzlichen Fähigkeiten und Talente in das gewünschte Selbstbild eingebaut werden müssen.

Balanciertes Selbstbild. Manchmal ist das gewünschte Selbstbild einer Person anfangs zu übertreiben. Wenn es z. B. *allzu* stark ist, könnte es notwendig sein, es zu korrigieren, indem Sie etwas Liebenswürdigkeit, Bescheidenheit oder Mitleid hinzufügen, um es für alle Teile der Person voll akzeptabel zu machen. Eine Frau, die eine bessere Alternative haben wollte, als immer die Beherrschung zu verlieren, sah ein Bild von sich, wie sie „zu jeder Zeit völlig gelassen" war. Sie schien sich eine Person auszumalen, die im Himmel ausgezeichnet zurechtkäme, aber auf der Erde nicht sehr gut überleben würde. Ich schlug vor, daß sie das Bild nochmal überprüfen sollte, um „sicherzustellen, daß dies jemand ist, die ihre Ziele im Auge behalten kann, und die die Flexibilität hat, dann ärgerlich zu reagieren, wenn sie denkt, daß dies ihren Zielen am besten dienlich sein wird, oder die Fähigkeit hat, sich bei bestimmten Gelegenheiten für ihre Wünsche einzusetzen, zusätzlich zu der Fähigkeit, gelassen zu sein. Dies könnte eine Person sein, die Wege hat, mit Dingen umzugehen, die diejenige, die Sie jetzt hier sitzend sind, bisher gewöhnlich irritierten, oder von denen sie überhaupt keine Ahnung hat. Aber für diese Person ist es einfach."

Eine andere Frau sah ein Bild von sich, das *zu* perfekt schien. Ich schlug vor, daß sie die Fähigkeit einfügen sollte, über ihre eigenen Fehler lachen und aus ihnen lernen zu können.

Ökologie–Check. Die Ökologie wird durch die Integration geeigneter Ressourcen in die gewünschte Selbst–Repräsentation gewährleistet. Wenn Sie wollen, können Sie die Ökologie explizit überprüfen, während Sie das gewünschte Selbstbild entwickeln. „Betrachten Sie sich selbst als Person, die mehr Fähigkeiten und nicht länger dieses Problem hat; haben Sie etwas dagegen, schließlich diese Person zu sein?" Es ist nützlich, die wichtigsten Lebenskontexte und alle Repräsentationssysteme zu überprüfen. „Wie werden Sie als diese neue Person sich mit Ihrer Familie vertragen, ... mit Ihrem Beruf, ... mit Ihren Freizeitaktivitäten? ... Entdecken Sie, während Sie diese Person beobachten, irgend etwas, was Sie sehen, hören oder fühlen, das Sie auf irgendwelche möglichen Probleme hinweist?" Wenn Sie auf Einwände stoßen, können Sie entsprechende Berichtigungen des Selbstbildes vornehmen, solange, bis es alle Bedürfnisse voll befriedigt.

Realitätsbezug. Wie ein zwingendes Zukunftsbild muß das Selbstbild den Kriterien der Person genügen, was sie für real oder möglich hält. Auch wenn Sie das Bild mögen, werden Sie nicht sehr stark darauf reagieren, wenn Sie es für unwirklich oder unwahrscheinlich halten. In diesem Fall müssen Sie wissen, welche Submodalitäten es unwirklich machen, und diese verändern, bis das Bild schließlich eine glaubwürdige Möglichkeit darstellt.

Vor ungefähr einem Jahr machte ich (Connirae) den Swish mit Kate, die Zeugin eines Unfalls mit mehreren Toten gewesen war. Kate hätte um ein Haar fast selbst zu den Opfern gehört. Nach diesem Erlebnis geriet sie jedesmal in Panik, wenn sie autofahren mußte, und die Erinnerung an den Unfall beschäftigte sie auch in anderen Situationen. Es war die Vorstellung, das Gesicht eines der Unfallopfer vor dem geistigen Auge zu sich heranzuholen, die sie in Panik geraten ließ. Deshalb entwarf ich einen Swish für sie, der mit diesem Auslöser begann. Kate ließ sich ganz leicht dazu bewegen, sich ein Bild von ihr selbst zu machen, als einer Person, für die dieser Vorfall keine Schwierigkeit darstellen würde, aber sie sah nicht danach aus, als ob das Selbstbild für sie sehr anziehend wäre. Sie sagte, daß das Bild ihr „nicht real vorkomme". Es stellte sich heraus, daß sie sich ein Bild von sich selbst als einer Person machte, die einen Erste–Hilfe–Kurs gemacht hatte und medizinisch gut unterrichtet war. Diese Kate würde wissen, was zu tun war und schien deshalb unwirklich, da Kate keinen Erste–Hilfe–Kurs gemacht hatte. Kate hatte angenommen, daß sie sich nur unter dieser Voraussetzung ressourcevoll fühlen könnte.

Ich hielt es nicht für zweckmäßig, geschweige denn für nötig, in Panik zu geraten und das Gefühl zu haben, die Kontrolle zu verlieren, nur weil man keinen Dr. med. hat. Viele Menschen haben kein medizinisches Wissen und geraten bei Unfällen dennoch nicht in Panik; daher weiß ich, daß Panik keine unbedingt notwendige Reaktion ist. Kate schien dies für eine Entweder–Oder–Situation zu halten: entweder mußte sie medizinisch völlig kompetent sein, damit sie das Gefühl haben könnte, sich unter Kontrolle zu haben, oder sie mußte sich ganz außer Kontrolle fühlen.

Kates Einwand zeigte mir genau, was als nächstes zu tun war. Ich schlug vor, daß sie, anstatt jene Kate zu sehen, die in Erster Hilfe ausgebildet war, lieber die Kate sehen könnte, „die nicht mehr als Sie, wie Sie hier sitzen, über Medizin weiß, die aber die Ressourcen hat, mit einer schwierigen Situation so gut wie möglich umzugehen, entsprechend ihrer Kenntnisse. Vielleicht ist das die Kate, die in einer Unfallsituation sofort auf der Stelle entscheiden kann, wie sie sich am nützlichsten machen kann. Eine Panik ist belanglos für sie, weil sie weiß, wie sie schnell und besonnen Zugang zu ihren Fähigkeiten hat, und nicht irgend etwas versucht, von dem sie weiß, daß sie es nicht kann. Diese Kate hat keine medizinischen Kenntnisse, sondern das Wissen, wie sie alle ihre Informationen und Fähigkeiten, welche sie auch immer hat, benutzen kann, um in der bestmöglichen Art und Weise zu handeln. Sie mag hin und wieder Fehler machen — wie alle Menschen —, aber sie hat auch die Ressourcen, aus ihnen zu lernen und das Gelernte beim nächsten Mal zu verwenden." Während ich sprach, sah Kate mehr und mehr über die zukünftige Kate, die sie vor ihrem geistigen Auge sah. Kate sah erfreut und zu ihr hingezogen aus.

Nachdem sie den Swish gemacht hatte, war Kate sehr erfreut, daß sie in einem guten Zustand autofahren konnte, ohne noch länger mit Unfällen beschäftigt zu sein. Innerhalb der nächsten Monate kam sie in zwei Situationen, in denen gerade ein Unfall passiert war, auf die sie ressourcevoll und gelassen reagieren konnte.

Kontextualisierung. In den meisten Fällen wollen Sie, daß sich die gewünschte Veränderung voll auf alle Gebiete im Leben der Person generalisiert. Dies wird durch die Verwendung eines Selbstbildes erreicht, das nicht an bestimmte Kontexte gebunden ist: Das Bild von Ihnen selbst sollte nur aus so wenig Kontext wie möglich bestehen. Ideal ist, wenn es überhaupt keine Umgebung enthält. Da einige Leute keinen Gefallen daran finden, sich selbst im Raum schweben zu sehen, kann es jedoch hilfreich sein, einen sehr vagen, allgemeinen Hintergrund oder irgendeinen Boden unter den Füßen zu haben.

Wenn Sie sich ein Bild von sich selbst in einem spezifischen Kontext machen, kann die Veränderung auf diesen Kontext beschränkt sein und wird sich womöglich nicht auf andere verallgemeinern. Ein Mann kreierte ein Selbstbild, das ihn in einem Seminarraum zeigte. Nachdem er den Swish gemacht hatte, hatte er kein Verlangen mehr, im Seminarraum zu rauchen, egal wie lange er darin war. Aber in dem Moment, in dem er den Raum verließ, kam das Verlangen zurück. Einige Menschen werden viel umfassender generalisieren, auch wenn sie sich selbst in einem spezifischen Kontext sehen, andere werden das jedoch nicht tun. Daher ist eine ungeeignete Kontextualisierung ein anderer weitverbreiteter Grund für unvollständige Ergebnisse des Swish.

Sie könnten dieses Prinzip benutzen, um eine Veränderung auf nur einen oder einige wenige, spezifische Kontexte zu begrenzen. Es ist jedoch viel generativer und ökologisch sicherer, Unterscheidungsfähigkeiten in das Selbstbild zu integrieren. „Dies sind Sie als eine Person, die die Fähigkeit hat, wahrzunehmen, wann und wo es nützlich sein wird, diese neuen Wahlmöglichkeiten zu verwenden, und wann und wo es nützlicher sein kann, die alten Verhaltensweisen weiterhin beizubehalten."

Verknüpfung der zwei Bilder

Wenn Sie das auslösende Bild ausgewählt und ein motivierendes gewünschtes Selbstbild entwickelt haben, ist es Ihre Aufgabe, diese beiden miteinander zu verknüpfen mit Hilfe zweier Submodalitäten, die für die Person wirkungsvoll sind. Die folgenden Bedingungen helfen, diese Verknüpfung so stark wie möglich zu machen.

Gleichzeitigkeit. Es wäre möglich, das auslösende Bild zuerst klein und dunkel werden zu lassen, und *dann* das Selbstbild anwachsen zu lassen und heller zu machen. Wenn Sie dies tun, funktioniert der Swish vielleicht noch, aber der Verknüpfungseffekt wird durch das Nacheinander der beiden Veränderungen abgeschwächt. Es ist viel besser, die zwei Veränderungen gleichzeitig auftreten zu lassen, so daß *simultan* mit der Abnahme Ihrer Reaktion auf den Auslöser Ihre Reaktion auf das Selbstbild zunimmt. Wenn Sie schon aufeinanderfolgende Veränderungen verwenden, dann stellen Sie zumindest sicher, daß irgend etwas an der Art, wie Sie es tun, eine Verbindung zwischen den beiden garantiert. Sie könnten beispielsweise das Selbstbild auf die Rückseite des auslösenden Bildes plazieren, und dann das auslösende Bild umkippen, sich drehen und wieder hochschwenken lassen, wobei das Selbstbild enthüllt wird. Obwohl die Veränderungen nacheinander erfolgen, ist die erste mit der zweiten dadurch verbunden, daß sie beide Teil desselben Gegenstands sind, der sich im Raum herumdreht. Wenn das auslösende Bild an einer Stelle umkippen und das Selbstbild an einer anderen hochklappen würde, wäre die Verbindung viel schwächer.

Richtung. Es ist unbedingt erforderlich, *den Swish nur in einer Richtung zu machen*: vom Auslöser zum gewünschten Selbstbild. Dies wird durch eine Unterbrechung am Ende jedes Swish gewährleistet, wie z. B. dadurch, daß Sie Ihre inneren Bilder löschen oder Ihre Augen öffnen. Viel zu viele Leute machen den Swish von selbst schon in der entgegengesetzten Richtung: sie stellen sich vor, zu etwas fähig zu sein, denken dann sofort an einige persönliche Fehlschläge und Mißgeschicke (vergangene oder antizipierte) und lassen sich dadurch entmutigen. Wenn Sie den Swish rückwärts laufen lassen, können Sie jemandem eher Kompetenzen nehmen als ihm welche zugänglich zu machen. Und wenn Sie den Swish mit jemandem in beiden Richtungen machen, kann es passieren, daß er sich am Ende im Kreis dreht!

Geschwindigkeit. Stellen Sie sicher, daß der eigentliche Austausch der Bilder so schnell wie möglich stattfindet. Sie können an der Identifizierung der Anfangsbedingungen so lange arbeiten, wie Sie wollen, und nach dem Swish können Sie sich alle Zeit nehmen, das Selbstbild zu genießen, aber der Übergang zwischen den beiden sollte nur eine Sekunde oder weniger dauern.

Manchmal ist es am einfachsten, den Klienten den Swish zunächst langsam machen zu lassen, um so sicherzustellen, daß er genau weiß, was zu tun ist. Dann können Sie seine Geschwindigkeit erhöhen, indem Sie sagen, „so ist es gut, nun machen Sie es schneller", „noch schneller", etc., bis Sie sehen können, daß er es sehr schnell tut. Wenn er einwendet, daß er es bewußt nicht schneller machen kann, können Sie sagen: „Das ist schon okay; Ihr Gehirn weiß schon, was zu tun ist. Sie können einfach mit dem Anfang beginnen, und Ihr Unbewußtes kann dann den Swish–Teil vollständiger und gründlicher machen, als Sie es bewußt machen könnten. Der Vorgang soll sowieso so schnell wie möglich unbewußt werden." Natürlich müssen Sie den Klienten sorgfältig beobachten, um festzustellen, ob sein nonverbales Verhalten anzeigt, daß er tatsächlich tut, um was Sie gebeten haben. Sie können jemanden sogar direkt auffordern, *so zu tun, als ob* er den Swish schneller machen würde, solange Sie nonverbales Feedback als Bestätigung benutzen, daß er verhaltensmäßig durch den Prozeß geht.

Wiederholung. Fünf Wiederholungen reichen gewöhnlich aus, um einen Swish zu installieren. Manchmal sind sogar nur ein oder zwei Durchgänge erforderlich. Wenn Sie ihn zehnmal schnell machen und er nicht funktioniert, werden mehr Wiederholungen wahrscheinlich auch nichts bringen; in diesem Fall müssen Sie vermutlich einige andere Berichtigungen vornehmen, um ihn funktionieren zu lassen.

Kalibrierung auf die submodalen Zugangshinweise. Der beste Weg, um sicherzugehen, daß jemand den Swish tatsächlich macht, ist die Kalibrierung auf die charakteristischen, subtilen nonverbalen Verhaltensweisen, die die verschiedenen Submodalitätsveränderungen begleiten. Zum Beispiel tendiert Ihr Kopf dazu, sich gerade nach hinten zu bewegen, wenn ein Bild schnell näher kommt, Ihre Augen weiten sich ein bißchen, und Ihr gesamter Muskeltonus verstärkt sich. Wenn sich ein Bild von Ihnen fortbewegt, neigt Ihr Kopf zu einer Bewegung nach vorne, die Augen verengen sich leicht, und Ihre Muskeln entspannen sich ein bißchen.

Es ist etwas ermüdend, diese nonverbalen Zugangshinweise verbal zu beschreiben; Sie können sie jedoch leicht für sich selbst entdecken, indem Sie folgendermaßen vorgehen: Holen Sie sich einen Freund, der dazu bereit ist, setzen Sie sich neben ihn, blicken Sie ihm ins Gesicht, und bitten Sie ihn, an ein Bild zu denken, das für ihn emotional neutral ist. Wenn Sie ein gefühlsmäßig aufgeladenes Bild verwenden, werden Sie aufgrund der vielen nonverbalen Veränderungen, die aus dem Wechsel der Gefühle resultieren, Schwierigkeiten haben, jene Änderungen zu erkennen, die nur mit den Submodalitätswechseln verbunden sind. Wenn Ihr Freund ein neutrales Bild gewählt hat, bitten Sie ihn, *eine* spezifische Submodalität in beiden Richtungen zu verändern: „Vergrößere das Bild, ... nun mach' es kleiner ..." Dabei beobachten Sie die nonverbalen Veränderungen. Ein schneller Wechsel von einer extremen Ausprägung zur anderen wird den Kontrast verstärken und die Wahrnehmung der nonverbalen Veränderungen erleichtern. Veränderungen der Kopfhaltung sind gewöhnlich am ehesten zu bemerken; es gibt auch Veränderungen in der Pupillengröße und in den Muskeln rund um die Augen, Atmungsveränderungen, Veränderungen des gesamten Muskeltonus, etc. Menschen unterscheiden sich hinsichtlich ihrer Ausdruckskraft; die beschriebenen physiologischen Hinweise werden bei einigen Leuten sehr offensichtlich sein und bei anderen viel subtiler. Bei einer ausdrucksstarken Person wird Ihnen das Lernen auch am Anfang viel leichter fallen.

Es ist wichtig, daß Ihre Versuchsperson *nur* die Submodalität verändert, die zu ändern Sie ihn aufforderten. Falls sein Bild automatisch farbiger wird, während es sich vergrößert, werden Sie physiologische Hinweise als Folge dieser *beiden* Submodalitätswechsel sehen, und dies wird für Sie verwirrend sein.

Wenn Sie sich Ihrer eigenen kinästhetischen Bewegungen sehr gut bewußt sind, können Sie auf dieselbe Art mit sich selbst experimentieren. Regulieren Sie eine Submodalität eines neutralen Bildes in beiden Richtungen, und *fühlen* Sie, wie Ihre Muskeln sich verändern, während Sie das tun.

Die Fähigkeit, submodale Zugangshinweise wahrzunehmen und zu identifizieren, macht Ihre Arbeit elegant. Sie können die Hinweise verwenden, um Informationen zu gewinnen, wenn Ihr Klient sich der Submodalitäten nicht bewußt ist und über sie keine Angaben machen kann. Da sie Ihnen laufend ein genaues Feedback über die inneren Prozesse Ihres Klienten liefern, können Sie sie auch verwenden, um zu überprüfen, ob der Klient Ihren Aufforderungen nachkommt.

Nonverbale Instruktionen. Den Prozeß in Ihrem eigenen Verhalten zu demonstrieren, ist die beste Hilfe für den Klienten bei der Durchführung des Swish. Sie können Gesten benutzen, um die Größe und Lage der Bilder anzuzeigen, und mit Handbewegungen die Geschwindigkeit und die Richtung der Veränderung verdeutlichen.

Wir ziehen es meistens vor, die Klientin lernen zu lassen, wie sie ihren eigenen Swish machen kann. Wenn sie erst einmal weiß, wie er vor sich geht, sorgen wir nur noch dafür, daß sie ihn schnell genug macht. Natürlich können Sie auch nonverbale Anweisungen benutzen, um den Swish für den Klienten ablaufen zu lassen. Wenn Sie ein „Swish"–Geräusch machen*, während Sie zur Veranschaulichung Ihre Hände bewegen, so wird auch das zu einem Anker für die Geschwindigkeit des Übergangs. Wenn diese Vorbereitung abgeschlossen ist, können Sie die Wiederholungen des Swish einfach ablaufen lassen und steuern, indem Sie diese Bewegungen und Geräusche wiederholen; und Sie können auch beobachten, wie die Person unbewußt darauf anspricht. Dies ist besonders bei verdeckter Arbeit

---

* Damit ist ein zischendes Geräusch gemeint (*to swish* heißt zischen, schwirren, sausen), das die zu erreichende Schnelligkeit andeutet. (Anm. d. Übers.)

oder bei Klienten nützlich, die nicht daran gewöhnt sind, ihr eigenes Gehirn zu steuern.

Falls Sie Anker benutzen, *sollten Sie sicherstellen, daß Ihre Gesten, vom Blickwinkel des Klienten aus betrachtet, angemessen sind.* Angenommen, Sie sitzen dem Klienten gegenüber und sagen: „Bewegen Sie das Bild von sich weg." Wenn Sie Ihre Hand von Ihrem eigenen Gesicht wegbewegen, wird sie sich *näher* auf das Gesicht des Klienten zu bewegen, und dies stimmt dann mit Ihrer verbalen Anweisung nicht überein. Vergewissern Sie sich, Gesten zu machen, die für den Klienten passend sind, auch wenn Sie bezüglich Ihrer eigenen Position nicht stimmig sein mögen. Sie können diesem Problem auf sehr einfache Art aus dem Weg zu gehen, indem Sie neben dem Klienten sitzen und in dieselbe Richtung wie er blicken. Dann können Ihre Gesten für Sie beide angemessen sein.

Wenn Sie innerlich denselben Prozeß machen, den Sie Ihren Klienten zu durchlaufen bitten, werden Ihre eigenen Zugangshinweise auch unbewußt dem Klienten mitteilen, was zu tun ist. Wir können die Bedeutung Ihres eigenen nonverbalen Verhaltens gar nicht genug betonen. Inkongruenz kann eine Intervention ruinieren, und Kongruenz kann Ihre Arbeit sehr leicht machen.

Referenzerfahrungen. Die Durchführung eines Swish wird auch einfacher, wenn Sie dem Klienten einen Bezug auf reale Erlebnisse zugänglich machen, der analog zu dem Effekt ist, den Sie anstreben. Dies kann sowohl mit einfachen Redewendungen wie „Sehen Sie, wie die Farbe aus dem Bild *herausgewaschen* wird", als auch mit komplexeren Metaphern erreicht werden:

„Haben Sie jemals gesehen, wie ein Tropfen Öl oder Benzin auf einer Wasserfläche landet, und haben Sie dann beobachtet, wie dieses Tröpfchen sich schnell ausbreitet und das Wasser mit schillernden Farben bedeckt? Das entspricht dem, was Sie machen sollen. Der kleine Punkt wird sich schnell ausbreiten wie ein Tropfen Öl, und ein farbiges Bild von Ihnen schaffen, das zeigt, wie Sie sein wollen."

„Stellen Sie sich vor, daß das auslösende Bild aus einem Gemälde aus Wasserfarben besteht, das in dünner Schicht über ein Ölbild gemalt ist, welches Sie selbst zeigt, wie Sie sein wollen. Ein Platzregen geht nieder, wäscht schnell die Wasserfarbe weg und enthüllt das darunterliegende Ölgemälde."

Bei einem Entfernungs–Swish haben einige Leute Schwierigkeiten, die gleichzeitigen Bewegungen der beiden Bilder synchron laufen zu lassen. Sie können in diesem Fall sagen: „Tun Sie so, als ob eine Schnur von dem auslösenden Bild weg um eine Rolle hinter Ihrem Kopf herum zu dem anderen Bild läuft. Wenn das erste Bild sich wegbewegt, wird diese Schnur automatisch das zweite Bild mit derselben Geschwindigkeit auf Sie zu ziehen."

„Stellen Sie sich vor, Sie sind in einem dunklen Raum, und über Ihrem Kopf ist ein helles Licht; es gibt aber keine weiter entfernten Lichter. Während das erste Bild sich von Ihnen und dem Licht weg bewegt, wird es automatisch dunkler werden. Und während sich das zweite Bild auf Sie und das Licht zu bewegt, wird es automatisch heller werden."

In der Art des Klienten. Je mehr der Swish mit dem übereinstimmt, was der Klient selbst schon ohne Schwierigkeiten im Geist tun kann, um so leichter wird er für ihn auszuführen sein, und um so effektiver wird er sein.

Oftmals, wenn Ihnen keine passende Referenzerfahrung einfällt, kann Ihr Klient diese liefern. „Was ist für Sie ein leichter Weg, dieses farbige Bild farblos zu machen?" „Oh, ich weiß, ich kann so tun, als ob die Farbe auf einem Transparent ist, das ich einfach abziehen kann." „Na wenn die Farbe eine Flüssigkeit wäre, würde sie einfach abfließen, wenn ich den Stöpsel herausziehe, wie Wasser aus Sand." Indem Sie die Ressourcen des Klienten auf diese Weise verwenden, erleichtern Sie ihm die Durchführung des Swish und bereichern zugleich Ihr eigenes Repertoire an Methoden für den Übergang.

Als *Richard Bandler* das erste Mal den Standard Größe–Helligkeits–Swish lehrte, brachte er den Leuten bei, das kleine, dunkle Selbstbild in die linke untere Ecke des großen, hellen Bildes zu plazieren. Ein Jahr später empfahl er, es in die rechte untere Ecke zu tun. Wir haben festgestellt, daß viele Leute es einfacher finden, es ins Zentrum zu rücken. Sie können sogar sagen, „Suchen Sie ein kleines dunkles Feld aus, wie z. B. einen Knopf oder eine schattige Stelle, und lassen Sie das Selbstbild schnell daraus erblühen, wie eine Blume, die Blüten treibt." Dieser Vorschlag nutzt ein kleines, dunkles Feld, das im auslösenden Bild schon vorhanden ist. Dadurch erübrigt sich die Mühe, das kleine dunkle Bild hinzuzufügen. Je mehr Sie die Vorlieben und schon vorhandenen Fähigkeiten Ihres Klienten nutzen können, um so einfacher wird es für Sie beide sein.

Test. Obwohl der endgültige und verläßlichste Test in der wirklichen Welt stattfindet, sollten Sie immer so gründlich wie möglich testen, *bevor* Sie Ihren Klienten wieder in diese Welt entlassen. Der insgesamt beste Test besteht darin, verhaltensmäßig eine Situation zu schaffen, die ein Beispiel des Problems ist. Um dies gut tun zu können, müssen Sie im voraus genügend Einzelheiten kennenlernen und testen, ob Sie verhaltensmäßig die Problemreaktion bei Ihrem Klienten hervorrufen können. Wenn der Klient beispielsweise nicht mit Spott umgehen kann, machen Sie vor dem Swish höhnische Bemerkungen über seine Kleidung, und hinterher darüber, wie nachlässig er den Swish gemacht hat. Bei einer Frau, die es nicht aushalten kann, ignoriert zu werden, arrangieren Sie, daß jemand hereinkommt und Sie in ein Gespräch verwickelt, während Sie sie ignorieren.

Obwohl es nicht an einen verhaltensmäßigen Test herankommt, können Sie bei einem Test den Klienten immer auch auffordern, an den Auslöser zu denken, und dabei herausfinden, ob dies immer noch zur Problemreaktion führt. Diese Art von Test wird ausführlich in *Veränderung des subjektiven Erlebens* beschrieben.

Es ist ebenfalls möglich, den Test dazu zu verwenden, die Veränderung zu installieren oder zu konsolidieren, die Sie gerade gemacht haben. Dazu benutzen Sie verbale und nonverbale Präsuppositionen. Da eine der Präsuppositionen von „versuchen" ist, zu versagen, impliziert *Richard Bandler*, indem er seiner Klientin in dem Videotape „Anticipatory Loss" in einem lockeren Ton sagt, „*Versuchen* Sie, die Panik zurückzuholen", daß sie nicht fähig sein wird, es zu tun. Wenn er sagt, „*Versuchen* Sie es nochmal, *um sicher zu sein*", macht er ein Future Pace über das Vertrauen, daß sie in der Zukunft nicht fähig sein wird, in Panik zu geraten. Wissenschaftler würden die Auswirkungen eines Swish in einer sehr neutralen Art und Weise testen: „Machen Sie sich jetzt wieder dieses Bild. ... Was passiert?" Wenn Sie jedoch jemandem helfen wollen, eine Veränderung zu konsolidieren, können Sie genauso gut jedes Ihnen bekannte verbale oder nonverbale Muster benutzen, das diese Veränderung unterstützen wird.

Individuelle Swish–Designs

Der Größe–Helligkeits–Swish nützt beliebige Submodalitäten (Größe und Helligkeit) für die Durchführung des Swish. In ungefähr 70 Prozent der Fälle ist dies zwar effektiv, einige Menschen sprechen jedoch nicht sehr auf Größe oder Helligkeit an. Und manche Leute reagieren stärker auf ein dunkles Bild als auf ein helles. Bei diesen Klienten wird der übliche Gebrauch der Submodalität „Helligkeit" den Swish abschwächen anstatt verstärken.

Auch wenn jemand in vielen Kontexten für die Submodalitäten Größe und Helligkeit empfänglich ist, mag sein Problem womöglich durch einen *auditiven* Auslöser verursacht sein. Eine Stimme oder irgendein anderes Geräusch kann die unerwünschte Reaktion hervorrufen. Sie könnten zwar jederzeit auf einen visuellen Auslöser überlappen — „stellen Sie sich vor, Sie hören die Stimme; wenn diese Stimme ein Bild wäre, wie würde sie dann aussehen" — und danach den Swish im visuellen System machen. Bei einem auditiven Auslöser ist es jedoch viel eleganter und wirkungsvoller, den Swish gleich im auditiven System zu machen.

Auditiver Swish. Zur Vorbereitung eines auditiven Swish versuchen Sie zuerst durch bestimmte Fragen herauszufinden, welche auditiven Submodalitäten (entweder innere oder äußere) den Auslöser wirken lassen: „Was macht es Ihnen unmöglich, dieses Geräusch zu ignorieren?" „Manchmal ist es nicht sehr laut und ich kann es ignorieren, aber wenn es laut ist, läßt es mich die Wände hochgehen. Wenn es lauter wird, kommt es auch näher, und das geht mir wirklich auf die Nerven."

Im nächsten Schritt wird überprüft, ob die Kriterien Lautstärke und Entfernung verwendet werden können, um die Reaktion der Person zu verändern. „Hören Sie dem Geräusch zu und machen Sie es lauter. ... Nun machen Sie es leiser. ... Verändert das Ihre Reaktion?" Wie üblich sind Sie dabei viel mehr daran interessiert, seine nonverbale Reaktion zu beobachten, als die bewußte verbale Antwort zu hören. „Als nächstes versuchen Sie, die Entfernung des Geräusches zu verändern. Halten Sie die Lautstärke konstant, aber bewegen Sie es näher zu sich. ... Jetzt bewegen Sie es weiter weg. ... Ändert das Ihre Reaktion?"

Da fast jeder stark auf Lautstärke und Nähe der Tonquelle anspricht, lassen Sie uns annehmen, daß Ihr Test die Wirksamkeit dieser Submodalitäten auf die Person bestätigt. Sie kennen nun den auditiven Auslöser und die Art, wie zwei auditive Submodalitäten verwendet werden können, um die Reaktion Ihres Klienten darauf zu verstärken oder abzuschwächen.

Im nächsten Schritt helfen Sie dem Klienten, im auditiven System eine Repräsentation von sich selbst mit mehr Wahlmöglichkeiten zu entwickeln. Wie vorhin das Bild wird auch diese „Selbst-Stimme" dissoziiert sein, so daß der Klient zu ihr hingezogen wird. „Hören Sie, wie Ihre Stimme klingen würde, wenn Sie so viele zusätzliche Wahlmöglichkeiten und Fähigkeiten hätten, daß diese Situation für Sie kein Problem mehr ist. Hören Sie die Stimme außerhalb von Ihnen, in einiger Entfernung, als ob jemand anderes zu Ihnen sprechen würde. Welche Eigenschaften hat diese Stimme, so wie Sie sie hören?" Gestalten Sie diese Stimme solange weiter aus, bis der Klient stark von ihr angezogen wird.

Als nächstes müssen Sie diejenigen Submodalitäten testen, die Sie beim auditiven Auslöser gefunden haben, um herauszubekommen, wie Tonalität und Lautstärke die Reaktionsintensität des Klienten auf die Selbst-Stimme beeinflussen. „Machen Sie diese Stimme lauter. ... Verstärkt das Ihre Reaktion?" „Jetzt machen Sie die Stimme leiser. ... Verringert das Ihre Reaktion?" Gewöhnlich wird die Person auf eine ressourcevolle Selbst-Stimme in einer *gemäßigten* Lautstärke am intensivsten ansprechen. Wenn die ressourcevolle Stimme zu laut wird, wechseln die meisten Leute zu einer *unangenehmen* Empfindung, anstatt die angenehme Reaktion weiter zu intensivieren.

Allgemein gesprochen wird ein wirkungsvolles Swish–Muster *die Reaktion auf den Auslöser abschwächen*, und gleichzeitig *die Reaktion auf die erwünschte Selbst–Repräsentation verstärken*. Finden Sie möglichst zwei wirksame Submodalitäten, die hinsichtlich des auslösenden Geräusches und der gewünschten Selbst–Stimme jeweils auf dieselbe Art und Weise funktionieren. Lassen Sie uns, um bei unserem Beispiel zu bleiben, annehmen, daß das Näherkommen und die Intensivierung der Lautstärke die Reaktion des Klienten sowohl auf den Auslöser als auch auf die gewünschte Selbst–Stimme *steigern*.

In diesem Fall beginnt der Swish mit einem maximal intensiven Auslöser: große Lautstärke und sehr nah. Die Lautstärke wird schnell nachlassen, während der Auslöser sich immer mehr entfernt, was die Reaktion des Klienten verringert.

Die gewünschte Selbst–Stimme wird gleichzeitig in einer minimalen Intensität anfangen, sehr leise und weit weg, und dann näher herankommen und lauter werden, *bis zu der Lautstärke und Entfernung, bei der der Klient die intensivste positive Reaktion zeigt.* Wie jeder andere Swish, wird auch dieser durch Schweigen oder Konzentration auf äußere Geräusche beendet. Dann wird der Swish–Prozeß wiederholt, bis er fünfmal schnell durchgeführt wurde. Als Abschluß dient ein Test.

Manchmal reagiert die Person auf die Lautstärke dieser ressourcevollen Selbst–Stimme nicht wie auf den Auslöser, sondern genau *entgegengesetzt.* Eine große Lautstärke läßt die Person manchmal *schwächer* reagieren; wohingegen sie auf eine geringe Lautstärke *stärker* anspricht. Im Größe–Helligkeits–Swish setzen wir voraus, daß eine stärkere Helligkeit die Intensität der Reaktion *sowohl* auf das auslösende Bild als auch auf das erwünschte Selbstbild steigert. Wenn es in anderen Submodalitäten eine *umgekehrte* Reaktion gibt, muß der Swish, den Sie entwerfen, dementsprechend angepaßt werden.

Nun lassen Sie uns annehmen, daß eine große Lautstärke die Reaktion auf die Selbst–Stimme *abschwächt,* während sie die Reaktion auf den Auslöser verstärkt; die Selbst–Stimme ist bei einer *geringen* Lautstärke für den Klienten am anziehendsten. Dann müßten Sie den Swish auf eine andere Art durchführen. Sowohl der Auslöser als auch die erwünschte Selbst–Stimme würden sehr laut anfangen und dann leiser werden. Wie vorhin auch, wird der Auslöser sich entfernen, während die Selbst–Stimme näher kommt. Der Auslöser wird vollständig ausgeblendet, und Ihnen wird die Selbst–Stimme in der Lautstärke und Tonalität bleiben, auf die Sie am intensivsten ansprechen.

Schritte zum Swish–Design

1. Identifizierung eines Problems oder einer Einschränkung: „Was wollen Sie verändern? Was belastet Sie? Womit sind Sie unzufrieden?"

2. Informationssammlung: Verwenden Sie *Richard Bandlers* „Errungenschafts–Rahmen" (accomplishment–frame): „Nehmen wir an, ich müßte Sie einen Tag lang vertreten. Um den Job gut machen zu können, müßte ich Ihre Einschränkung ausführen können. Bringen Sie mir bei, wie ich das tun müßte." Sie müssen herausfinden, *wann* das Verhalten eingesetzt werden muß (Auslöser) und *wie* es zu tun ist (Prozeß). Insbesondere müssen Sie wissen, *welche zwei analogen Submodalitäten den Auslöser verändern, und wie sie ihn verändern, um das Problem auftreten zu lassen.* Wichtig ist, daß Sie herausfinden, wie der Klient mit sich selbst *schon* den Swish macht, so daß Sie dieselbe Art von Prozeß verwenden können, um mit ihm den Swish in einer anderen Richtung durchzuführen.

3. **Test des Auslösers:** Wenn Sie glauben, Sie wissen, wie es geht, testen Sie es, indem Sie es selbst ausprobieren. Wenn Sie dasselbe machen, was Ihr Klient tut, ist Ihre Reaktion dann ähnlich? Ihr Klient macht vielleicht noch irgend etwas anderes *zusätzlich*, von dem Sie noch nichts wissen; vielleicht ist auch Ihre innere Organisation anders als seine, so daß es bei Ihnen nicht in derselben Weise funktionieren wird, *solange* Sie nicht seine Art übernehmen, Submodalitäten zu verändern.

Wenn Sie dieselbe Reaktion wie Ihr Klient zeigen, bedeutet das nicht unbedingt, daß Ihre Information richtig ist, aber es ist ein guter Hinweis darauf. Wenn Sie versuchen, etwas zu machen, was Ihr Klient tut, erscheint es oft plötzlich sehr sinnvoll, daß er in der Weise reagiert, wie er reagiert. Wenn es keinen Sinn ergibt, sammeln Sie mehr Informationen, um herauszufinden, was gefehlt hat.

4. **Entwicklung der gewünschten Selbst–Repräsentation und Test:** Entwickeln Sie zuerst die gewünschte Selbst–Repräsentation in demselben Repräsentationssystem, in dem auch der Auslöser ist, und finden Sie dann heraus, wie die gleichen zwei analogen Submodalitäten sie beeinflussen. „Wie ändert sich Ihre Reaktion, wenn Sie sich selbst mit mehr Wahlmöglichkeiten sehen, während Sie diese bestimmte Submodalität verstärken und abschwächen?"

5. **Übersicht über die Angaben:** An dieser Stelle sollten Sie folgende Aspekte kennen:

a) **die auslösende Repräsentation**, die zuverlässig vorhanden ist, und die die Einschränkung auslöst; außerdem die Art, wie zwei wirksame analoge Submodalitäten benutzt werden können, um die Intensität der problematischen Reaktion zu variieren.

b) **die gewünschte Selbst–Repräsentation** in demselben Repräsentationssystem, in dem auch der Auslöser ist; zusätzlich die Art, wie dieselben zwei Submodalitäten verwendet werden können, um die Reaktion des Klienten auf die Repräsentation des erwünschten Selbstbildes zu verstärken oder abzuschwächen.

6. Planung: Wie sollen diese zwei Submodalitäten verwendet werden, um den Auslöser mit der Selbst–Repräsentation zu verbinden? Es ist am einfachsten und zuverlässigsten, für den Auslöser und die Selbst–Repräsentation *separat* zu planen.

a) Auslöser. Legen Sie fest, wie Sie diese zwei Submodalitäten ändern können, um mit einer intensiven Reaktion auf den Auslöser anzufangen, und diese dann abzuschwächen.

b) Selbst–Repräsentation. Bestimmen Sie, wie Sie dieselben zwei Submodalitäten ändern können, um mit einer schwachen Reaktion der Selbst–Repräsentation anzufangen und dann diese Antwort bis zu einer maximalen Intensität zu steigern.

c) Zusammenbringen von a und b, um den Anfangszustand sowohl für den Auslöser als auch für die Selbst–Repräsentation festzulegen, sowie den Übergang, der für beide zum Endzustand führen wird.

Kinästhetischer Swish. Obwohl es für die meisten Menschen einfacher ist, einen visuellen oder auditiven Swish zu machen, ist auch ein Swish im kinästhetischen System möglich, solange Sie sehr sorgfältig darauf achten, taktile Empfindungen zu verwenden und keine Meta–Gefühle. Als Auslöser könnte beispielsweise die Empfindung dienen, eine Hand auf Ihrem Körper zu spüren, oder den Atem von jemandem in Ihrem Nacken zu fühlen, aber *nicht* die darauf folgenden kinästhetischen Meta–Gefühle von Widerwillen oder Furcht. Sie können entdecken, welche taktilen Submodalitäten — Druck, Ausmaß, Position, Beschaffenheit, Bewegung, Dauer, Temperatur, Häufigkeit, etc. — in einem Swish verwendet werden können, um die problematische Reaktion zu verstärken bzw. zu verringern.

Die Selbst–Repräsentation ist dissoziiert, wie wenn Sie einen Arm ausstrecken, um Ihren eigenen Körper vor sich im Raum anzufassen und dabei die lockere entspannte Kraft in diesem fähigen Selbst zu spüren, mit gerader Wirbelsäule und ausbalanciert, oder wie immer Sie kinästhetisch Fähigkeiten repräsentieren. Dann können Sie Submodalitäten verwenden, um den Swish von den taktilen Empfindungen des Auslösers zu den taktilen Empfindungen der Selbst–Repräsentation zu machen, auf die gleiche Weise, wie Sie es im visuellen oder auditiven System tun würden.

Wenn Sie einen Swish im kinästhetischen System machen, ist es manchmal nützlich, den Swish nacheinander in Richtung *sowohl* eines assoziierten *als auch* eines dissoziierten erwünschten Selbst–Gefühls zu machen. Dies ist etwas anderes als bei einem visuellen oder auditiven Swish, bei dem wir immer mit einer dissoziierten Selbst–Repräsentation aufhören. Beim kinästhetischen Swish, der mit einem dissoziierten Selbst endete, beklagten sich die Klienten manchmal, daß sie kein neues Gefühl hatten, um das alte *an derselben Stelle* zu ersetzen. Als ich einen Swish zu den *assoziierten* kinästhetischen Gefühlen anfügte, waren sie zufrieden. Da die Gefühle des neuen, *assoziierten* Selbst sich über Ihren ganzen Körper erstrecken, werden sie die ursprünglichen, auslösenden Gefühle ersetzen, an welcher Stelle diese auch immer waren.

Swish in mehreren Systemen. Sie könnten auch mit zwei Systemen auf einmal den Swish machen, indem Sie zum Beispiel eine visuelle Submodalität und eine auditive verwenden. Wir empfehlen, das nur dann zu tun, wenn Sie einen starken Hinweis haben, daß die zwei wirkungsvollsten Submodalitäten in zwei verschiedenen Repräsentationssystemen sind, *und* daß Ihr Klient der Aufgabe gewachsen ist. Es ist normalerweise für den Klienten einfacher, wenn Sie das Repräsentationssystem wählen, das für den Klienten am wirksamsten zu sein scheint, und den Swish in diesem Repräsentationssystem machen. Danach können Sie in einem Test herausfinden, ob dieser Swish automatisch auch die Submodalität in dem anderen Repräsentationssystem geändert hat. Wenn nicht, können Sie anschließend auch einen Swish im anderen Repräsentationssystem machen.

Der Swish ist eine äußerst wirkungsvolle Methode, die bei vielen verschiedenartigen Problemen angewendet werden kann. Obwohl sie einfach aussieht, ist sie tatsächlich ziemlich komplex. Mit sorgfältiger Aufmerksamkeit auf alle schon erwähnten Einzelheiten werden Sie in der Lage sein, sehr wirksame Swish–Anwendungen zu machen, die mit wenig Aufwand Ihre Klienten grundlegend verändern werden.

Behalten Sie jedoch im Gedächtnis, daß alle diese Worte nur auf die Wirklichkeit in Ihrer Arbeit mit einem Klienten hinweisen. Die Erfahrung Ihres Klienten ist letztlich die Grundlage. Insgesamt ist Ihr Ziel, den Auslöser herauszufinden, der das Problemverhalten bzw. die Problemreaktion bewirkt, und diesen zu benutzen, um das

Gehirn des Klienten in eine nützlichere Richtung zu schicken. Tun Sie alles, was Sie können, um das zu erreichen.

Beispiele

1. Bobbi, die Klientin in der zweiten Demonstration auf unserem Videotape „The Swish Pattern" war sehr empfindlich gegenüber der Stimme ihrer Tochter in bestimmten Situationen. Connirae fand heraus, daß die Lautstärke und eine panoramische, weit ausgedehnte Schallquelle anstelle einer punktuellen die wirkungsvollsten Submodalitäten waren. Im Swish begann die Stimme ihrer Tochter laut und panoramisch, und ihre gewünschte Selbst–Stimme leise und von einer einzigen Stelle aus. Dann wurde die Stimme ihrer Tochter schwächer, bis sie von einer einzigen Stelle kam, während ihre Selbst–Stimme panoramisch wurde und zu einer optimalen Lautstärke anwuchs.

2. Amy reagierte sehr stark auf die Stimme ihres Ex–Ehemannes. In dem Moment, wo sie an sie dachte, flossen die Tränen — was es anfangs ein bißchen schwierig machte, Informationen zu sammeln! Steve fand heraus, daß die Lautstärke eine Submodalität war, die ihre Reaktion sehr beeinflußte; eine Verringerung in der Lautstärke der Stimme machte es viel einfacher, mehr Informationen zu gewinnen.

Es stellte sich heraus, daß die räumliche Position die andere Submodalität mit noch stärkerer Wirkung war. Amy beschrieb es so, „die linke Seite ist für Menschen, die rechte für Sachen" — was nicht gerade ein alltägliches Organisationsprinzip ist. Wenn sie die Stimme ihres Ex–Ehemannes aus der Nähe ihres linken Ohres in die Nähe ihres rechten Ohres bewegte, nahm ihre Reaktion drastisch ab. Ihre Reaktion auf ihre Fähigkeiten ausdrückende Selbst–Stimme veränderte sich auf dieselbe Art. Steve machte den Swish mit ihr, indem er mit der lauten Stimme ihres Ex–Ehemannes nahe ihrem linken Ohr und mit ihrer Selbst–Stimme in sehr geringer Lautstärke nahe ihrem rechten Ohr begann. Als die Stimmen schnell die Plätze wechselten, wurde die Stimme ihres Ex–Ehemannes immer schwächer und ihre Selbst–Stimme wuchs bis zu einer optimalen Lautstärke an. Als Amy dies zum ersten Mal machte, grinste sie von einem Ohr zum anderen. Diese Submodalitäten waren für sie so wirkungsvoll, daß ein einziger Swish ihre Reaktionen dauerhaft veränderte.

3. George hatte zwei Bilder davon, „was ist" und „was war", die sich abwechselten, als ob sie sich auf einer Rolle drehten. Schnelligkeit und Größe verstärkten seine Reaktion, sich deprimiert zu fühlen. Georges Gruppe war mit ihrer Weisheit am Ende, wie sie einen Swish entwerfen sollten, da die Geschwindigkeit der zwei abwechselnden Bilder die wirkungsvollste Submodalität für George war, depressiv zu werden, und da das gewünschte Selbst–Bild üblicherweise nur ein Bild enthält. Connirae ließ George *zwei* sich abwechselnde, erwünschte Selbstbilder schaffen, als Angleichung an den Auslöser: eines von ihm selbst, mit der Fähigkeit, das zu bekommen, was er wollte, und das andere von ihm selbst, wie er sogar *noch mehr* davon bekommen kann, was er wollte. Als George diese beiden Bilder miteinander abwechseln ließ, zeigte er eine starke positive Reaktion. Der Swish fing mit den zwei großen, auslösenden Bildern an, die sich schnell abwechselten. Dieses Geschehen wurde langsamer und schrumpfte zusammen, während die Rolle mit den beiden Selbstbildern, die anfangs klein war und stillstand, größer wurde und sich schneller bewegte.

4. Auf eine kritische Bemerkung seiner Frau hin dachte Daniel zunächst daran, ihr etwas zu entgegnen, und sah dann seine Worte „von ihr abprallen und auf mich zurückkommen, wie ein Laserstrahl, der mich auslöscht". Geschwindigkeit und Größe waren die wesentlichen Submodalitäten. Als wir den Swish mit ihm machten, schrumpfte das auslösende Bild mit immer langsameren Bewegungen zu einem unbeweglichen Bild zusammen, während die Selbst–Repräsentation als kleines, stillstehendes Bild begann, das größer und zu einem Film wurde.

5. Ron klagte darüber, daß bestimmte Leute ihn sehr ärgerlich machten. Als er das Bild der anderen Person näher heranholte, sahen wir die Reaktion, die er nicht mochte, zunehmen. Daraus schlossen wir, daß die Entfernung wirkungsvoll sein würde. Als wir Informationen darüber sammelten, was er für den Aufbau dieser Reaktion tun mußte, wurde offensichtlich, daß diese wütende Reaktion zu Gewalt führen konnte. Sein Körper fing an, sich wie zu einem „Angriff" vorzulehnen, und wir wußten, daß er in der Vergangenheit mit Gewalttätigkeiten aufgefallen war.

Wir forderten ihn auf, zu versuchen, das auslösende Bild dreidimensional zu machen. Ron zeigte eine sehr starke Reaktion, als er dieser Bitte nachkam, aber es war eher eine *Veränderung der Qualität* als eine Zu– oder Abnahme der Intensität. Als Ron das *auslösende* Bild dreidimensional machte, wurde sein ganzer Körper weich und entspannt. Er sah aus, als ob er empfänglicher für die andere Person wäre, ohne ein Selbstbild auch nur aufgebaut zu haben, mit dieser Art von Situation umgehen zu können. Ron berichtete, daß die Dreidimensionalität die andere Person viel mehr wie eine ganze, vollständige Person aussehen ließ, anstelle eines zweidimensionalen Bildes, dem gegenüber er viel leichter aufbrausen konnte.

Beim Swish verwenden wir normalerweise nur Submodalitäten, die die Intensität verändern. Wir dachten jedoch, daß bei Ron die Dreidimensionalität es absolut wert wäre, verwendet zu werden, da diese Submodalität selbst eine sehr nützliche Ressource zu sein schien.

Als wir den Swish mit Ron vorbereiteten, erhob er Einspruch. „Wenn wir dies machen, kann ich nicht von jedem Abstand halten." Wir schlugen vor, daß er Fähigkeiten in das Bild des „neuen Ron" einfügen sollte, die ihm die Ressource geben würden, mit Leuten auch in größerer Nähe umzugehen, ebenso wie die Fähigkeit, die Leute dann auf Distanz zu halten, wenn er dies wollte. „Sehen Sie den Ron, der entscheiden kann, wann er Nähe und wann er Distanz möchte, und alle Möglichkeiten dazwischen. Dieser Ron kann die Fähigkeit haben, andere als ganze Personen zu sehen und ihre positiven und negativen Eigenschaften gleichzeitig zu erkennen, so daß er sie vollständiger verstehen und effektiver reagieren kann."

Dies half, aber Ron hatte immer noch einen Einwand:

„Ich möchte einen Weg, um sicher zu sein; und Sie nehmen mir meinen Weg, sicher zu sein, weg. Ich möchte einen anderen Weg, sicher zu sein."

Als wir Ron fragten, „Sicher wovor?" und „Wie möchten Sie sicher sein?", konnte er unsere Frage nicht beantworten. Daher erzählten wir ihm folgendes:

„Sie haben einen Sinn dafür, was Sicherheit für Sie bedeutet, auch wenn Sie es nicht in Worte fassen können (wobei wir Rons Geste für Sicherheit verwendeten) ... Schließen Sie jetzt Ihre Augen und lassen Sie unbewußt ein Wissen darüber entstehen, was diese Sicherheit für Sie bedeutet. ... Und lassen Sie dieses unbewußte Wissen in das Bild jenes Ron übergehen, der *andere* Wege hat, sicher zu sein. Sie brauchen nicht einmal genau zu wissen, wie er sicher sein wird; Sie brauchen nicht exakt zu wissen, welche zusätzlichen Wahlmöglichkeiten er hat. Sie können jedoch erkennen, wenn Sie ihn anschauen, daß er die Fähigkeit hat, diese Art von Sicherheit zu haben, ... und ich möchte, daß Sie nicht zufrieden sind, bevor Sie in diesem Bild sehen können, daß er sicher ist — so sicher, wie jeder Mensch sein kann. ... Und ich vermute, daß er viel sicherer als der alte Ron sein wird, weil er auf eine zuverlässigere, richtigere, dreidimensionalere Art sicher sein wird ..."

Auf unsere Frage „Wie schaut das dort aus? Wissen Sie, wenn Sie ihn anschauen, daß er sicher ist?" antwortete Ron: „Ja, das sieht gut und sicher aus, und noch nach einer Menge anderer Dinge ebenfalls."

Wir unterstützten Ron dann dabei, den Swish zu machen, von einem nahen, flachen, auslösenden Bild des Gesichtes einer anderen Person, das sich entfernte, während es dreidimensional wurde, zu einem erwünschten Selbstbild, das in großer Entfernung zuerst recht banal wirkte und dann näher herankam, während es dreidimensional wurde. Ron berichtete später, daß er viel mehr Platz in seinem gesamten Leben hätte, und sich viel seltener so fühlte, als sei er in eine Falle gegangen oder eingesperrt worden.

Rons innere Erfahrung stimmt mit unserem Wissen überein, welche Aspekte das Auftreten von Gewalt sowohl im großen Umfang als auch in Familien ermöglichen. Wenn ein Land für den Krieg aufrüstet, stellen Karikaturisten den Gegner als weniger menschlich dar. Er wird zu flachen Cartoon–Charakteren, oder zu Monstern. Wenn wir andere Leute voll als dreidimensionale Menschen wie uns selbst betrachten, ist es viel schwieriger, gewalttätig zu sein.

6. Mary kam zu mir (Connirae) wegen Gewichtsproblemen. Sie berichtete, sie hätte viele Dinge ausprobiert, und könnte nicht abnehmen. Sie war überzeugt, daß es ein Drüsenproblem wäre, da nichts funktioniert hatte, aber sie wollte es mit NLP ausprobieren. Als ich wissen wollte, ob sie zuviel esse, meinte sie, sie glaube nicht. Ich fragte, ob es irgendwelche besonderen Lebensmittel gäbe, auf die sie sich regelrecht stürzen würde, ohne aufhören zu können. Sie vermutete dies nicht, meinte aber, vielleicht würde sie zuviele Süßigkeiten essen. Ich erhielt nicht viel verbale oder nonverbale Reaktion, fuhr aber fort, Informationen zu sammeln und machte einen Compulsion Blowout, und anschließend einen Swish.

Nach einer Woche telefonierte ich mit Mary. Sie sagte: „Nach dieser Sitzung war ich vier Tage lang eine ganz andere Person. Ich verlor ohne Mühe acht Pfund und fühlte mich ganz anders, und dann scheiterte die ganze Sache." Ich fragte sie, ob sie irgendeine Idee hätte, was alles hatte scheitern lassen. Sie antwortete, sie hätte keine, und wir trafen eine weitere Verabredung, um zu erkunden, was als nächstes getan werden müßte.

In der nächsten Sitzung fragte ich wieder: „Was geschah Ihrer Meinung nach, daß Ihre neuen Wahlmöglichkeiten scheiterten?"

„Ich weiß nicht."

„Gut, dann raten Sie."

„Ich müßte es vollständig erfinden. Mir scheint nichts in meinem Leben anders gewesen zu sein, um es scheitern zu lassen."

„Gut, erfinden Sie es."

„Ich nehme an, es könnte das Übliche mit meinem Sohn sein, oder daß ich mir letzthin gedacht habe, daß ich nicht sicher bin, ob ich irgend etwas Lohnendes in meinem Leben mache, was die Mühe wert ist. Außerdem ist meine familiäre Lebenssituation momentan in der Schwebe, weil wir nicht sicher sind, ob wir nach Australien umziehen werden. Ich nehme an, daß es damit etwas zu tun haben könnte." Sie erwähnte auch noch einen zusätzlichen Streßfaktor, an den ich mich nicht erinnern kann. Dies klang nach genügend Inhalt für eine jahrelange traditionelle Therapie.

Ich begann damit, daß ich sie fragte, was sie unter „das Übliche mit meinem Sohn" verstand. Ihre Antwort war eine lange Geschichte darüber, daß sie einen Sohn aus einer früheren Ehe hatte, der die Diagnose manisch–depressiv erhalten hatte, und jahrelang immer wieder in psychiatrischen Krankenhäusern gewesen war. Sie fühlte sich für das Leben ihres Sohnes sehr verantwortlich — es war ihre Schuld, daß sie einen manisch–depressiven Sohn in die Welt gesetzt hatte. Sie war überzeugt, daß eine Depression genetisch bedingt sei. Sie dachte, sie hätte es besser wissen sollen, als ein Kind mit ihrem Ex–Ehemann zu haben, weil dieser manisch–depressiv war. Der Sohn hatte sie angerufen und mit Selbstmord gedroht. Daraufhin sagte sie: „Es ist meine Schuld, daß dieses Problem existiert, und nichts kann daran geändert werden."

Bei dieser Beschreibung ihres Problems war die nonverbale Reaktion in dem Moment am stärksten, als sie über ihren Sohn sprach. Ich entschloß mich daher, an diesem Punkt zu arbeiten. Wenn er anrief, stellte sie sich sein Gesicht vor, während er mit ihr sprach. Sobald sie sich sein Gesicht vorstellte, ging sie in einen nicht sehr ressourcevollen Zustand, so daß ich entschied, diesen Auslöser zu verwenden, um sie bei der Konstruktion eines Swish zu unterstützen. Ich forderte sie auf: „Lassen Sie ein Bild von sich selbst entstehen, das Sie zeigt, wie Sie sind, wenn Sie mit *dieser* Situation ressourcevoll umgehen können — die Mary, für die dies kein Problem ist."

Mary sagte, „Okay, ich kann sie sehen", aber sie sah nicht sehr begeistert darüber aus, was sie sah. Es war für mich von ihrer nonverbalen Reaktion her offensichtlich, daß das Bild, das sie sah, nicht ressourcevoll genug sein würde, um mit der Situation umzugehen, die sie mir beschrieben hatte. Ich fing an, zusätzliche Ressourcen zu erwähnen, die sie eventuell hinzufügen wollte:

„Ich möchte, daß Sie sich die Zeit nehmen, darüber nachzudenken, welche zusätzlichen Ressourcen Sie der Mary wünschen, so daß Sie schließlich eine Person sehen, die noch anziehender für Sie ist. Ich bin nicht sicher, welche Ressourcen sie besonders wertvoll finden würde, aber Sie könnten erwägen, ob sie die Fähigkeit gebrauchen könnte, sich selbst für Fehler in der Vergangenheit zu vergeben — die Fähigkeit, die Vergangenheit aktiv hinter sich zu lassen —, und die Fähigkeit, wahrzunehmen, was sie in ihrem vergangenen Verhalten nicht mag, und daraus zu lernen. Sie braucht nicht in der Vergangenheit herumzuwühlen. Sie kann so vorwärts gehen und ihre vergangenen Fehler als Ressourcen benutzen, um mehr und mehr die Person zu werden, die sie sein möchte." Daraufhin bekam ich eine positive Reaktion von Mary, so daß ich sie diese Ressource hinzufügen ließ.

„Und vielleicht ist diese Mary ein Mensch, der mehr Möglichkeiten hat, mit ihrem Sohn umzugehen. Sie können diesen Eindruck über sie haben, ohne im einzelnen zu wissen, welches diese Wahlmöglichkeiten sind. Vielleicht ist diese Mary jemand, die ihren Sohn mehr auf seine eigenen Talente vertrauen lassen kann, und nicht mit Schuldgefühlen antwortet, wenn er ihr mit Selbstmord droht. Sie braucht sich nicht schuldig zu fühlen, weil dies die Dinge für ihn nur schlimmer machen würde."

„Und ich weiß, daß Sie nun eine kleine Tochter haben und glücklich verheiratet sind. Vielleicht ist diese ressourcevolle Mary eine Person, die weiß, wie sie für Ihre eigene Tochter ein Vorbild dabei sein kann, was zu tun ist, wenn man Fehler macht. Ihre Tochter wird auch Fehler machen, und sie schaut auf Sie, um zu sehen, wie sie mit ihnen fertig werden soll. Wollen Sie, daß sie sich für immer wegen eines Fehlers schlecht fühlt, den sie in ihrer Vergangenheit machte? Vielleicht kann diese Mary ihrer Tochter einen besseren Weg zeigen, mit Fehlern umzugehen — sich selbst zu vergeben, aber es nicht zu vergessen — und aus ihnen zu lernen." Daraufhin erhielt ich sogar eine noch bessere Reaktion. Nun glühte Mary förmlich, als sie das Bild von sich mit den Wahlmöglichkeiten ansah, so daß ich mit dem Swish weitermachte.

Einige Monate später hörte ich von Mary, daß die Veränderung dieses Mal dauerhaft geholfen hatte. Sie hatte ohne Schwierigkeiten Gewicht verloren, und war mit ihrem neuen Leben sehr zufrieden.

4 Veränderung der Bedeutsamkeit von Kriterien

Für einige Menschen ist das eigene Vergnügen oder der eigene Spaß so wichtig, daß sie es niemals schaffen, viel zu erreichen. Für andere ist der Erfolg so wichtig, daß sie niemals Zeit finden, sich zu entspannen oder das Leben zu genießen. Worte wie „Spaß" und „Erfolg" weisen auf Kriterien hin — Bewertungs–Standards, die sich in ganz unterschiedlichen Situationen anwenden lassen. *Viele* verschiedene Aktivitäten können Ihnen „Spaß" machen, und mit vielen anderen können Sie „Erfolg" haben. Einige Tätigkeiten können Ihnen sogar beides ermöglichen. Kriterien sind das, *wofür* Sie etwas tun. Sie stellen Nominalisierungen dar, wie z. B. „Lernen", „Nützlichkeit", „Schönheit", etc., die auf verschiedene Kontexte angewendet werden können, um Ziele zu bewerten. Kriterien stellen für uns einen nützlichen Weg dar, um unser Leben mit Hilfe von Verallgemeinerungen zu organisieren.

Manchmal ist ein Kriterium all zu bedeutsam oder auch nicht wichtig genug. Oftmals bekommen Kriterien wie z. B. „im Recht sein", „anderen gefallen" oder „Macht" im Leben einer Person so eine große Bedeutung, daß sie aus dem Gleichgewicht und persönlich in Schwierigkeiten kommt oder wiederholt erlebt, daß andere sich über sie beklagen.

Die Veränderung von Kriterien (criteria shift) ist eine wirksame Methode, die es Ihnen ermöglicht, Bewertungskriterien in bezug darauf zu verändern, wie wichtig Sie für die Person sind. Wenn Sie mit Glaubenssystemen arbeiten, verkehren Sie recht oft einen einschränkenden Glauben in sein Gegenteil. Eine Person sagt beispielsweise, „Ich glaube, daß ich nicht fähig bin, zu lernen", und Sie verwandeln das in „Ich glaube, daß ich lernen *kann*". Das ist eine digitale Veränderung. Wenn Sie es dagegen mit den Kriterien von jemandem zu tun haben, wollen Sie diese nur sehr selten in ihr totales Gegenteil verwandeln. Eine vollständige Umkehrung ist gewöhnlich weder notwendig noch wünschenswert. Anstelle dessen rücken Sie die *relative* Wichtigkeit der Kriterien zurecht, indem Sie sie mehr oder weniger wichtig werden lassen. Sie lassen „im Recht sein" weniger wichtig werden oder „Spaß haben" bedeutsamer — eine analoge Veränderung. Dies ermöglicht Ihnen, die Grundlage Ihres Verhaltens genau zu bestimmen, weil wir uns alle auf eine Art und Weise verhalten, die die Kriterien erfüllt, die wir für wichtig halten. Gestern sagte jemand, die Menschen arbeiteten entweder, um ihren Kriterien zu entsprechen, oder sie arbeiteten überhaupt nicht. Dies ist eine starke Behauptung, aber sie stimmt. Wenn eine Tätigkeit keinem von Ihren Kriterien genügt, wird sie Sie nicht interessieren. Denken Sie an all die Dinge, die andere Leute eifrig tun, und die Sie banal oder lächerlich finden. Irgendwie müssen diese Aktivitäten für diese Leute irgendeinem Kriterium genügen, für Sie jedoch nicht.

Probleme entstehen oft in Situationen, bei denen zwei Kriterien in einem Konflikt miteinander stehen. Sie stehen z. B. vor der Alternative, andere zu erfreuen oder das zu tun, was Sie für das Beste halten. In diesem Moment kann der Fähigkeit, Kriterien verändern zu können, entscheidende Bedeutung zukommen.

Bevor Sie Kriterien ändern können, brauchen Sie irgendeine Vorstellung davon, wie das Gehirn *weiß*, was wichtig ist. Wie kodiert das Gehirn einer Person Kriterien, so daß sie, wenn sie an „Lernen" oder „Spaß" denkt, automatisch weiß, wie wichtig diese Aspekte für sie sind, und ein Verhalten zeigt, das diese Ausrichtung hat, ohne bewußt darüber nachdenken zu müssen. Um das herauszufinden, erarbeitet man im ersten Schritt eine *Hierarchie von Kriterien*; also eine Liste mehrerer, nach ihrer Wichtigkeit geordneter Kriterien. Im zweiten Schritt werden die Submodalitätsunterschiede zwischen diesen Kriterien untersucht, um dann im dritten Schritt mit Hilfe dieser Kodierung ein problematisches Kriterium zu verändern. Da das Herausarbeiten von Kriterien für einige von Ihnen neu sein dürfte, werden wir es jetzt demonstrieren. Auch wenn Sie dies schon einmal gemacht haben, lade ich Sie ein, genau aufzupassen; einige Leute machen es anders, als Sie es hier machen sollen.

Wie kommt man zu einer Hierarchie der Kriterien?

Wer möchte, daß die Hierarchie seiner Kriterien herausgearbeitet wird? ...

Chris: Ich.

Danke, Chris. Ich möchte, daß Sie an etwas Belangloses denken, das Sie tun könnten, aber eigentlich nicht tun würden. Sie könnten etwas nehmen wie z. B. „ich könnte auf diesem Stuhl stehen, aber ich würde es nicht tun", oder „ich könnte ein Stück Kreide durch den Raum werfen, aber ich würde es nicht tun". Können Sie an etwas Ähnliches denken, das relativ trivial ist?

Chris: Einen Anhalter mitnehmen.

Gut. Sie könnten einen Anhalter mitnehmen, aber Sie würden es nicht tun. Was hält Sie davon ab, einen Anhalter mitzunehmen?

Chris: Ein Vorarbeiter, der für mich arbeitete, nahm einmal einen Anhalter mit. Dieser hielt ihm eine Pistole an die Schläfe und ließ ihn auf diese Weise zweihundert Meilen weit fahren. Ich möchte nicht, daß mir das Gleiche passiert.

Also können wir das betreffende Kriterium „Sicherheit" oder „Überleben" nennen. Ich wollte nicht mit so einem hohen Kriterium anfangen. Da wir es bei diesem Beispiel schon mit Leben und Tod zu tun haben, befinden wir uns wahrscheinlich nahe bei der Spitze von Chris' Hierarchie. Im Interesse unserer Demonstration sollten wir einen anderen Inhalt nehmen. Denken Sie bitte an irgend etwas, was *viel* banaler ist, beispielsweise, daß Sie auf einem Stuhl stehen könnten, aber es nicht tun würden, oder daß Sie in der Öffentlichkeit in der Nase bohren könnten, dies aber nicht tun würden.

Chris: Ich könnte Kaffee trinken, aber ich würde es nicht tun.

Würde Sie das ebenfalls mit einem Satz an die Spitze Ihrer Hierarchie befördern? Für einige Leute stellt Kaffeetrinken etwas Ähnliches dar wie Arsen zu schlucken; es verletzt ein Kriterium, das ihre Gesundheit betrifft und ganz an der Spitze ihrer Hierarchie steht, so daß sie es nie tun würden. Ist Kaffeetrinken für Sie niedrig genug in Ihrer Hierarchie?

Chris: Na gut, ich kann auch etwas Niedrigeres nehmen: Ich könnte heute das Geschirr abspülen, aber ich würde es nicht tun.

Gut, das klingt, als wäre es niedrig genug. „Geschirrspülen" ist ein spezifisches Verhalten. Im nächsten Schritt wird das Kriterium bestimmt, welches bewirkt, daß er das Verhalten nicht ausführt. Chris, was hält Sie davon ab, das Geschirr abzuspülen?

Chris: Es gibt nicht genügend Geschirr zum Abspülen.

Okay, damit haben wir immer noch kein Kriterium, so daß ich die Frage noch einmal anders stellen werde. Chris, was erreichen Sie, wenn Sie das Geschirr nicht abspülen?

Chris: Na ja, es wird mehr Geschirr zusammenkommen, bis eine vernünftige Menge zum Abspülen da ist, und dann werde ich alles zusammen abwaschen.

Und was werden Sie erreichen, wenn Sie alles auf einmal abwaschen?

Chris: Das ist eine Zeitersparnis.

Also ist „Zeitersparnis" das relevante Kriterium. Beachten Sie, daß er das Kriterium positiv formulierte, also bezogen darauf, was er bewahren oder erreichen würde, nicht was er vermeiden würde. Dasselbe Kriterium hätte auch „keine Zeitverschwendung" genannt werden können. Es ist wichtig, daß alle Kriterien positiv formuliert werden, ohne jede Negation. Die Gründe dafür werden wir später erörtern.

Nun kommen wir zum nächsten Schritt. Ich möchte herausfinden, was für Chris wichtiger ist, als Zeit zu sparen. Chris, was würde Sie dazu bringen, das Geschirr auf alle Fälle heute abzuwaschen, auch wenn Sie dadurch „Zeit verschwenden würden"?

Chris: Wenn jemand, den ich nicht kenne, zu Besuch angesagt wäre.

Wieder nennt er uns eine Situation, ein Ereignis, einen Begleitumstand: „Jemand Unbekanntes ist zu einem Besuch angesagt". Für Chris ist das der zusätzliche *Kontext*, der entscheidend dafür ist, daß er das Geschirr abspülen wird. Was würden Sie erreichen, wenn Sie in dieser Situation das Geschirr abspülen? Was ist dabei für Sie bedeutsam?

Chris: Mein Besucher würde mich von einer neutralen Grundlage aus wahrnehmen.

Wäre es richtig, in etwa zu sagen: „Ich würde einen bestimmten Eindruck machen?" (Chris runzelt die Stirn.) Wie würden Sie dies so umformulieren, daß es für Sie zutrifft? Sie sehen, daß er nicht glücklich damit ist, wie ich es ausgedrückt habe. Für ihn paßt es so nicht.

Chris: Nein, es kommt mir nicht darauf an, irgendeinen bestimmten Eindruck zu machen, weder sonderlich positiv noch negativ. Jeder, der in meine Wohnung kommt, muß sie so wahrnehmen, wie sie ist.

Aber schmutziges Geschirr ist unterhalb meines Kriteriums der Neutralität, weder zu ordentlich noch zu unordentlich zu sein.

Okay, lassen Sie uns dieses Kriterium „mit einem neutralen Eindruck beginnen" nennen. (Mhm.) Es ist ein bißchen lang; ich verwende, wenn möglich, am liebsten ein oder zwei Worte, aber dies drückt, glaube ich, seine Meinung richtig aus. Er mochte die Art und Weise nicht, wie ich es bezeichnet habe, und ich möchte unbedingt etwas verwenden, was für ihn bedeutsam ist. Sein erstes Kriterium ist „Zeitersparnis", das zweite „mit einem neutralen Eindruck beginnen". (siehe Tabelle)

Verhalten	Kontext	Kriterium
1. Nicht abspülen	Zu wenig zusammen-gekommen.	Zeitersparnis
2. Abspülen	Jemand Unbekanntes kommt zu Besuch.	Mit einem neutralen Eindruck beginnen.
3. Nicht abspülen		

Nun wollen wir ein noch höheres Kriterium identifizieren. Während wir den Kontext konstant halten, werden wir das Verhalten abermals negativ setzen. Beachten Sie, daß der Kontext *zusätzliche Aspekte erhält*: es gibt nach wie vor nur wenig schmutziges Geschirr *und* irgend jemand Unbekanntes ist zu einem Besuch angesagt. Sie können jedesmal zu diesem Kontext etwas *hinzufügen*, aber Sie dürfen nichts ändern, was schon festgelegt worden ist. Chris, was würde Sie innerhalb dieses Kontextes dazu bringen, das Geschirr *nicht* abzuspülen, auch wenn Sie dadurch nicht von einer neutralen Grundlage aus beginnen könnten?

Chris: Oh, wenn ich ein Essen kochen würde.

Und was würden Sie unter diesen Umständen erreichen, wenn Sie das Geschirr stehenlassen?

Chris: Na ja, wenn bald jemand kommt, und das Essen gerade zubereitet wird, versuche ich nicht, das ganze Geschirr abzuspülen und alles blitzsauber zu machen, weil ich alles heiß servieren will.

Schön. Und was ist daran wichtig, alles heiß zu servieren? Wir haben noch kein Kriterium.

Chris: Kochen ist eine Meisterleistung — und ich bin ein guter Koch.

Nun haben wir ein Kriterium. Und ich nehme an, daß für Sie die „Meisterleistung" im allgemeinen wichtiger ist als mit Leuten „von einer neutralen Grundlage zu beginnen", was wiederum mehr Bedeutung hat als eine „Zeitersparnis".

Denken Sie daran, daß es nach wie vor nur wenig schmutziges Geschirr gibt, jemand Unbekanntes zu einem Besuch angesagt ist *und* Sie ein Essen kochen. Was würde Sie in diesem Kontext dazu bringen, das Geschirr trotzdem abzuspülen, auch wenn das Ihrem Kriterium der „Meisterleistung beim Kochen" entgegenstünde?

Chris: Wenn es unhygienisch wäre, es stehenzulassen.

„*Un*hygienisch" ist eine Negation; ich möchte das deshalb in irgend etwas Positives umändern, wie z. B. in „Hygiene erhalten", was als Umformulierung für Chris akzeptabel ist. (Ja.) Okay. Was würde Sie dazu bringen, das Geschirr schmutzig stehenzulassen, auch wenn dies die Hygiene beeinträchtigen würde?

Chris: (lange Pause) Wenn es in unmittelbarer Nähe eine kritische Situation gäbe, beispielsweise ein Feuer in meinem Wohnhaus.

Jetzt kommen wir zu einem sehr hoch eingeschätzten Kriterium. Okay, was würden Sie schützen oder erreichen, wenn Sie auf diese kritische Situation reagieren?

Chris: Leben zu retten.

Wir sind bei „Leben zu retten". Normalerweise ist dies recht hoch auf der Hierarchieliste einer Person.

Chris: „Leben zu retten" ist eigentlich ein bißchen zu hoch. Es ist eher wie „Sicherheit gewährleisten", die Sicherheit von anderen Leuten.

Okay. Sie „gewährleisten Sicherheit", indem Sie auf die kritische Situation reagieren, anstatt das Geschirr abzuspülen. Wir kommen sicherlich zu etwas hohen Einsätzen für Geschirrspülen oder nicht! Was würde Sie, Chris, dazu bringen, das Geschirr auf alle Fälle abzuspülen, auch wenn es in einer kritischen Situation wäre, und Sie nicht in der Lage wären, die Sicherheit von anderen zu gewährleisten?

Chris: Wenn die kritische Situation in einer Größenordnung wäre, wo ich keine Einflußmöglichkeiten hätte.

Beachten Sie, daß diese Antwort nicht zu einem bedeutsameren Kriterium führt. In ihr wird „Sicherheit gewährleisten" einfach irrelevant, da der vorhandene Kontext geändert wird. Sie haben die kritische Situation in etwas verwandelt, auf das Sie keinen Einfluß haben können. Was würden Sie *noch* zu dem Kontext hinzufügen müssen, den wir bis jetzt schon festgelegt haben — nur wenig schmutziges Geschirr, Besuch eines Fremden, Essenkochen *und* kritische Situation —, damit dem Kriterium „Sicherheit gewährleisten" zuwidergehandelt würde?

Chris: Ich nehme an, ich würde das Geschirr nicht abspülen, wenn es irgendeinen Weg gäbe, mit der kritischen Situation umzugehen und auf diese Weise anderen zu helfen.

Okay, das haben wir schon festgestellt. Was würde Sie dazu bringen, trotzdem abzuspülen, auch wenn es einen Weg gäbe, wie Sie mit der kritischen Situation umgehen und anderen damit helfen könnten?

Chris: Wenn wie durch ein Wunder Leute auftauchen würden, die kompetenter als ich wären, mit der kritischen Situation umzugehen, dann würde ich das Geschirr abspülen.

Beachten Sie, daß Chris immer noch nicht zu einem höheren Kriterium kommt. Er findet weiterhin Wege, um seinem Kriterium „Sicherheit zu gewährleisten" nachzukommen. Erst wenn ihm etwas *Wichtigeres* einfällt, für das er „Sicherheit gewährleisten" *opfern* würde, werden wir wissen, daß er zu einem höheren Kriterium gekommen ist. Üblicherweise versuche ich zuerst, die Person dahin zu bekommen, daß sie sich selbst etwas überlegt, bevor ich einen Vorschlag anbiete, aber wir befinden uns nun auf jeden Fall nahe bei der Spitze. Die meisten Menschen bewerten ihr *eigenes* Leben höher als die Sicherheit anderer Leute. Deshalb lassen Sie uns annehmen, Chris, daß jemand Ihnen eine Pistole an die Stirn halten und sagen würde: „Wenn du auf diese kritische Situation reagierst, werde ich dir eine Kugel durch den Kopf jagen!" Würde Sie das dazu bringen, das Geschirr abzuspülen?

Chris: Unter Umständen.

Unter Umständen?! (Lachen) Was wäre, wenn Ihre Familie bedroht wäre, wenn Sie nicht abspülen würden?

Chris: Ich habe keine Familie. Ich lebe allein. Und wenn jemand eine Pistole auf meinen Kopf richtet, so macht er das auf eigenes Risiko, so daß ich nicht sicher bin, ob ich das Geschirr dann abspülen würde.

Was wäre, wenn Sie einen Telefonanruf erhalten würden, daß ganz New York in die Luft gejagt würde, wenn Sie nicht abspülen würden? Sie müßten das Geschirr abwaschen und die kritische Situation ignorieren, oder New York wäre eine Stadt gewesen.

Chris: Okay ...

Ich möchte hier nicht mit Gewalt weitermachen, weil wir nun hoch genug sind; egal, ob wir *an der Spitze* seiner Hierarchie oder nahe dabei sind, wir sind für unsere Zwecke hoch genug. Aufgrund seiner Antwort bin ich davon überzeugt. Für einige Menschen wäre das nicht die Spitze. Für sie ist die Sicherheit von anderen tatsächlich nicht so wichtig, aber wenn ihr eigenes Leben durch etwas bedroht ist, werden sie unruhig! Und selbst das Leben einer Person könnte im Vergleich mit ihren Prinzipien weniger wichtig sein als z. B. „Ehre", „das Richtige tun" oder „Moral". Das ist einer der Gründe, weshalb Märtyrertum und Krieg möglich sind. Chris hat zweifelsohne viele andere Kriterien, die zwischen diejenigen passen würden, die wir hier herausgearbeitet haben. Für unsere Zwecke brauchen Sie jedoch nicht jedes einzelne Kriterium in einer Reihenfolge herauszuarbeiten, weil Sie für den nächsten Schritt in unserer Übung tatsächlich nur drei Kriterien brauchen: eines, das sehr unwichtig ist, eines im mittleren Bereich und eines mit großer Bedeutung. Wenn Sie dies erreicht haben, werden wir Ihnen demonstrieren, wie man ein Kriterium verändert.

Übung

Bilden Sie nun Dreiergruppen und arbeiten Sie mit Ihrer Partnerin auf dieselbe Art, wie ich es mit Chris gemacht habe, eine Hierarchie der Kriterien heraus. Stellen Sie sicher, daß Sie mit etwas wirklich Banalem anfangen, mit irgend etwas Unbedeutendem, was ihre Partnerin tun könnte, aber nicht tun würde? Die nonverbale Reaktion Ihrer Partnerin wird Ihnen eine Vorstellung darüber ermöglichen, wie belanglos oder bedeutsam das Verhalten für sie ist. Es ist wichtig, daß Sie nicht Ihre eigenen Kriterien auf ihr Verhalten anwenden. Die Hierarchie anderer Menschen wird sich manchmal sehr von Ihrer eigenen unterscheiden, und Sie müssen herausfinden, wie es bei *dieser* Person ist. Nachdem ihre Partnerin ein belangloses Verhalten ausgesucht hat, wechseln Sie fortwährend hin und her, unter welchen Bedingungen sie es tut bzw. nicht tut, um der Reihe nach höhere Kriterien herauszuarbeiten.

Der wichtigste Aspekt ist hierbei die Richtung nach oben; Ihre Partnerin soll in der Hierarchie immer höhere Kriterien entdecken. Finden Sie heraus, was bedeutsam genug ist, um sie dazu zu bringen, das zuletzt herausgearbeitete Kriterium zu opfern. Ich fragte Chris: „Was würde Sie dazu bringen, das Geschirr auf jeden Fall abzuspülen, *auch wenn* Sie dadurch das Kriterium verletzen würden, das wir gerade herausgefunden haben?" Daraufhin *fügte* er ein neues Element zu dem Kontext *dazu*. Ich stellte dazu bestimmte Fragen, um das Kriterium herauszubekommen, das auf den neuen Kontext anwendbar ist: „Was würden Sie dadurch *erreichen*?" Dann kam die umgekehrte Frage: „Was würde Sie dazu bringen, das Geschirr *nicht* abzuspülen, auch wenn Sie dadurch das letzte Kriterium verletzen müßten?"

Die folgende Darstellung der Hierarchie von Chris' Kriterien stellt dar, in welcher Weise der Kontext kumulativ ist, also jeweils *zusätzliche Aspekte erhält*. In jedem Schritt *fügen* wir einen Kontextbestandteil *hinzu*, wir ziehen jedoch nie irgendeinen Teil ab, der schon vorhanden ist. So können wir herausfinden, was bedeutsam genug ist, um Chris dazu zu bringen, seinem vorhergehenden Kriterium zuwider zu handeln.

Verhalten	Kontext	Kriterium
(–) Könnte abspülen, würde es aber nicht tun	Wenig schmutziges Geschirr	Zeitersparnis
(+) Würde abspülen	Wenig schmutziges Geschirr. *und* Besuch eines Fremden	Neutraler Eindruck
(–) Würde nicht abspülen	Wenig schmutziges Geschirr, *und* Besuch eines Fremden *und* Essenkochen	Meisterleistung (beim Kochen)
(+) Würde abspülen	Wenig schmutziges Geschirr, *und* Besuch eines Fremden *und* Essenkochen *und* unhygienisches Geschirr	Hygienische Aspekte
(–) Würde nicht abspülen	Wenig schmutziges Geschirr, *und* Besuch eines Fremden *und* Essenkochen *und* unhygienisches Geschirr *und* kritische Situation im Wohnhaus	Sicherheit anderer gewährleistet

Mann: Könnte man das nächste Kriterium durch die Frage herausfinden: „Was ist wichtiger als das?"

Ja; viele Menschen werden jedoch antworten: „Oh, eine Menge Dinge!" (Lachen). Wenn Sie jemand auffordern, so abstrakt zu denken, muß er raten, aber ohne einen passenden Kontextbezug könnte er sich irren. Wenn ein spezielles Szenario vorgegeben wird, können die Leute viel eher das Kriterium identifizieren, daß ihr Verhalten *tatsächlich* beeinflußt, im Gegensatz zu dem Kriterium, von dem sie *glauben*, daß es ihr Verhalten beeinflussen sollte. Das spezifische Szenario nutzt unbewußte Ressourcen viel besser und vermeidet eine Intellektualisierung.

Stellen Sie sicher, daß alle Kriterien *positiv* formuliert werden. Fragen Sie Ihre Partnerin, welche Dinge ein Kriterium schützt oder ermöglicht und nicht, welche es zu vermeiden hilft. Um die Antwort zu finden, kann sie sich fragen, was ihr ein bestimmtes Verhalten bringt. „Was macht das Verhalten wertvoll?" „*Wofür* machen Sie das?"

Manchmal werden Ihnen Menschen ihre Kriterien etwas ungeordnet angeben, weil sie an eine Erfahrung denken, die ein Kriterium nicht vollständig, sondern nur zu einem kleinen Teil verletzt oder erfüllt, und dies kann dessen Position in Relation zu anderen Kriterien beeinflussen. Wenig schmutziges Geschirr beeinträchtigt „Sauberkeit" nicht so sehr wie ein zerlegter Automotor in Ihrem Wohnzimmer. Wenn Sie eine Hierarchie herausgearbeitet haben, wählen Sie drei Kriterien, von denen Sie ziemlich sicher sind, daß sie in der richtigen Reihenfolge sind, für die Verwendung in den nächsten Schritten. Nehmen Sie ein belangloses, ein mittleres und ein wichtiges Kriterium, und überprüfen Sie sowohl die verbale als auch die nonverbale Kongruenz. Bei Chris würde ich „Zeitersparnis", „Meisterleistung" und „Sicherheit gewährleisten" nehmen. Bei diesen drei Kriterien bin ich mir ziemlich sicher, daß sie in der richtigen Reihenfolge sind und ich sie verwenden kann.

Als nächstes achten Sie darauf, wie diese Kriterien repräsentiert sind, und bestimmen die charakteristischen, submodalen Unterscheidungen. Wenn wir das mit Chris machen würden, würde ich ihn bitten, über sein Kriterium „Zeitersparnis" nachzudenken. Wie repräsentiert er „Zeitersparnis"? Was ist mit „Meisterleistung" und

„Sicherheit für andere gewährleisten"? Was sieht, hört und fühlt er, wenn er an jedes dieser Kriterien denkt? Dann kann er jedes dieser Kriterien mit den anderen vergleichen, auf dieselbe Art und Weise, wie Sie die Vergangenheit, die Gegenwart und die Zukunft bei der Exploration Ihrer Zeitlinie verglichen haben. Sie sollen herausfinden, welche Submodalitäten verwendet werden, um diese drei Kriterien auf einem *Kontinuum* einzuordnen. Es können auch digitale Unterschiede auftreten, daran sind wir jedoch im Moment nicht interessiert. Wir suchen nur nach analogen Submodalitäten, die kontinuierlich variiert werden. Womöglich finden Sie zwei oder drei Submodalitäten, die sich unterscheiden, aber oft wird eine Hauptsubmodalität am wirksamsten sein.

Im Moment *nehmen* Sie einfach nur *wahr*, in welchen analogen Submodalitäten die relative Bedeutung dieser drei Kriterien hauptsächlich kodiert zu sein scheint. Später, *nachdem* Ihre Partnerin entschieden hat, welches Kriterium sie gerne ändern würde, werden Sie diese Submodalitäten testen. Kriterien sind erstaunlich einfach zu verändern, und wir wollen dies nicht zufällig tun.

Wenn einige von Ihnen früher fertig sind, können Sie die Submodalitätsunterschiede erforschen, die auftreten, wenn ein und dasselbe Kriterium einmal positiv und einmal negativ formuliert wird.
Mann: Unter positiv formuliert verstehen Sie „Zeitersparnis" anstelle von „keine Zeit verschwenden"?
Genau. Menschen bewegen sich auf positiv formulierte Kriterien zu und von negativ formulierten weg. Wenn beide Formen vertreten sind, wird Sie das verwirren. Die Submodalitätskodierungen, die mit „auf etwas zubewegen" und mit „von etwas wegbewegen" verbunden sind, sind zwar interessant, aber sie unterscheiden sich davon, wie Menschen ihre Kriterien in einer Hierarchie anordnen. Wenn Sie die Auswirkungen von „auf etwas zubewegen" und „von etwas wegbewegen" tilgen, indem Sie alle Kriterien auf die gleiche Art formulieren lassen, ist ihre Chance größer, *nur* die Submodalitäten zu finden, die mit der Hierarchie selbst verbunden sind.
Mann: Aber was ist mit Leuten, die eher durch Vermeidungsverhalten motiviert werden als durch Anziehungskräfte? Was ist, wenn jemand wirklich stark dadurch motiviert wird, daß er Dinge im Leben vermeidet?
Für einige Menschen kann es einfacher sein, alle Kriterien negativ

zu formulieren. Aber machen Sie es nur so, wenn es Ihnen wirklich schwierig erscheint, die Person auf das Positive zu reorientieren.

Mit der folgenden Überlegung möchte ich den Rahmen etwas erweitern: Wollen Sie jemanden, der in der Tat vorwiegend durch Vermeidungsverhalten motiviert wird, mit dieser Orientierung sitzen lassen, oder wollen Sie seine Aufmerksamkeit darauf zurücklenken, auf was er zugehen möchte? Jedesmal, wenn Sie sich von etwas wegbewegen, müssen Sie auch auf irgend etwas anderes *zugehen*. Wenn Ihre ganze Aufmerksamkeit darauf konzentriert ist, von was Sie sich wegbewegen, werden Sie nicht bemerken, auf was Sie sich zubewegen. „Aus dem Regen in die Traufe" beschreibt das Problem sehr treffend, daß man nicht wahrnimmt, in welche Richtung man sich bewegt. Die Aufmerksamkeit dieser Person auf die Dinge zu richten, die sie erreichen möchte, kann viel ergiebiger und nützlicher sein, als die Hierarchie dessen zu verändern, was sie vermeidet.

Es gibt Dinge im Leben, die es absolut wert sind, vermieden zu werden. Manchmal ist es sehr gut, aufgrund von „Katastrophenphantasien" zu planen und manche Leute kommen in große Schwierigkeiten, wenn sie es nicht tun. Im allgemeinen werden jedoch wohlformulierte Ziele im NLP positiv ausgedrückt, weil Sie mit viel größerer Wahrscheinlichkeit an Ihr Ziel kommen, wenn Sie darauf ausgerichtet sind. Dies ist Grundregel Nummer eins in der Practitioner–Ausbildung. Nachdem Sie eine positiv formulierte Zielvorstellung haben, können Sie „Katastrophenphantasien" bei Ihrer Planung berücksichtigen, um sicherzugehen, daß Sie ein ökologisches Ergebnis erreichen.

Menschen haben gelegentlich Schwierigkeiten zu entscheiden, ob etwas wirklich ein Kriterium oder Teil des Kontextes ist. Dies kann im wesentlichen aufgrund der Tatsache geklärt werden, daß das Kriterium eine Nominalisierung ist, die in vielen verschiedenen Kontexten angewendet werden kann. Beim Autokauf kann ein Entscheidungskriterium auf dem Wunsch beruhen, einen Wagen mit Schalensitzen zu besitzen. Dies ist zu spezifisch, um kontextübergreifend zu sein, aber „Komfort" oder „Anerkennung von anderen" könnte sowohl für den Autokauf als auch für viele andere Kontexte gelten. Sie sollten ein Kriterium auch so prägnant wie möglich umschreiben; oft werden ein oder zwei Worte ausreichen. Andererseits hatte einmal eine Person ein Kriterium, das lautete: „Die eigenen Bedürfnisse mit denen anderer abstimmen". Dies ist zwar ein bißchen lang, aber es läßt sich ganz klar auf weite Bereiche von Situationen und Verhaltensweisen anwenden. Das sind fürs erste nun genügend Anweisungen; machen Sie nun bitte die Übung.

* * * * *

Diskussion

Willkommen zurück! Was haben Sie in den Kleingruppen herausgefunden? Einige von Ihnen beginnen, faszinierende Zusammenhänge zu bemerken. Z. B. beobachteten einige Gruppen Beziehungen zwischen der Kriterienhierarchie und der Zeitlinie.

Neville: Ja, Toms Zeitlinie und seine Hierarchie der Kriterien waren exakt gleich. Etwas, das für Tom am wenigsten wichtig ist, war an derselben Position, die Tom auf seiner Zeitlinie für die Vergangenheit benutzt, und je bedeutsamer ein Kriterium war, um so mehr befand es sich in der Zukunft. Seine Kriterien waren entlang seiner Zeitlinie angeordnet.

Richtig. Auch ohne Kenntnis des Inhalts deutet dies darauf hin, daß er sehr zukunftsorientiert ist. Ich bin Tom da sehr ähnlich. Ich neige dazu, die Vergangenheit zu ignorieren, so daß meine Hierarchie der Kriterien da beginnt, wo ich die Gegenwart repräsentiere, und geradewegs in die Zukunft läuft. Wenn eine Person dieselben Submodalitäten benutzt, um sowohl die zukünftige Zeit als auch hoch-bewertete Kriterien zu kennzeichnen, so wie Tom und ich das machen, können Sie davon ausgehen, daß sie die Zukunft sehr schätzt.

Im Gegensatz dazu wird eine Person, die die Vergangenheit und ihre hoch eingestuften Kriterien in denselben Submodalitäten kennzeichnet, wahrscheinlich viel in Erinnerungen schwelgen; sie würde wohl auch gerne zu der „guten, alten Zeit" zurückkehren. „Nostalgie ist auch nicht mehr das, was sie einmal war." (Lachen)

Joe: Wir fanden es schwierig, ein Kriterium für Geld herauszuarbeiten, weil Geld an sich ein Wertmaßstab zu sein scheint.

Geld ist sicherlich in viele Dinge umwandelbar. Gleichzeitig bedeutet Geld gewöhnlich etwas sehr Spezifisches für die Person. Sie können fragen: „Was bringt Ihnen Geld? Was ist daran wichtig, Geld zu haben?" Für einige Menschen bedeutet Geld „Sicherheit"; das ist dann der Wert, den sie ihm zuschreiben. Für andere Menschen bedeutet es „Macht" oder „Freiheit". Wofür Geld steht bzw. was wichtig oder nützlich daran ist, wird Ihnen das Kriterium liefern. Hin und wieder scheint jemand nach Geld an sich zu streben und dabei vergessen zu haben, daß er das Geld für etwas Bestimmtes haben will. Geizkragen tun dies; sie sparen Geld, verwenden es aber nie. Dann und wann scheint Geld an sich das Hauptkriterium zu sein: „Alles, was ich will, ist Geld." Wenn dem so ist, ist es an der Zeit, ihn wieder auf seine Ziele hin zu orientieren.

Bill: Connirae, wenn Ihre Zeitlinie und Ihr Wertesystem so eng aufeinander bezogen sind, hat dann das auf der Zeitlinie mit der Gegenwart assoziierte Kriterium irgendwie Vorrang gegenüber Ihren anderen Werten?

Nein, nicht für mich. Mein *momentanes* Verhalten ist viel mehr durch die Zukunft motiviert, und dabei spielt eher die langfristige Zukunft eine Rolle als die nahe Zukunft; ich nehme es jederzeit mit gegenwärtigen Schwierigkeiten auf, um langfristige Ziele zu erreichen.

Viele von Ihnen bemerkten eine Einteilung der Hierarchie Ihrer Kriterien entsprechend der räumlichen Position. Ihre Kriterien sind im Raum angeordnet, entweder von oben nach unten, von näheren zu entfernteren Stellen, von links nach rechts, etc. Viele von uns sprechen über „hoch"–bewertete Kriterien, und die Anordnung unserer Hierarchie entspricht dem buchstäblich; bestimmte Kriterien sind höher, andere niedriger. Einige Leute drehen dies jedoch um: Niedrigeres ist wichtiger. Diese Menschen werden eher von „fundamentalen" oder „grundlegenden" Werten sprechen.

Rita verwendete Nähe; bestimmte Werte waren für sie mehr „in der vordersten Reihe" als andere, und sie sprach über sie als „naheliegende" Werte. Eine andere Person ordnete ihre Kriterien nach der Größe. Alles war an derselben Stelle, aber je *größer* das Bild war, desto mehr schätzte sie es.

Carol: Ich bin anscheinend eine Ausnahme. Meine Zeitlinie geht von links nach rechts, aber meine Kriterien sind alle gerade vor mir.

Sind sie alle an derselben Stelle, oder entfernen sie sich nach und nach?

Carol: Sie sind alle an derselben Stelle.

Wie wissen Sie dann, daß eines wichtiger als ein anderes ist?

Carol: Mein weniger wichtiges Kriterium ist wie ein flaches Stück Papier. Das mittlere ist ein assoziierter Farbfilm, und mein wichtiges

Kriterium ist rein auditiv — Bilder bekomme ich davon überhaupt keine.

Es klingt so, als ob diese drei Kriterien keine gemeinsamen Submodalitäten haben. Um eine *Hierarchie* zu bilden, brauchen Sie irgendein Kontinuum von Submodalitäten. Einige Leute haben nur zwei digitale Kategorien: etwas ist entweder *wichtig* oder *nicht wichtig*. „Schwarz–weiß"-Denker, die alles in „gut" und „böse" einteilen, strukturieren ihre Erfahrungen oft in digitalen Entweder/Oder-Kategorien. Andere Menschen können drei oder mehr Kategorien haben. Ich begegnete einer Frau, die nur drei Stufen für Kriterien hatte. Entscheidungen fielen ihr sehr leicht, weil alle Kriterien auf derselben Stufe gleich wichtig waren; wenn sie die Wahl zwischen Alternativen hatte, die zwei verschiedene Kriterien desselben Niveaus befriedigten, wählte sie einfach nach Zufall eine aus.

Es ist möglich, daß Carol nur drei digitale Kategorien hat, wie wichtig eine Sache sein kann, aber sie scheint nicht diese Art von Person zu sein. Daher bin ich skeptisch. Carol, hier haben Sie etwas, was Sie selbst ausprobieren können. Nehmen Sie diese drei Kriterien und vergewissern Sie sich, daß sie alle im selben Repräsentationssystem sind. Um die Submodalität zu finden, die entlang einem Kontinuum variiert ist, müssen ihre Kriterien alle im selben System repräsentiert sein. Sie können kein Kontinuum haben, wenn sie vom auditiven zum visuellen System überspringen usw. Sie könnten tatsächlich einen Weg haben, ihre Kriterien auditiv einzuordnen und einen anderen Weg, es visuell zu tun, aber für diese Übung sollten Sie die zwei Systeme nicht mischen.

Bob: Wir begannen mit dem Versuch, für jedes Kriterium visuelle Submodalitäten herauszufinden, und es wurde sehr verwirrend. Wir konnten gar nichts finden, so daß wir uns entschlossen, das fallenzulassen und zum auditiven System überzugehen. Wir benutzten auch unbestimmt formulierte, hypnotische Sprachmuster, wie z. B. „Bekommen Sie einen Sinn für diese Erfahrung". Er fand auditive Unterschiede, und er zeigte sie uns mit seiner Stimme und in der Geschwindigkeit. Aber er hatte auch ein genau definiertes Kontinuum, mit der Blickrichtung von oben nach unten, wann immer er sich nicht auf die Bilder konzentrierte.

Großartig. Eine gute Beobachtung. So landeten Sie bei einer exakten Hierarchie, auch wenn sie ihm nicht bewußt war. Halten Sie immer Ihre Augen und Ohren offen.

Tom: Wir waren verwundert über die Übereinstimmung zwischen der Position der Kriterien und der zu ihrer Beschreibung verwendeten verbalen Sprache sowie der Körpersprache.

Ja. Sie können diese Information auf zwei sehr effektive Arten nutzen: Sie können erstens insgeheim feststellen, wie jemand Kriterien ordnet, und zweitens Körpersprache verwenden, um es jemandem zu erleichtern, seine Kriterien neu einzurichten. Das kommt im nächsten Schritt.

Auswahl eines Kriteriums, dessen Änderung sich lohnt

Sie haben jetzt alle festgestellt, welche Submodalitäten Ihrem Gehirn signalisieren, welche Kriterien mehr oder weniger wichtig für Sie sind. Im nächsten Schritt wird mit Hilfe dieser Information ein Kriterium verändert, daß sich Ihrem Gefühl nach nicht an der richtigen Stelle befindet.

Bisher wurden einige sehr lohnende Dinge mit diesem Muster gemacht; ich werde Ihnen ein paar Beispiele nennen. Ein klinischer Psychologe nahm damit in der Beziehung zu seiner Frau eine wichtige Veränderung vor. Ihm war aufgefallen, daß er fortwährend irgendwelche belanglosen Fehler von ihr korrigierte. Wenn sie sagte, „letzten Mittwoch, als wir ins Kino gingen ...", erwiderte er, „nein, es war Donnerstag". Er hatte erkannt, daß er sich mit diesem Verhalten bei seiner Frau unbeliebt machte und sie unnötig verärgerte, aber die Korrekturen platzen ihm einfach heraus! Er erkannte, welchen Schaden er anrichtete, aber er konnte es nicht ändern. So viel zum bewußten Verständnis.

Als er seine Kriterien erforschte, entdeckte er, daß er auf sein hochbewertetes Kriterium von „Korrektheit" reagierte. Er wollte, daß seine Frau sich korrekt ausdrücken sollte. Mit seinen Korrekturen sorgte er natürlich dafür, daß sie *unkorrekt* war — aber so gehts eben im Leben! Seine Repräsentation des Wunsches, daß sie korrekt sein sollte, war das Bild eines erhobenen Zeigefingers, den er durch eine Bewegung nach unten weniger wichtig werden ließ. Während sich das Bild nach unten bewegte, verblaßte es plötzlich und verwandelte sich in ein Bild mit tanzenden Gestalten. An diesem Punkt wurde seine ganze Körperhaltung weicher, und er hatte Tränen in den Augen. Die Repräsentation des Kriteriums selbst hatte sich spontan in einen ganz anderen Inhalt verwandelt. Er war überrascht, wie sehr sich seine Gefühle seiner Frau gegenüber änderten, als er sich vorstellte, wie sie einen Fehler machte.

Eine Anzahl von Kriterienveränderungen habe ich bei mir selbst durchgeführt. Einmal spürte ich z. B. kurz vor meiner Abreise nach Boston, wo ich ein Seminar halten sollte, Anzeichen einer Erkältung oder Grippe. Ich wußte, daß ich krank werden würde, und ich wußte auch, daß es in dem Moment nicht anging, krank zu werden. Zuerst versuchte ich es mit einem kleinem Reframing. Ich ging nach innen und versuchte, meinem Körper zu versprechen: „Okay, ich werde, sobald ich zurück bin, eine Pause machen — ich brauche nur vier Tage, um dieses Seminar zu halten. Laß mich in Frieden und dann werde ich mich ausruhen." (Lachen) Dies hat früher oft funktioniert, aber ich wußte, daß es in diesem Fall nicht so laufen würde, weil ich keine Antwort von meinem Körper bekam.

Als ich die Einwände überprüfte — was hielt mich davon ab, mich wohl zu fühlen — kam etwas auf, was die Bedeutung meiner Beziehung zu Steve betraf. Wir hatten Unmengen von Dingen zu tun. Es war ihm wichtig, alles zu erledigen, und ich wollte meinen Teil der Aufgaben erfüllen. Ich dachte, er wolle, daß ich eher alle diese Dinge erledigte, als mich auszuruhen. Aber diese Vermutung gründete sich nur auf *meine* Wahrnehmung. Tatsächlich hätte er mich wahrscheinlich ermutigt, es langsam anzugehen und meine Gesundheit zu erhalten. Dennoch dachte ich unbewußt, daß meine Beziehung zu Steve wichtiger war als meine Gesundheit, so daß das Versprechen, mich auszuruhen, wenn mein Körper für die Zeit des Seminars in Boston gesund bleiben würde, in Konflikt mit meinem Wunsch geriet, nach meiner Rückkehr hart zu arbeiten, um die Dinge zu erledigen. Mit dieser Information ging ich nach innen und veränderte die Bedeutung meiner eigenen Gesundheit; ich machte sie *wichtiger* als meine Beziehung zu Steve. Ich bekam eine andere physische Reaktion und wußte sofort, daß ich gesund bleiben würde.

Mann: War diese Kriteriumsveränderung nur vorübergehend, bis Sie Ihren Workshop beendet hatten?

Nein, sie war dauerhaft. Ich hielt es für eine gute Idee, daß meine Gesundheit immer wichtiger sein sollte. Gesund zu sein verbessert in der Tat langfristig meine Beziehung zu Steve. Man kann keine sehr gute Beziehung mit jemandem haben, wenn man krank ist oder so hart arbeitet, daß man jung stirbt. Dies ist ein weiteres Beispiel für eine nützliche Kriterienveränderung.

Betrachten wir nun die folgende Situation. Für einen Teilnehmer war „Recht haben" ein hoch–bewertetes Kriterium, das ihn in Schwierigkeiten brachte. Er ertappte sich dabei, daß er fortwährend zu beweisen versuchte, wie geistreich und klug er war, und immer zeigen wollte, daß er recht hatte. Gleichzeitig erkannte er, daß ihm dies Probleme einbrachte; deswegen entschloß er sich, die Bedeutung von „Recht haben" dahingehend zu verändern, daß es weniger wichtig wurde.

Wenn Sie ein Kriterium verändern, können Sie entweder *ein* Kriterium abändern oder auf einmal ein Kriterium weniger wichtig und ein anderes wichtiger machen. Letzteres ist besonders dann nötig, wenn die Person ein anderes Kriterium als komplementären Gegensatz wahrnimmt. Viele Menschen betrachten z. B. „andere erfreuen" als im Gleichgewicht stehend mit „mich selbst erfreuen". Da die Wegnahme von irgend etwas für sich alleine selten ökologisch ist, sollten wir überlegen, was wir wichtiger machen könnten, wenn wir „Recht haben" weniger wichtig für die Person werden lassen?

Mann: „Hilfreich sein".

Das ist eine Möglichkeit. Sie könnten jemand über die Bedeutung von „Recht haben" nachdenken und eine Repräsentation davon bekommen lassen. Dann soll er die Repräsentation etwas nach unten oder etwas weiter weg bewegen, oder sie kleiner machen, oder was auch immer sie weniger wichtig macht; gleichzeitig soll er „hilfreich sein" nach oben bewegen. Das könnte bei einigen Menschen funktionieren. Was ginge noch?

Mann: „Recht haben" klingt, als ob er eine äußere Anerkennung für sein Verhalten braucht. Was wäre, wenn er es dahingehend veränderte, daß er innerlich wüßte, daß er recht hätte, ohne Feedback von anderen Leuten zu benötigen?

Ich denke, Sie sind auf der richtigen Spur. Eine Gefahr dabei ist, daß er am Ende „wüßte", er hat recht, und auch dann nicht für äußeres Feedback offen wäre, wenn er tatsächlich im Unrecht ist.

Frau: Wie wäre es, „recht haben" durch „ausgeglichene Beziehungen haben" zu ersetzen?

Anstatt eine Situation durch Rechthaberei kontrollieren zu müssen, wäre es also wichtiger, mit anderen Menschen zu kooperieren — symmetrische Beziehungen zu haben.

Mann: Wie wäre es mit „geliebt werden" anstelle von „Recht haben"?

Das ist eine Möglichkeit, obwohl „geliebt werden" auch das Bedürfnis betont, Reaktionen von anderen Leuten zu erhalten. Das könnte den Klienten in einer sehr verletzlichen Position halten. Was könnten Sie noch tun? Die meisten von Ihnen denken intuitiv über ein anderes *Ziel* nach, das nützlich für ihn sein könnte. Ein Weg, dies zu erhalten, wäre, ihn zu fragen: „Recht zu haben, was bringt Ihnen das?" Das könnte uns ein Kriterium liefern, das wir anstelle von „Recht haben" verwenden könnten. Wir könnten ihn auch fragen, was *er* wichtiger werden lassen möchte.

Frau: Wie wäre es, „Recht haben" durch „sympathisch sein" zu ersetzen?

Ja, oder vielleicht durch „Reaktionen von anderen erhalten", oder durch „auf elegante Art Einfluß haben". Er könnte auch die Bedeutung verringern, *beweisen* zu müssen, daß er im Recht ist. Wenn jemand Zeit darauf verwendet, zu *beweisen*, daß er recht hat, wird er wahrscheinlich kaum im Recht sein, weil er so eifrig Zeit in den Versuch investiert, es zu beweisen.

Mann: „Recht haben" scheint ein Zustand zu sein und „beweisen, daß man recht hat" ein Prozeß. Wie wäre es daher, es durch einen anderen Prozeß zu ersetzen?

Anstatt beweisen zu müssen, daß er recht hat, könnte er sich auf die Bedeutung von „Lernen" allgemein konzentrieren — oder sogar von „mit Vergnügen zu lernen". Manchmal können Sie Kriterien wie „Spaß", „Vergnügen", „Erregung" zu dem Hauptkriterium hinzufügen, das Sie verändern.

Es gibt *viele* Dinge, die den Platz von „Recht haben" einnehmen könnten. Wenn Sie anderen Leuten helfen, Kriterien zu verändern, sollten Sie vorsichtig sein, nicht jemandem etwas „aufzudrängen", was *Sie* für die ganze Welt als wichtig erachten. Manchmal kommt eine Person mit einem Ziel zu Ihnen und Sie denken: „Na ja, das ist aber nicht sehr lohnend!" In diesem Fall sollten Sie daran denken, daß die „Veränderung von Kriterien" dafür geeignet ist, Menschen zu helfen, *ihre* eigenen Kriterien zu korrigieren, um mehr davon zu bekommen, was *sie* im Leben erreichen wollen. Es kann sein, daß sie ganz anders sein wollen als Sie. Solange die Veränderung Ihre ethischen Vorstellungen nicht verletzt und mit den anderen Zielen und Kriterien der Klienten übereinstimmt, helfen Sie ihnen, es zu schaffen.

Wenn ich mit einer Person arbeite, versuche ich nicht vorzuschreiben, was sie an die Stelle eines bestimmten Kriteriums setzen sollte.

Ich mache Vorschläge und Bemerkungen, damit Sie mit meiner Hilfe herausfinden kann, was für sie ökologisch ist. Außerdem erörtere ich ökologische Probleme mit ihr. Wenn sie z. B. „geliebt werden" wählt, werde ich sagen: „Möchten Sie wirklich so sehr vom Verhalten anderer Menschen abhängig sein?" Sie wird dann vielleicht lieber etwas anderes aussuchen. Es gibt keine einzig richtige Antwort, weil die richtige Antwort von der Person bestimmt wird, die sich verändern möchte. Wenn Sie viele Möglichkeiten vorgeben, können Sie darauf achten, worauf die Person reagiert. Die Aspekte, die wir erörtert haben, bieten Ihnen einen Weg, dem Klienten zu einem wirklich angemessenen Wechsel zu verhelfen.

Demonstration — Veränderung von Kriterien

(Das folgende Transkript stammt von einem Seminar, das Connirae im Januar 1986 in Dallas, Texas durchführte. Das Transkript wurde der Lesbarkeit halber minimal editiert.)

Soll ich den Veränderungsteil schnell demonstrieren? Okay. Wer hat zum einen seine Hierarchieeinteilung herausgearbeitet und zum zweiten irgendeinen Einfall, was entweder mehr oder weniger wichtig werden soll. Während Sie sich das überlegen, können Sie an alle Informationen denken, die Sie persönlich haben, und auch daran, was andere Menschen Ihnen erzählt haben. Gibt es etwas, das Sie anderen Leuten zufolge mehr oder weniger wichtig werden lassen könnten? Dies bedeutet nicht, daß Sie das tun sollten; es stellt jedoch eine Informationsquelle dar. Sie können es in Erwägung ziehen und entscheiden, ob *Sie* es für eine gute Idee halten oder nicht.
David (energisch): Okay, was brauchen Sie?
Dieser Mann kommt sehr effizient und schnell zum Wesentlichen! Okay, wie ist Ihre Hierarchie beschaffen? Wie kodieren Sie sie submodalitätsmäßig?
David: Submodalitätsmäßig habe ich „Vergnügen" (zeigt mit seiner linken Hand in einige Entfernung, ein wenig nach links). Dann „persönliche Verbesserung" (deutet ungefähr einen halben Meter gerade vor sich), und dann „Familie" (weist mit beiden Händen auf seine Brust), mit mir darin.
Und was ist wichtiger?

David: Familie.

Okay, das dachte ich mir. Er hat also „naheliegende" Kriterien. Ich spreche immer von „hoch–bewerteten" Kriterien, was eine ziemlich weitverbreitete Auffassung ist. Einige Leute haben naheliegende Kriterien und andere „grundlegende" Werte. Okay, seine Kriterien befinden sich also auf einer Linie, die ein wenig nach links geht, und auf der ein Kriterium in einiger Entfernung liegt und die wichtigeren näher. Denken Sie an etwas Bestimmtes, was Sie mehr oder weniger wichtig werden lassen wollen?

David: Mhm.

Wollen Sie es uns erzählen oder nicht. Sie müssen nicht. Es spielt keine Rolle.

David: Na ja, ich habe hier ein Problem. Als Sie vor einer Weile über irgend etwas sprachen, verband es sich mit etwas anderem, was mir vor einiger Zeit sehr im Kopf herumging. Ich werde es soweit kommen lassen, eher krank zu sein, und mich zu Tode arbeiten, bevor ich auf meine persönlichen Bedürfnisse achte. Ich muß dem *höhere* (deutet mit beiden Händen zur Brust) Bedeutung beimessen.

„Auf persönliche Bedürfnisse achten". (Richtig.) Okay, nun sollten Sie eine Idee bekommen, wo die Person dieses Kriterium enden lassen will, ansonsten könnten Sie es wichtiger als das Leben selbst machen, bevor Sie sagen müssen: „Hey, warten Sie, nicht *so* wichtig." Also, wie wichtig, verglichen mit anderen Kriterien, oder wichtiger als was möchten Sie es haben?

David: Wichtiger als mich selbst zu Tode zu arbeiten.

Das ist eine gute Wahl. (Lachen) Dagegen habe ich keinen Einwand.

David: Mir fällt es schwer, bei der Arbeit „Nein" zu sagen. Ich kann so krank sein, daß ich Bettruhe bräuchte, und trotzdem immer weiterarbeiten.

Okay. Wir werden jetzt einen Ökologie–Check machen. Im Grunde klingt es gut. Ich möchte sichergehen, daß die Art, wie *er* es interpretiert, sich als für ihn günstig herausstellt. Wenn Sie sich vorstellen, Sie hätten Ihre Reaktionen auf persönliche Bedürfnisse wichtiger werden lassen als Ihre Arbeit und das Erreichen von Dingen usw., ... stellen Sie sich vor, wie Ihr Leben dann anders wäre. Und überprüfen Sie das einfach. Gibt es irgendwelche Probleme mit dieser Art zu leben? ...

David: Hm. Es wird ganz *anders* sein. Es gibt da wohl irgendeinen Teil, der sagt: „Wie *wird* es sein?"

„Ich frage mich." Ja, also wissen Sie es vielleicht nicht ganz genau, und das kann bedeuten, daß Sie später, wenn wir diese Veränderung gemacht haben, es womöglich am Ende noch ein bißchen berichtigen wollen; das ist völlig okay. Sie können zurück hineingehen und es anpassen; vielleicht wollen Sie noch etwas hinzufügen oder etwas wegnehmen, oder es irgendwie verschieben.

David: Na ja, eines kommt immer noch hoch; nämlich die ganze Natur der Effizienz. Wenn ich besser auf mich selbst Rücksicht nehme, werde ich in jedem Fall effizienter in meiner Arbeit.

Das stimmt. Diese Kriterien stehen also nicht wirklich in Konflikt miteinander. (Richtig.) Wenn Sie nun daran denken, auf persönliche Bedürfnisse zu achten, wo sehen Sie das im Moment?

David: Gerade vor mir. (Er deutet mit der rechten Hand gerade vor sich und etwas nach oben.) Ganz weit *weg* (gedehnt gesprochen, benutzt beide Hände).

Ganz weit *weg*. Okay. Dies ist ein Hinweis. Ist es auf einer Linie mit Ihren anderen Kriterien oder ist es nicht auf der Linie?

David: Oh, es ist viel zentrierter, und oben, und ...

Ich meine, ist es auf der Linie ...

David: ... es ist ungefähr so weit entfernt wie Allen (Allen sitzt weiter hinten im Zimmer), aber ungefähr in Höhe der Decke.

Ich sehe, was Sie damit meinen, wenn Sie das erwähnen! (Allen hebt beide Hände.)

David: Danke! (Er winkt Allen zu, und macht ihm gegenüber ein Zeichen für okay.)

Allen, würden Sie näher herankommen, wenn ich Ihnen das Stichwort gebe? (Scherzhaft)

David: Halten Sie bitte Ihre Hände hoch und bringen Sie es zu mir. (Lachen)

Okay. Wo ist „die Arbeit wichtig nehmen"?

David: Okay, Arbeit. Irgendwo da unten. (Er deutet gerade vor sich nach unten, etwas nach rechts.)

Und wie weit weg?

David: So weit wie der Fernseher. Gerade hier unten.

Unten beim Fernseher. Okay, lassen Sie uns nun einen kleinen Test machen. Diese zwei Kriterien sind an anderen Stellen als die ersten drei; es ergibt keine gerade Linie. Ich möchte herausfinden, ob oben und unten eine Rolle spielt. Nehmen Sie das Kriterium bezüglich der Arbeit. (Okay.) Wenn Sie es leicht nach oben bewegen — wir werden es wieder zurückplazieren —, aber wenn Sie es nach oben bewegen (David schüttelt den Kopf), vorübergehend, erscheint es dann mehr oder weniger wichtig?

David: (Seine Hand bewegt sich nach links und rechts in Richtung des Kriteriums für Arbeit.) Es gibt ein sehr ... es geht ... (er lacht und deutet mit seiner rechten Hand von sich weg und nach oben) es entfernt sich, während es nach oben kommt (zeigt auf das Kriterium für „persönliche Bedürfnisse"). Es ist einfach irgendwo da.

Oh! Also ist es zusammen mit dem anderen Kriterium auf einer Flugbahn. Okay. Plazieren Sie es zurück. (Okay.) Nun möchte ich, daß Sie das Kriterium nehmen, das für die Beachtung persönlicher Bedürfnisse steht — (Allen hebt seine Hände, und David lacht und zeigt auf Allen). Das ist Ihr Stichwort, Allen! ... Und nun möchte ich, daß Sie dieses Kriterium näher heranbewegen. Diese Technik machen Sie langsam — nicht schnell — so daß Sie die Auswirkungen beobachten können, während Sie es heranbewegen. Sie können es innerlich überprüfen. Üblicherweise bekommen die Leute ein Gefühl dafür, wann das Kriterium an der richtigen Stelle ist. Sie haben ja auch einen Zielort. Sie wissen, daß es wichtiger als Ihre Arbeit sein sollte. Also lassen Sie das Bild sich allmählich heranbewegen, und während es wichtiger wird, können Sie die Auswirkungen beobachten, die das hat, und einfach ein Gefühl dafür bekommen, wann es an der richtigen Stelle ist ... (David macht ein fragendes Geräusch.) Äh. (Er bewegt seine linke Hand, als ob es fragwürdig oder unsicher wäre.)

Bewegen Sie es ein bißchen zurück und vor, falls Sie nicht ganz sicher sind. Probieren Sie es aus.

David: Oh, wenn ich es weiter heranbewege, ist es okay.

Gut. Und eines der interessanten Phänomene, die sich zu ereignen scheinen, während Sie dies tun, ist jenes, daß es irgendwie „klick" macht, wenn es an die richtige Stelle kommt (David nickt als Zeichen für „Ja" und deutet mit beiden Händen „natürlich" an), besonders, wenn Sie den Leuten erzählen, daß es so sein wird. (Lachen) (Davids Hände bewegen sich, als ob sie etwas an die richtige Stelle rücken.) Es richtet sich einfach irgendwie dort ein, ... kommt an die richtige Stelle. Die „Klick"–Technik. Okay, und lassen Sie es mich wissen, wenn es sich an der richtigen Stelle niederzulassen scheint.

David: Okay. In etwa. („In etwa"?) Na ja, wissen Sie, ich bin es nicht gewohnt (bewegt seinen Körper zurück), es so nah bei mir zu haben. Es kommt mir so vor, wie „huch" ... (mit der Hand am Kinn in einer „Nachdenk"-Position). Ich bemerke auch noch verschiedene andere Dinge in Zusammenhang damit.

Bemerken Sie irgend etwas, was Sie womöglich ändern wollen? Sie können es wahrscheinlich hier vorn deutlicher sehen. Sie sind sich vielleicht nicht sicher gewesen, was in diesem Bild enthalten war, als es noch weiter weg war.

David: Genau, das merke ich.

Sie wollen vielleicht den Inhalt jetzt ein bißchen verändern, nachdem es näher herangekommen ist und Sie sehen können, was es enthält ...

David: Hm ... Ja, es ist ziemlich komplex.

Ist das gut oder ...?

David: Überraschend.

Okay. Inwiefern komplex?

David: Als ich im „Persönliche–Bedürfnisse–Spielfeld" daran dachte, hatte ich Krankheit im Sinn, und nun scheint das nur ein winziger Teil davon zu sein. (Sein linker Daumen und ein Finger machen eine kleine, zeigende Geste.) Wissen Sie, es ist ... (Seine linke Hand zieht einen größeren Kreis in die Luft um die vorhergehende Geste.)

Ein Teil Ihres Gehirns steckt eine ganze Menge Dinge da hinein ...

David: Ja, weil der Inhalt, wissen Sie, wie z. B. Gesundheit (Das ist ein Teil, okay.) nur hier unten ist, in diesem kleinen ... (Beide Zeigefinger malen ein kleines Rechteck in die Mitte des Kreises.)

Dann möchte ich, daß Sie die anderen Teile überprüfen, deren Vorhandensein Sie vorher nicht bemerkt haben, und dann sicherstellen, daß Sie mit ihnen auch an dieser Wichtigkeitsstelle glücklich sind.

David: Okay, als Sie dies sagten, begann es, Sachen hin– und herzubewegen.

Gut. Vielleicht gibt es Teile dieses Bildes, die Sie weiter zurück bewegen wollen, oder Teile, die sogar noch näher kommen sollen ...

David (nickt): Das haben sie schon gemacht. Okay. Das ist schön. Okay.

Gut. Wenn Sie jetzt die Konfiguration anschauen, ist dies etwas, von dem Sie denken, daß es bei Ihnen funktionieren wird? Oder gibt es irgendwelche anderen, zusätzlichen Berichtigungen?

David: Es scheint mir, daß irgend etwas noch nicht ganz stimmt — so als ob es recht nahe daran, aber noch nicht ganz da wäre.

Okay, nehmen Sie sich die Zeit, die Sie brauchen, damit es anfangen kann, deutlich für Sie zu werden. Setzen Sie einfach das ganze Ding genau durch.

David (lacht): Hallo Allen! Sie sind noch nicht ganz da, aber ..., ich werde Ihre rechte Schulter als eine Ecke davon benutzen ... Okay (schließt die Augen).

Und während Sie das tun, werde ich ein paar Dinge zur Gruppe sagen, die Sie schon wissen ... Wenn Sie dies als eine Art Prozeß machen und hypnotische Sprachmuster inkorporieren, wird es für die Person viel leichter. Sie sagen Sachen wie: „Sie können diesem Bild *erlauben* näher zu kommen, und darauf *achten*, wann es die richtige Stelle findet." (David nickt.) Damit setzen Sie bestimmte Dinge voraus, die nicht in Frage gestellt werden sollen, weil dies gar nicht notwendig ist und den Prozeß für die Person eher erschweren würde. Das ist viel einfacher als die Formulierung, „Ist es an der richtigen Stelle?", weil die Person dann anfangen würde, um sicher zu werden.

David: Okay. Nachdem ich es erlaubt habe, hat sich der Bildschirm ausgedehnt (er zeichnet mit beiden Händen ein großes Rechteck vor sich), bis zu einem großen Rechteck mit mehreren Abschnitten. (Er macht unruhige, vertikale Handbewegungen von links nach rechts) ... So sieht es aus wie — (Seine rechte Hand schwenkt vor ihm von links nach rechts, während er leise pfeift.)

Also hat es sich ausgeweitet.

David: Ja, es ist ganz hübsch.

Schien das ...

David: Ja, nachdem ich es zuließ, daß es sich irgendwie ... (dehnt die Arme nach außen) ...

Ausdehnen. (Mmhm.) Und das ist sinnvoll, weil Sie es wirklich vollständig sehen können und wissen, was darin ist.

David (mit einem Nicken): Mmhm. Und nun bekomme ich alle möglichen seltsamen Gefühle (beide Hände bewegen sich in alternierenden Kreisen nahe bei seinem Bauch), wie ... „Wow!" (Sein Kopf und seine Brust bewegen sich nach hinten.)

Und die einzige Sache, die wir noch überprüfen müssen, ist, sind die „seltsamen Gefühle" seltsam wie, „dies ist ja ganz anders, ich habe mich noch nie so gefühlt." (David nickt: „Mmhm".) Wenn es ein „irgend etwas ist falsch"–Gefühl wäre, sollten Sie weitere Berichtigungen vornehmen. Aber David reagiert kongruent auf etwas, „was einfach unbekannt ist". Okay. Das ist der Veränderungsteil.

Nun wollen wir einen Test machen. (Okay.) Dieser spezielle Wechsel ist ein bißchen schwieriger zu testen als andere. Wenn Sie auf der Stelle irgend etwas Verhaltensmäßiges kreieren können, testen Sie auf diese Weise. Eine Person verringerte z. B. die Bedeutung der Meinung anderer Menschen, und verstärkte die Wichtigkeit dessen, zu tun, was er für richtig hielt. Gleich anschließend forderte ihn jemand in seiner Gruppe auf, etwas Bestimmtes zu tun: „Machen Sie das und das mit Ihren Submodalitäten." Die Antwort kam sofort: „Nein, ich glaube nicht, daß das die richtige Sache ist. Ich muß etwas anderes tun." Es war eine unbeabsichtigte Maßnahme, aber die Gruppe erkannte danach, daß es als großartiger Test gedient hatte. Manchmal können Sie es auf diese Weise überprüfen. Bei unserer speziellen Veränderung hier ist dies nicht möglich, aber wir können ja immer in der Vorstellung testen. Stellen Sie sich vor, Sie seien in einer Situation, in der diese Veränderung von Bedeutung sein wird. (David schließt seine Augen.) Dies ist der allgemeinste Test, den Sie machen können. Lassen Sie einen Kontext auswählen, wo diese neue Konfiguration einen Unterschied ausmachen wird. ...

David: (Er nickt und lächelt sehr entspannt.) Okay, ich hab's.

Was halten Sie davon? Für meine Augen schaut es gut aus.

David: „Nein" kam ganz einfach heraus. Es war ein typischer Telefonanruf von jemandem, „Ich brauche dich", und ein ganz schneller Check: „Nein, du kannst den und den anrufen". (Er schnippt mit den Fingern.)

Großartig. Ja, diese Art von automatischer Veränderung bekommen Sie, wenn die Kriterien der Leute anders ausgerichtet sind. Sie müssen sich nicht mehr dazu *bringen*, anders zu handeln, Sie sind einfach so. Okay, probieren Sie einen anderen Kontext, ich möchte bei meinem Test gründlich sein. (*David* schließt die Augen. „Okay, ein anderer Kontext.") Ein anderer Kontext, in dem diese neue Konfiguration einen Unterschied ausmachen wird ... (Okay.)

Wie geht es in diesem Kontext?

David: Überraschend. (Lachen)

Es ist überraschend und wunderbar, oder ...?

David: Ja, das ist es. Ich nahm die Alternative, wo mir jemand die Gelegenheit gab, einfach irgend etwas für mich selbst zu tun. Und gewöhnlich würde ich mich weigern und sagen: „Nein, ich habe keine Zeit." Ich tat das für mich und dachte: „Was mache ich denn?" (Er schaut mit einer kreisenden Kopfbewegung umher.) „Dies ist nicht normal." Also, das ist irgendwie schön.

Okay, gut. Und wenn Sie noch an einen dritten Kontext denken können ... Drei ist eine magische Zahl im NLP ...

David: (Er neigt seinen Kopf nach oben rechts.) Junge, das ist etwas, was ich lange nicht gesehen habe. (Lachen) Ich meine, wenn ich ehrlich bin, ist es sieben Jahre her, seit ich in Urlaub war.

Sie sind noch schlimmer als wir! ...

David: Das ist schön. Es wurde gerade in meinen Kalender eingetragen.

Okay, dies schaut aus meiner Sicht gut aus, und die Zahl drei befriedigt meine Kriterien für einen guten Test. Danke.

David: Danke auch.

Eine der Sachen, bezüglich derer ich vorsichtig bin, wenn ich ein Manöver wie dieses mache, ist, sicherzustellen, daß er nicht übertreibt: „Nun wird er 300 Tage im Jahr in Urlaub gehen und 65 arbeiten." (Lachen) Ich bekam keinen einzigen Hinweis von ihm, daß er so weit gehen würde. Er meint: „Ich schreibe einen Urlaub in meinen Kalender, aber ich habe in sieben Jahren keinen Urlaub gehabt." Das klingt anders als: „Ich werde mir fünf Jahre frei nehmen." Dann würde ich mich fragen, „was ich hier gemacht habe?" Sie könnten also kurze Zeit, nachdem Sie eine Veränderung mit jemandem gemacht haben, die Grenzen testen, um sich zu vergewissern, daß Sie nicht zu weit gegangen sind. Wenn er aufhört zu arbeiten und kein Geld mehr hereinkommt, wird er Schwierigkeiten haben, in Urlaub zu gehen.

Übung —Veränderung von Kriterien

Wir werden jetzt nochmal kurz die Schritte bei der Veränderung von Kriterien durchgehen, und dann können Sie es selbst ausprobieren.

1. Nehmen Sie zuerst die Submodalitätskodierungen, die Sie schon herausgearbeitet haben, und stellen Sie fest, wie diese ein Kontinuum bilden. Bei David war die wichtigste Submodalität die Entfernung: je wichtiger das Kriterium war, desto näher war es bei ihm.

2. Helfen Sie Ihrer Partnerin, ein Kriterium zu identifizieren, das sie entweder wichtiger oder weniger wichtig werden lassen will, und finden Sie heraus, wo sich dieses Kriterium in ihrer Hierarchie befindet. Vergewissern Sie sich, daß Sie die Ökologie überprüfen.

3. Nachdem Sie das Kriterium identifiziert haben, das ihre Partnerin ändern will, stellen Sie fest, an welcher Stelle es ihrer Meinung nach aufhören soll. Möchte sie es *wichtiger, gleich* wichtig oder *weniger* wichtig als irgendein anderes Kriterium werden lassen? Finden Sie heraus, an welcher Stelle in der Hierarchie dieses zweite Kriterium steht.

4. Als nächstes verändern Sie langsam das Kriterium in geeigneter Weise (Nähe, Größe, Helligkeit, Farbe, etc.). Berichtigen Sie die Submodalitäten, so daß das Kriterium entsprechend dem Grad von Wichtigkeit kodiert ist, den die Person dafür haben möchte. Wenn z. B. eine höhere räumliche Position eine Sache wichtiger werden läßt, und Ihre Partnerin etwas wichtiger machen möchte, dann veranlassen Sie, daß Ihre Partnerin die Repräsentation des betreffenden Kriteriums nimmt und ihr erlaubt, langsam emporzusteigen, bis sie die richtige Stelle findet. Falls sie die Kriterien mittels der Größe sortiert, kann sie dem Bild erlauben, sich langsam zu vergrößern, bis es gerade die richtige Größe hat, um sie wissen zu lassen, daß es so wichtig ist, wie sie es haben will. Wenn sie mit Hilfe der Lautstärke sortiert, kann sie das Geräusch lauter werden lassen, bis es genau das richtige Niveau hat.

Auch wenn jemand nicht festgelegt hat, gegenüber was er das neue Kriterium mehr oder weniger wichtig werden lassen will, wird er auf die Aufforderung hin, es an die „richtige Stelle" zu bewegen, normalerweise eine Intuition haben, wo diese Stelle ist. Einige Menschen haben auch berichtet, daß sie in dem Moment, in dem sie das neue Kriterium zu schnell bewegen, genau wissen, daß es zu weit geht, und es zurück zu der Stelle bewegen, wo sie ein angenehmeres Gefühl haben. Sie können spüren, wann es nicht an der richtigen Stelle ist, und dieses Gefühl deutet gewöhnlich auf ökologische Aspekte hin.

Denken Sie daran, diesen Wechsel langsam zu machen. Sie können Gesten benutzen, um Ihre Klientin zu unterstützen; gehen Sie jedoch nicht weiter oder schneller vorwärts, als sie es selbst tut. Wenn sie ein Kriterium emporsteigen läßt, holen Sie es nicht schnell nach oben und machen es damit wichtiger als das Leben selbst. Falls Sie dies zu schnell machen, könnte am Ende „ordentlich sein" wichtiger werden als „am Leben bleiben"! (Lachen) Dies ist nicht ökologisch! Wenn Sie die Person auffordern, „ein Kriterium näher heran zu bringen", kommt es *bezüglich der anderen Dinge in der Hierarchie der Kriterien* näher. Aufgrund dieser Tatsache funktioniert die Methode. Manchmal füge ich zu meinen einleitenden Instruktionen folgendes hinzu: „Okay, nun können Sie ein Gefühl dafür haben, daß all Ihre anderen Kriterien auch als Teil dieses Kontinuums vorhanden sind." Sie werden mehr Erfahrung damit bekommen, wie dies alles funktioniert, wenn Sie die Übung machen.

Test

Es gibt mehrere mögliche Vorgehensweisen, wie Sie Ihre Arbeit testen können. Zum ersten können Sie eine Pause machen und für kurze Zeit irgend etwas anderes tun. Dann bitten Sie die Klientin, an das Kriterium zu denken, das sie verändert hat. Wie erlebt sie es nun? Paßt es dahin, wo sie es haben will? Ist es hoch genug oder nah genug, oder was immer sie verwendete, um es zu ändern?

Die zweite Vorgehensweise für einen Test ist besonders wichtig, weil sie zugleich ein Future Pace ist. Bitten Sie die Klientin, an eine Situation zu denken, in der das neue Kriterium einen Unterschied für sie machen wird. Dann soll sie sich in diesen Kontext hineinversetzen, und Sie können herausfinden, welche Erfahrung sie dort macht. Ist es das, was sie will? Diese Art von Test habe ich mit David gemacht. Bei jedem Test achten Sie natürlich auf die nonverbale Bestätigung, daß die Intervention einen Unterschied gebracht hat. Wenn Sie irgendwelche Zweifel haben, oder sehr gründlich sein wollen, testen Sie in verschiedenen Kontexten.

Eine dritte Testmöglichkeit ist der Aufbau eines verhaltensmäßigen Tests. Schaffen Sie eine Situation, in der Sie erwarten können, daß die Veränderung des Kriteriums bedeutsam sein wird, und achten Sie darauf, was passiert.

Okay, jetzt machen Sie es bitte selbst. Wir werden hinterher über Ihre Erfahrungen sprechen.

Übungsstruktur
1. Identifizieren Sie die wesentliche Submodalität, die ein Kontinuum für die Hierarchie der Kriterien bildet.

2. Identifizieren Sie ein Kriterium, das verändert werden soll, sowie seine gegenwärtige Position auf dem Kontinuum.
3. Bestimmen Sie eine ungefähre Zielposition auf dem Kontinuum.
4. Verschieben Sie das Kriterium langsam in Richtung der Zielposition, bis es sich richtig anfühlt.

* * * * *

Diskussion

Gratuliere! Ich habe beobachtet, daß *viele* von Ihnen sehr schöne Sachen mit diesem Stoff gemacht haben. Kann das jemand bezeugen? (Lachen) David erzählte mir, daß er bemerkte, wie sein Gehirn fortwährend Sachen hin– und herschob und neu anpaßte, um die Veränderung, die wir hier eher zweckgerichtet und bewußt vornahmen, auf die Reihe zu bringen.

David: Ich bin noch dabei, es zu überprüfen. Die Dinge ordnen sich an allen Stellen neu. Und die Veränderung bleibt in beiden Richtungen kongruent mit meiner Zeitlinie. Ich habe eine Zeitlinienzone, die in die Vergangenheit (deutet auf seine linke Seite) und in die Zukunft (zeigt auf seine rechte Seite) geht. Und dann verläuft mein Tag von oben nach unten, und alles kommt entlang dem Kontinuum auf den richtigen Platz.

Gut. Es ist schön, sich dieser Art von fortwährender Umbildung bewußt zu sein. Wenn Sie diesen Wechsel mit sich selbst oder jemand anderem machen, lassen Sie entweder genügend Zeit für weitere Anpassungen — gehen Sie nicht sofort zu einer anderen Aktivität über, die damit unvereinbar wäre — oder gestalten Sie es so, daß es auf der unbewußten Ebene passieren kann, wie es bei David stattfindet. Vergewissern Sie sich, daß das Bewußtsein zugänglich und bereit für alles ist, was immer Sie unternehmen wollen.

Leah: Nachdem wir für jeden in unserer Gruppe bestimmt hatten, welches Kontinuum er oder sie hat, entschied jeder, welches Kriterium wir in welcher Richtung verändern wollten. Dann instruierten wir jeder unser Unbewußtes, die passenden Korrekturen für uns vorzunehmen. Wir testeten später und es funktionierte großartig.

Das ist eine schöne Alternative.

Ben: Mein am wenigsten wichtiges Kriterium war nahe vor mir und das wichtigste war weit weg! Ich reagierte auf das, was nahe bei mir war, obwohl es banal war, und ich war nicht empfänglich für das, was für mich wirklich wichtig, aber weit entfernt war! Als ich dies erkannte, sagte ich zu mir „Das ist ja verrückt!" und drehte das ganze Ding um.

Und diese Handlung veränderte seinen Zustand tatsächlich. Ich saß vorher in Bens Gruppe. Verstehen alle, was er getan hat? Anstatt nur die Position eines Kriteriums innerhalb des Stapels zu verändern, drehte er den ganzen Stapel herum, so daß es damit übereinstimmt, was sein Gehirn als wichtig erkennen soll. Was wichtig ist, befindet sich nun nahe bei ihm, und die belanglosen Kriterien sind weit entfernt. Das ist großartig!

Ben: Ich denke, ich weiß auch, wie es dazu kam. Ich hatte vor langer Zeit ein Erlebnis, das ich nicht mochte, und das mich dazu veranlaßte, all meine Kriterien herumzudrehen.

Als mir Ben das vorhin erzählt hat, bat ich ihn, einen Ökologie–Check zu machen, bevor er seine Kriterien veränderte. Er sollte überprüfen, ob irgend etwas in seiner vorherigen Anordnung dieses unangenehme Erlebnis *verursacht* hatte; in diesem Fall wäre es nicht ökologisch gewesen, den Wechsel der Kriterien rückgängig zu machen.

Ben: Und dies ist überhaupt nicht der Fall. Sie werden genau richtig sein, so wie sie jetzt sind.

Ich werde Ihnen ein interessantes Beispiel erzählen. Chris ließ „recht haben müssen" weniger wichtig werden, und ohne vorhergehende Planung sprang „Humor" an diese Position. Ich hielt das für sehr schön. Humor ist großartig, und viele von uns könnten nützliche Veränderungen machen, wenn sie die Bedeutung von Humor in ihrem Leben verstärken.

Fred: Ich habe die Bedeutung von „Flexibilität" verändert. Als ich anfing, sie wichtiger werden zu lassen, rieselte „Flexibilität" nach und nach durch das ganze System bis auf den Grund meiner Hierarchie. Plötzlich hatte ich Flexibilität an *allen* möglichen verschiedenen Stellen.

Auf diese Weise haben Sie Flexibilität in viele verschiedene Kriterien eingebaut. Sehr schön. Das ist etwas Ähnliches wie das, was eine Gruppe hier mit „Spaß" gemacht hat. Dies ist eine interessante Variation: nicht einfach nur ein Kriterium zu verändern, sondern es durch die ganze Hierarchie fließen und sie beeinflussen zu lassen.

David: Wir nutzten in unserer Gruppe den Zusammenhang zwischen den Kriterien und der Zeitlinie. Als Tim irgend etwas wichtiger werden lassen wollte, bewegte er es nach hier drüben in der Zukunft und es fiel automatisch auf einen freien Platz. Wenn Tim irgend etwas weniger wichtig werden lassen wollte, bewegte er es hinüber in die Vergangenheit.

Bill: In der Übung ließ ich „Karotten zu essen" wichtiger werden, und bekam daraufhin eine „Verpflichtung". Ich fühlte mich verpflichtet, Karotten zu essen, und merkte, daß es wirklich wichtig war, aber ich mochte es nicht.

„Karotten zu essen" ist ein *Verhalten*, nicht ein Kriterium. Was ist an „Karotten zu essen" für Sie bedeutsam? Irgend etwas wie Gesundheit oder Fitness? (Ja.) Dann könnten Sie daran denken, Ihre Gesundheit als Ganzes wichtiger werden zu lassen. Das ist das Kriterium. Wenn Sie dies ausprobieren, werden Sie vermutlich keine „Verpflichtung" spüren.

Ich habe bemerkt, daß einige von Ihnen versucht haben, ein bestimmtes Verhalten wichtiger werden zu lassen, anstatt das allgemeine Kriterium zu bestimmen, dem es entspricht, und *dieses* wichtiger werden zu lassen. Ein Verhalten ist genau festgelegt und kontextualisiert, wie z. B. „Karotten zu essen" oder „mehr Hausarbeit zu machen". Durch die Identifizierung und Veränderung eines Kriteriums dagegen erreichen Sie einen Wechsel, der die Person in vielen Kontexten beeinflussen wird. Außerdem haben Sie größere Freiheit bei der Auswahl bestimmter Verhaltensweisen, die diesem Kriterium entsprechen.

Sie können überlegen, auf welcher Ebene der Verallgemeinerung Sie arbeiten wollen. Wenn Sie nur ein bestimmtes Verhalten ändern wollen, ist die Bewahrung der Ökologie relativ einfach. Kriterien sind die nächst höhere Ebene der Generalisierung. Da sie sich über mehrere Kontexte erstrecken, wird eine Veränderung auf dieser Ebene umfassendere und stärkere Auswirkungen haben. Deshalb sollten Sie die Ökologie bei der Veränderung von Kriterien sorgfältig überprüfen.

Sie können bei einer Veränderung von Kriterien auch ein Future Pace auf bestimmte *begrenzte* Kontexte machen. Wenn ich ein Kriterium nur dann verändert haben möchte, wenn ich mit Klienten arbeite, kann ich mir z. B. vorstellen, daß ich in diesem Kontext bin, und die Veränderung der Kriterien vor dem Hintergrund dieses Kontextes durchführen. Um dann sicherzugehen, daß die Veränderung der Kriterien nicht übergeneralisiert wurde, kann ich mir vorstellen, in einem anderen Kontext zu sein, und meine Kriterien dort überprüfen, und so sicherstellen, daß sie in der Reihenfolge sind, in der ich sie haben will. Sie generalisieren ein neues Kriterium auf dieselbe Art wie jede andere Veränderung auch: Stellen Sie sich das neue Kriterium in all den verschiedenen Kontexten vor, in denen es nützlich wäre, und *nicht* in anderen.

Mary: Wie soll ich wissen, wann ich diese Methode verwenden kann?

Dazu ist von Ihrer Seite ein gewisses Feingefühl nötig, um zu entscheiden, wann mit einer Veränderung von Kriterien gearbeitet werden soll. Wenn ein Klient mit einer Beschwerde hereinkommt, sagt er gewöhnlich nicht: „Ich habe dieses Kriterium, das ich weniger wichtig werden lassen muß." Er klagt normalerweise darüber, sich in irgendeiner Weise unwohl zu fühlen. Während Sie Informationen einholen, bemerken Sie vielleicht ein bestimmtes Thema. Sie werden womöglich feststellen, daß er seine Gesundheit auf vielerlei Weise nicht ernst genug nimmt, oder daß es für ihn allzu wichtig ist, recht zu haben oder beherrscht zu sein. Wenn Ihnen ein Muster in verschiedenen Kontexten auffällt, ist dies ein Hinweis, daß die Veränderung von Kriterien nützlich sein kann.

Sie können sich, während Sie Informationen sammeln, überlegen, wie Sie vorgehen, indem Sie sich folgende Fragen stellen: „Welches sind die relevanten Kriterien? Was würde passieren, wenn einige von ihnen wichtiger oder weniger wichtig wären? Wäre das für die Person in bezug auf ihr Problem nützlich?"

Wir sind bei allen Übungen in diesem Seminar sehr gründlich, was Einzelheiten betrifft — wir lassen Sie präzise Informationen über viele Submodalitäten einholen, diese gründlich testen, usw. Wir halten dies für eine wertvolle Hintergrunderfahrung, weil es Ihnen ermöglicht, in Ihrem Denken eine vollständige Repräsentation dessen zu erlangen, wie diese Muster wirken. Wenn Sie erst einmal einige Routine haben, gründlich Informationen zu sammeln, brauchen Sie normalerweise mit Klienten nicht so sehr ins Detail gehen, um sie bei den Veränderungen zu unterstützen.

Ein einfacherer (aber etwas unsicherer) Weg, das mit einem Klienten zu machen, ist die Frage: „Was ist etwas Banales? Was ist etwas mit mittlerer Bedeutung? Was hat für Sie große Bedeutung?" Daraufhin erhalten Sie die Kriterien und können beobachten, wie er diese Kriterien repräsentiert.

Oft bitte ich jemanden einfach, an irgend etwas sehr Wichtiges zu denken, und beobachte, während er sich die Repräsentation zugänglich macht, seine nonverbalen Hinweise. Dann bitte ich ihn, an irgend etwas Belangloses zu denken, und beobachte ihn wiederum. Er wird fast immer auf zwei verschiedene Stellen blicken, und das ist alles, was ich brauche. Da die meisten Menschen die Hierarchie ihrer Kriterien nach räumlichen Gesichtspunkten einteilen, kann ich dies schnell überprüfen und muß nicht eine halbe Stunde auf eine genaue, detaillierte Informationssammlung verwenden.

Sie können alle diese Methoden „schnell und schlampig" in der wirklichen Welt machen, wenn Sie mit ihnen vertraut geworden sind. Falls Sie in Schwierigkeiten kommen, können Sie immer zurückgehen und genauere Informationen sammeln. Wenn sie jedoch schon *anfangs* beim Lernen dieser Muster „schnell und unordentlich" vorgehen, wird Ihre Arbeit am Ende nachlässig und ineffektiv sein, anstatt präzise und schnell. Die sorgfältige und mindestens mehrmalige Durchführung einer Methode ist eine äußerst wertvolle Erfahrung, die dafür sorgen wird, daß Ihre Arbeit sauber und systematisch bleibt.

Positive versus negative Kriterien

Hatte irgend jemand von Ihnen Zeit, den Unterschied herauszufinden zwischen dem, auf was eine Person zugeht, und dem, von was sie sich wegbewegt? Lassen Sie uns damit schnell in der ganzen Gruppe etwas spielen. Denken Sie an verschiedene Ihrer positiven Kriterien, an die Dinge, auf die Sie sich zubewegen, wie beispielsweise „Lernen", „Glück", „persönliche Sicherheit" oder „Leben erhalten". Beachten Sie die Submodalitäten dieser Vorstellungen ... Jetzt vergleichen Sie sie mit Vorstellungen derselben Kriterien, die negativ als etwas zu Vermeidendes formuliert sind: „Unwissenheit", „Unglück", Gefahr", „Tod". Welche Submodalitätsunterschiede zwischen diesen zwei Bilderserien gibt es? Bei welcher macht das Anschauen mehr Spaß? Bei der ersten Serie, nicht wahr?
Joe: Die Dinge, auf die ich mich zubewege, sind heller, farbiger, dreidimensional. Und sie sind eher Filme als Dias.

Stimmt das mit den Erfahrungen der anderen einigermaßen überein? Viele von Ihnen nicken. Alle diese Unterscheidungsmerkmale gehen oft mit Vorstellungen dessen einher, auf was Sie sich zubewegen. Die positiven Kriterien sind farbig, dreidimensional und mehr in Bewegung. Andererseits tendieren die negativ formulierten Kriterien — was Sie vermeiden oder wovon Sie sich wegbewegen — dazu, dunkel, ruhig und weniger farbig zu sein, etc. Oftmals sind sie reine schwarz–weiß Bilder, ohne jede analoge Abstufung. Wenn Menschen sich bedroht fühlen, greifen sie buchstäblich auf ein starres Schwarz–Weiß–Denken zurück und verlieren die Fähigkeit, sich die Dinge in Form eines Kontinuums vorzustellen. Die meisten ihrer Denkmöglichkeiten, wie z. B. andere Alternativen in Erwägung zu ziehen oder Variationen auf einem Kontinuum zu bemerken, sind für sie einfach nicht verfügbar, bevor sie sich nicht sicherer fühlen.

Wenn Sie in Lebensgefahr sind und schnell handeln müssen, ist es sehr sinnvoll, wenn Ihnen Ihr Gehirn im Sinne von Schwarz–Weiß– Denken sehr einfache Wahlmöglichkeiten anbietet. Wenn Sie jedoch nicht in Gefahr sind, ist diese Denkart absolut einschränkend.

Dies ist einer der Gründe, warum es sinnvoll ist, wohlformulierte Ziele positiv zu benennen. Überlegen Sie sich, wie grundlegend Sie die innere Erfahrung einer Person verändern können, wenn Sie nichts weiter machen, als den Zielrahmen zu benutzen, um die Aufmerksamkeit darauf zu richten, was sie will und worauf sie sich zubewegt, anstatt darauf, wovon sie sich wegbewegt und was sie nicht will.

Die Entdeckung dieser Zusammenhänge zwischen positiv und negativ formulierten Kriterien und ihren Submodalitätsunterscheidungen war für uns sehr interessant. Wenn Sie die Veränderung von Kriterien in Ihrem eigenen Leben und dem anderer Personen anwenden, werden Sie hoffentlich andere nützliche Unterscheidungen entdecken, die Ihr Verständnis für dieses nützliche Muster erhöhen.

5 Eliminierung von Zwängen

Die meisten Menschen kennen die Angewohnheit, in einer bestimmten Umgebung immer eine bestimmte Verhaltensweise oder Empfindung *ausführen oder haben zu müssen*. Selbst in einer fremden Wohnung *können sie nicht umhin*, schiefhängende Bilder gerade zu rücken. Manche Menschen fühlen sich buchstäblich wie unter einem Zwang stehend, Schokolade zu essen; *sie können ihr nicht widerstehen*, wenn welche in der Nähe ist. Und wenn sie nicht zur Hand ist, müssen sie womöglich welche kaufen gehen! Andere Menschen essen zwanghaft Eis oder Kartoffelchips. Einige Menschen können keinen Pfennig liegenlassen, den sie auf der Straße sehen, oder sie müssen in jeder Telefonzelle nachsehen, ob Wechselgeld vergessen wurde. Wieder andere stehen unter dem Zwang, die Zeitung vollständig von der ersten bis zur letzten Seite zu lesen, auch wenn sie dies eigentlich nicht tun wollen.

Die meisten dieser Zwänge sind ziemlich banal, obwohl jeder Eßzwang erhebliche Konsequenzen haben *kann*. Eine Technik, die wir „Compulsion Blowout"* genannt haben, ermöglicht Ihnen, auch sehr heftige, intensive Zwänge — oft in Minuten — zu beseitigen; es ist daher ein sehr wirkungsvolles Muster. Wir möchten, daß Sie es zuerst an einem banalen Zwang erproben. Wenn Sie dann die Methode gelernt haben, können Sie sie auf wichtigere Verhaltens– und Reaktionsweisen anwenden, die für Sie viel bedeutsamer sind. Der Compulsion Blowout ist gut für Verhaltens– oder Reaktionsweisen geeignet, die zu intensiv sind, um mit anderen Techniken wie z. B. dem Swish leicht beseitigt werden zu können.

Nachdem Sie einen Zwang eliminiert haben, werden Sie das betreffende Verhalten nach wie vor ausführen *können*; Sie werden es nur nicht mehr *gezwungenermaßen* tun müssen. Wenn Sie Ihren

---

* auf deutsch: Zerplatzen oder Durchbrennen eines Zwanges (Anm. d. Übers.).

Zwang, Schokolade zu essen, beseitigen, werden Sie immer noch welche essen können, Sie werden sich nur nicht mehr dazu getrieben fühlen. Wir haben einmal diese Methode mit jemandem demonstriert, der seinen Zwang beseitigen wollte, auf alle Telefonanrufe sofort reagieren zu müssen. Danach erwiderte er die meisten Anrufe immer noch baldmöglichst, sein Blutdruck stieg jedoch nicht mehr so stark wie vorher an, wenn sich ein weniger wichtiger Rückruf verzögerte.

Sie können dieses Muster auch benutzen, um Zwänge zu beseitigen, bei denen jemand wütend oder gewalttätig wird. Nehmen Sie jedoch beim ersten Versuch keine Reaktion, die mit Gewalt zu tun hat. Sie sollten die Struktur kennen und wissen, was Sie bei diesem Muster im einzelnen machen, bevor Sie es für irgend etwas Ähnliches verwenden.

Demonstration — Herausarbeitung von „Treiber"– Submodalitäten

Wir werden die Methode erst demonstrieren und dann erörtern, wie und wann sie auf ökologische Weise angewendet werden kann. Wir möchten, daß Sie sich für die Demonstration und die nachfolgende Übung einen ziemlich belanglosen Zwang aussuchen; irgend etwas, das Sie stark anzieht, wo Sie aber die Verhaltensweise nicht vermissen würden, wenn Sie sie los wären.

Zuerst werden wir rasch demonstrieren, wie man die Submodalitäten herausarbeitet, die den Zwang steuern. Wenn Sie das alle in einer Übung gemacht haben, werden wir fortfahren zu demonstrieren, wie man die Submodalitäten benutzt, um den Zwang zu beseitigen. Wer von Ihnen möchte herausfinden, wie Ihr Zwang funktioniert?

Okay, Rachel, wozu fühlen Sie sich gezwungen?

Rachel: Ich kann nicht widerstehen, Negerküsse zu essen. Ich werde von ihnen regelrecht angezogen.

Und was ist etwas Ähnliches, bei dem Sie sich neutral fühlen?

Rachel: Kekse ziehen mich nicht besonders an. Ich kann sie nehmen, oder es sein lassen.

Großartig. Und Sie haben nichts dagegen, wenn dieser Zwang eliminiert wird, stimmt's?

Rachel: Überhaupt nicht.

Gut. Jetzt möchte ich, daß Sie an Negerküsse denken, und sich vergegenwärtigen, wie sie aussehen, wenn Sie an sie denken. ... Und dann denken Sie an Kekse; vergegenwärtigen Sie sich, wie sie in Ihrer Vorstellung aussehen. ...

Jetzt überprüfen Sie die Submodalitätsunterschiede. Was ist anders an der Art, wie Sie Negerküsse sehen im Gegensatz zu der Art, wie Sie Kekse sehen?

Rachel: Die Negerküsse scheinen mir ein bißchen näher zu sein. Sie springen fast vom Teller. Ich nehme an, es ist nicht so, daß das ganze Bild näher da ist, sondern nur die Negerküsse. Die Kekse machen das nicht.

Gut. Welche anderen Unterschiede bemerken Sie?

Rachel: Die Negerküsse sind auch heller, und sie haben beinahe einen Lichtring um sich herum. Das ist alles, was ich bemerke.

Gibt es bezüglich dessen, wie die Dinge klingen, irgendein Unterscheidungsmerkmal?

Rachel: Nein. Ich höre bei beiden nichts.

Gibt es im kinästhetischen System irgendwelche Unterschiede, *neben* dem Gefühl, gezwungen zu sein?

Rachel: Na ja, ich fühle mich von ihnen angezogen.

Das ist ein Teil Ihrer Reaktion: das Gefühl des Zwanges. Es geht jetzt nur darum, vielleicht irgendwelche kinästhetischen Empfindungen zu entdecken, die womöglich diese Reaktion *aufbauen* helfen.

Wir kennen nun mehrere Submodalitätsunterschiede. Daher haben wir einige Vermutungen, wie Rachels Gehirn den Satz „Ich muß etwas bekommen" kodiert. In diesem Fall sind sie alle visuell. Indem es ihre Bilder auf eine bestimmte Art kennzeichnet, weiß Rachels Gehirn sofort, einfach durch einen Blick auf das Bild, welche Dinge sie bekommen muß, wie eben Negerküsse, und bei welchen Dingen sie die Wahl hat, wie bei Keksen.

Im nächsten Schritt versuchen wir in einem Test herauszufinden, welcher dieser Submodalitätsunterschiede der wichtigste „Treiber" ist, der ihre zwanghafte Reaktion kreiert.

Rachel, werfen Sie einen Blick auf das Bild der Negerküsse. Versuchen Sie, die Negerküsse etwas näher heranzuholen. Lassen Sie sie ein bißchen mehr vom Teller springen. Fühlen Sie sich daraufhin mehr oder weniger dazu gezwungen, diese Negerküsse zu essen?

Rachel: (Ihre Haut schaut etwas mehr durchblutet aus, und sie macht

Bewegungen mit dem Mund.) Ja, der Wunsch nach ihnen wird sofort stärker.

Okay. Jetzt bewegen Sie die Negerküsse zurück auf den Teller. Ändert dies Ihre Reaktion?

Rachel: Dann läßt der Wunsch etwas nach.

Jetzt versuchen wir, die Helligkeit zu verändern. Machen Sie die Mohrenköpfe ein bißchen heller. Ändert dies Ihre Reaktion?

Rachel: Ja, aber nicht so stark. Ich denke, als ich die Negerküsse mehr vom Teller springen ließ, wurden sie gleichzeitig etwas heller. Wenn ich sie nur heller mache, fühle ich keinen großen Unterschied.

Dies deutet darauf hin, daß die Nähe eine treibende Submodalität ist; sie steuert Rachels Reaktion und verändert die Helligkeit ebenso. Lassen Sie uns noch einmal testen. Versuchen Sie, den Lichtring stärker werden zu lassen. ...

Rachel: Das läßt den Wunsch intensiver werden — aber nicht so sehr wie das stärkere „vom Teller springen" der Negerküsse.

Versuchen Sie, den Lichtring schwächer werden zu lassen. ...

Rachel: Es läßt mich etwas weniger auf die Negerküsse reagieren, aber ich will sie immer noch.

Nun wissen wir, daß die Schlüsselsubmodalität, die Rachels Reaktion steuert, darin besteht, daß das Bild auf sie zu und vom Hintergrund weg springt.

Übung

Als nächstes möchten wir, daß Sie alle dies bis hierher selbst machen. Sie sollen im Moment nur so weit gehen. Stellen Sie sicher, daß Sie einen Zwang nehmen, bei dem es Sie nicht stören wird, ihn loszuwerden, weil Sie ihn nach der Übung wahrscheinlich nicht mehr haben werden. Sie könnten sich fragen: „Würde ich im Leben ohne diesen Zwang irgend etwas vermissen?" Da Sie ihn verlieren werden, wollen wir sicher sein, daß es Ihnen ohne ihn besser gehen wird.

Wenn Ihnen ein Zwang eingefallen ist, denken Sie an ein ähnliches Verhalten, zu dem Sie sich *nicht* gezwungen fühlen. Wenn es sich darum handelt, daß Sie alle Comics lesen *müssen*, kann es sein, daß Sie nicht alle Sportseiten lesen müssen. Wenn Sie unter dem Zwang stehen, Kaffee zu trinken, müssen Sie vielleicht nicht Tee trinken — Sie können ihn trinken oder es sein lassen. Wenn Sie sich übermäßig gezwungen fühlen, jedes schmutzige Geschirr in der Küche abzuspülen, treibt es Sie vielleicht nicht, die Fußböden zu wischen. Je ähnlicher die zwei Verhaltensweisen sind, um so besser. Stellen Sie sicher, daß Sie etwas *Neutrales* als nicht zwanghaftes Verhalten nehmen. Wählen Sie *nichts*, was Sie abstößt, weil Abneigung und Anziehung tatsächlich sehr nahe beieinander liegen. Beides sind Ausprägungen von Zwängen; nur die *Richtung* des Zwanges ist unterschiedlich: von etwas weg, anstatt auf etwas zu. Wenn Sie den Zwang haben, Schokolade zu essen, wählen Sie ein Lebensmittel, das Sie essen können, das Sie aber nicht unbedingt *haben müssen*. Nehmen Sie keine Lebensmittel, die Sie verabscheuen.

Wenn Sie diese zwei Erfahrungen ausgewählt haben — zwanghaft versus neutral — machen Sie eine kontrastierende Analyse. Welche Submodalitätsunterschiede gibt es, und welche Submodalität steuert den Zwang? Vergewissern Sie sich, alle Repräsentationssysteme zu überprüfen. Finden Sie den Unterschied heraus, der bedeutsam ist.

Es gibt mehrere Wege, um festzustellen, welche Submodalitäten die „Treiber" sind. Wir hätten Rachel die Kekse als neutrale Erfahrung ansehen lassen und sie veranlassen können, die Kekse aus dem Teller springen zu lassen. Wir könnten herausfinden, ob ihr dies das Gefühl vermittelt, Kekse essen zu müssen. Wenn Sie auf diese Art testen, vergewissern Sie sich, daß die Person jede Submodalität nur ein bißchen verändert, und zwar ziemlich langsam. Wenn sie es zu schnell macht, installieren Sie womöglich einen anderen Zwang! Etwas sicherer ist ein Test, bei dem die Zwangserfahrung selbst verändert wird, wie wir es demonstriert haben. Überprüfen Sie jeden Submodalitätsunterschied zwischen der neutralen Erfahrung und der Zwangserfahrung. Es ist eine gute Idee, zweiseitig zu testen — also die Person das Bild zuerst heller, ... und dann dunkler machen zu lassen.

Helen: Suchen wir nach einer einzelnen Submodalität?

Bei Zwängen steuert normalerweise eine Submodalität die anderen. Wenn Sie zwei „Treiber" finden, ist das gut.

Gehen Sie sicher, daß Sie eine *analoge* Submodalität finden, die den Zwang steuert — eine, die Sie kontinuierlich innerhalb eines gewissen Bereichs variieren können. Eine digitale Submodalität wird bei diesem Muster nicht funktionieren. Wir werden das später ausführlicher erläutern.

Nachdem Sie die Submodalitätsunterschiede identifiziert und überprüft haben, um den bzw. die „Treiber" zu finden, sollen Sie noch etwas machen, was wir nicht demonstriert haben. Stellen Sie fest, ob Sie den Zwang beseitigen können, indem Sie einfach nur den „Treiber" *reduzieren*. Nehmen wir an, Sie entdecken, daß die treibende Submodalität für Ihre Partnerin die Größe ist; wenn das Eis größer wird, wird ihr Verlangen danach stärker. Sie sollen herausfinden, ob Sie sie von diesem Zwang befreien können, indem Sie einfach nur das Eis kleiner aussehen lassen. Sie wissen schon, daß dies zeitweilig das Gefühl des Zwanges bei Ihrer Partnerin reduzierte, als Sie es überprüften. Die Frage ist nur, ob Sie ihren Zwang auf diese Weise *dauerhaft* beseitigen können. Bitten Sie Ihre Partnerin, zuzusehen, wie das Eis kleiner wird, bis sie es anschauen und sagen kann, „Nein, es zieht mich jetzt nicht an" oder „Ich könnte es haben, aber ich muß nicht". Wenn Sie dann ein paar Minuten über etwas anderes gesprochen haben, überprüfen Sie das erneut. Lassen Sie sie an das Eis denken, und stellen Sie fest, ob sie sich gezwungen fühlt, es zu haben, oder ob sie sich neutral fühlt. Sie sollen herausfinden, ob eine einfache Verringerung der treibenden Submodalität den Zwang beseitigen wird.

Nehmen Sie sich jeweils zehn Minuten Zeit, diese Übung zu machen, und kommen Sie dann für den nächsten Schritt zurück.

Übungsstruktur
1. Denken Sie an einen kleinen Zwang.
2. Denken Sie an irgend etwas Ähnliches, auf das Sie neutral reagieren.
3. Identifizieren Sie die Submodalitätsunterschiede.
4. Machen Sie einen Test, um die wirksamste „Treiber"–Submodalität zu finden

Diskussion

Tom: Ich arbeitete mit Bob, und als ich ihn nach den Submodalitätsunterschieden fragte, meinte er, er hätte keine bemerkt.

Wenn Ihr Partner die Unterschiede nicht wahrnimmt, gibt es mehrere Wege, die wichtigen Submodalitäten zu entdecken. Sie können fragen: „Was müssen Sie mit dem Bild von dem Zwang machen, damit Ihr Verlangen *stärker* wird?" Die Person wird Ihnen oft einfach erzählen: „Wenn ich es größer mache, wird das Verlangen stärker."

Sie können ihn auch versuchen lassen, seinem Zwang zu *widerstehen*. Geben Sie zuerst die Szene vor. Wenn es sich um Schokolade handelt, können Sie sagen: „Stellen Sie sich vor, ein Teller voll Schokolade steht gerade vor Ihnen. Nun drehen Sie sich um und gehen weg. ... Was geschieht dann? Wird Ihr Verlangen nach der Schokolade stärker? Wie merken Sie, daß es stärker wird?" Gewöhnlich wird er, während er weggeht, ein stärkeres Verlangen spüren, und Sie können ihn bitten, darauf zu achten, was mit dem Bild passiert, während sein Verlangen wächst. Wenn Sie die Person in ein Szenario hineinstellen, das den Wunsch übertreibt, wird normalerweise der „Treiber" offenkundiger. Einige Menschen geben ihren Zwängen so schnell nach, daß sie gar keine Zeit haben, zu erkennen, was sie treibt.

Ein Schlüsselelement, um jemandem zu helfen, zu einem Zwang Zugang zu bekommen und Ihnen Informationen zu geben, ist, sich selbst einen typischen Zwangszustand zu vergegenwärtigen. Wenn Sie eine „na ja, mhm"-Haltung einnehmen und sich kühl und distanziert benehmen, wie wenn Sie sich nicht um den Gegenstand seines Zwanges kümmern, wird Ihr nonverbales Verhalten ihn eher von seiner Erfahrung dissoziieren und seine Reaktion reduzieren. Dies wird ihm den Zugang zu seiner zwanghaften Reaktion erschweren. Wenn Sie mit Ihrem ganzen nonverbalen Verhalten einen „zwanghaften Zustand" vermitteln, wird er eher mit Ihnen zusammen hineinkommen. „Was müssen Sie mit diesem Bild machen, daß Sie es *mehr* wollen und so begeistert von diesem köstlichen Stück Schokolade sind, daß Ihnen dabei das *Wasser im Mund zusammenläuft*?"

Oftmals wird der „Treiber" auf einen „Figur–Grund"–Submodalitätsunterschied hinauslaufen. Bei Rachel kamen die Negerküsse näher, während der Teller an seinem Platz blieb. Die Negerküsse hatten auch einen Lichtring um sich herum, der sie vom Hintergrund trennte.

Wenn die Person nichts findet, was sie visuell anzieht, gehen Sie die anderen Repräsentationssysteme durch. Gibt es irgend etwas Auditives oder Kinästhetisches? Während der Übung sagte Charles:

„Ich schaffe es nicht. Ich bemerke keinen Unterschied. Ich kann nicht herausfinden, in welcher Art und Weise ich die Anziehungskraft verändern soll." Ich schuf einige Szenarios für ihn, ähnlich wie jene, die ich gerade beschrieben habe, aber wir konnten nichts finden. Ich testete einige der Standardsubmodalitäten, „Machen Sie es heller, holen Sie es näher heran", aber keine hatte irgendwelche Auswirkungen. Dann fragte ich: „Hören Sie irgend etwas?" Ihm kam sofort eine Stimme ins Bewußtsein. „Machen Sie sie lauter." „Oh ja, das bringt's!" Wenn die Person keine visuellen Unterschiede bemerkt, bitten Sie sie, die anderen Repräsentationssysteme zu überprüfen.

Ruth: Ich muß immer Kaffee trinken, und ich denke, es ist rein kinästhetisch. Ist das möglich?

Es ist möglich, aber nicht sehr wahrscheinlich. Normalerweise sprechen Leute, die Ihnen erzählen, „es ist rein kinästhetisch", über das Gefühl des Verlangens an sich. Wir wissen, daß das ein Gefühl ist. Wir wollen jedoch wissen: „Wie bildet Ihr Gehirn dieses Gefühl des Verlangens? Sie bekommen dieses Gefühl vermutlich nicht, wenn Sie daran denken, Motoröl zu trinken. Was ist daran anders?" Gewöhnlich ist das Bild, das Sie sich vom Kaffee selbst machen, anders.

Falls eine kinästhetische Empfindung Ihren Zwang, Kaffee zu trinken, gesteuert hat, müßte es eine taktile oder propriozeptive Empfindung sein — das Gefühl von Kaffee auf Ihrer Zunge oder in Ihrem Mund —, das Sie identifizieren müssen, nicht das daraus resultierende Meta–Gefühl des Verlangens.

Ein Raucher hatte eine seltsame taktile Empfindung, die in seinem Nacken begann, nach oben stieg, seinen Kopf erreichte und anfing, ihn einzuhüllen. Die entscheidende Submodalität war das Ausmaß dieser Empfindung; wenn das Gefühl sich mehr ausweitete, wurde der Zwang zu rauchen stärker. Als ich dies ausprobierte, mochte ich es auch nicht! Ich könnte sogar rauchen, wenn ich das hätte! (Lachen) Diese taktile Empfindung war anders als das Gefühl des Verlangens. Wenn Sie eine Körperempfindung haben, stellen Sie mit Hilfe eines Tests sicher, daß die Empfindung verwendet werden kann, um das Verlangen aufzubauen, und daß sie nicht nur eine andere Art der Wunschreaktion selbst ist.

Was passierte, als Sie versuchten, die treibende Submodalität einfach zu verringern und damit den Zwang zu beseitigen? War jemand von Ihnen dabei erfolgreich?

Mann: Ich konnte es für eine Weile verringern, aber das zwanghafte Gefühl schien sich immer wieder anzuschleichen.

Ja, das geschieht gewöhnlich. Wenn Sie den Zwang durch eine einfache Verringerung der treibenden Submodalität dauerhaft beseitigen können, dann war es wahrscheinlich eigentlich kein Zwang, jedenfalls nicht das, was wir darunter verstehen. Es war wahrscheinlich etwas Schwächeres, eher ein Verlangen. Falls irgend jemand von Ihnen einen „Zwang" erfolgreich auf Dauer beseitigen konnte, indem er nur den „Treiber" reduzierte, sollte er irgendeinen anderen Zwang für den Rest der Übung verwenden.

Die meisten von Ihnen haben genau identifiziert, was Ihre Zwänge steuert, und Sie haben dies sehr gründlich gemacht; das ist beim Erlernen des Musters auch angemessen. Sie müssen sich die Zeit nehmen, es zu erkunden. Wenn Sie es ein paarmal angewendet haben, werden Sie anfangen, die treibende Submodalität bei der Beobachtung des Klienten schnell identifizieren zu können und nicht auf die Überprüfung solch einer langen Liste von Submodalitäten angewiesen sein.

Bei der Erkundung der Submodalitäten sollten Sie eine präzise Sprache verwenden. Fragen Sie genau nach dem, was Sie wissen wollen. Es ist nicht spezifisch genug zu sagen: „Machen Sie es größer. Was denken Sie jetzt?" „Oh, jetzt mag ich es wirklich." Das wollen Sie eigentlich nicht wissen. Sie möchten erfahren: *„Wird Ihr Verlangen stärker*, wenn Sie es größer machen; ist der Drang für Sie unwiderstehlich?" Vergewissern Sie sich, genau nach der Reaktion zu fragen, an der Sie interessiert sind. Sie kümmern sich nicht darum, ob die Veränderung eine andere Reaktion hervorruft. Ann mochte das Bild von einem Eis mehr, als sie es größer machte, aber sie fühlte keinen stärkeren Zwang, es essen zu müssen. Manchmal wird die Person das Bild verändern und plötzlich traurig werden oder ein anderes Gefühl bekommen. Dies kann eine stärkere Reaktion sein, aber *es ist nicht diejenige, über die Sie Bescheid wissen müssen.*

Zwänge

Zwänge bestehen normalerweise aus einer Abfolge von vier Elementen:

1. *Vorstellung des Objekts des Zwanges.* Normalerweise ist sie visuell,

seltener auditiv oder kinästhetisch. Diese Repräsentation läßt die Person wissen, daß es an der Zeit für den Zwang ist.

2. *Submodalitätsmäßige Verzerrung der Vorstellung.* Die Person ändert ihre interne Repräsentation in einer bestimmten Richtung. Obwohl mehr als eine Submodalität betroffen sein und die Veränderung in einigen oder allen Repräsentationssystemen auftreten kann, gibt es gewöhnlich eine einzige analoge Submodalität, oft eine visuelle, die den Zwang treibt und ihn unwiderstehlich werden läßt.

3. *Das Gefühl des Zwanges.* Hierbei handelt es sich um das kinästhetische Meta–Gefühl, etwas unbedingt tun zu müssen und dabei keine andere Wahl zu haben.

4. *Das zwanghafte Verhalten.* Das Gefühl, zu etwas gezwungen zu sein, führt oft zu einem Verhalten, das die Person *einfach tun muß,* wie z. B. Nägelbeißen, Schokolade essen, etc. Falls es sich um eine eher allgemeine emotionale Reaktion handelt, wie z. B. Ärger, ist es auch möglich, daß die Person keine bestimmte verhaltensmäßige Antwort zeigt.

Demonstration — Eliminierung eines Zwanges

Nun werden wir den „Compulsion Blowout" demonstrieren. Wir werden die Information benutzen, die Sie vorher gewonnen haben, um den Zwang zu beseitigen. Wer von Ihnen hat einen Zwang, den Sie gerne loswerden würden?

Fred: Ich habe einen.

Haben Sie die „Treiber"–Submodalität schon identifiziert? (Ja.) Na dann mal los; können wir den Inhalt erfahren?

Fred: Sicher. Ich liebe Pistazien. Schon wenn ich über sie rede, läuft mir das Wasser im Mund zusammen!

Gut. Was brauchen Sie, damit Ihr Verlangen stärker wird? Sie sind darin schon geübt, stimmt's? (Fred seufzt und dreht seine Augen nach oben.) Sie sehen etwas, nicht wahr? Was machen Sie mit dem Bild, um Ihr Verlangen nach ihnen noch mehr zu steigern?

Fred: Das Bild wurde immer schärfer und härter.

Und das reicht aus? Scheint so! Hat Ihr Partner irgendwelche anderen Submodalitäten getestet?

Frau: Ja. Als wir ihn dazu brachten, sich das Bild einer Pistazie vor seinem geistigen Auge heranzuzoomen und es dabei sehr groß werden zu lassen, bewirkte dies eine Veränderung.

Okay. Drei Submodalitätsunterschiede wurden genannt: Schärfe, Heranzoomen und Größe. Ich muß den einen herausfinden, der entweder alle anderen automatisch in Gang bringt oder der der Bedeutsamste ist. Fred, was sehen Sie am Anfang, ein Bild mit einem ganzen Haufen von Pistazien oder eine einzelne, oder was immer?

Fred: Es ist ein Teller voll Pistazien.

Okay, ein Teller voll Pistazien. Ich möchte, daß Sie sich eine Pistazie vor Ihrem geistigen Auge heranzoomen. ... Ja, wir können sehen, daß das Heranzoomen eine starke Reaktion hervorruft.

Jetzt gehen Sie bitte wieder zum normalen Bild von vorher zurück und machen dann das ganze Bild größer. Achten Sie auf Ihre Reaktion.

Fred (mit einer tiefen Stimme, gehaucht): Sie meinen, ... mehr von ihnen sehen?

Das habe ich nicht gemeint, aber Sie könnten es ausprobieren. Was passiert, wenn Sie das machen? ...

Fred: Ich bin überrascht, daß es nicht viel veränderte.

Wir erhalten nicht die gleiche nonverbale Reaktion, nicht wahr? Er schaut nicht so überwältigt aus. Jetzt probieren Sie, Fred, den Teller mit den Pistazien zu nehmen und jede einzelne von ihnen größer zu machen. ... Auch das läßt ihn nicht so stark reagieren wie das Heranzoomen. Lassen Sie jetzt die Pistazien wieder normal groß werden, und machen Sie den Teller mit Pistazien sehr deutlich ...

Nein, das bringt's auch nicht. Lassen Sie uns eine andere Submodalität ausprobieren. Nehmen Sie den Teller mit Pistazien und holen Sie ihn näher zu sich heran, anstatt ihn heranzuzoomen.

Fred: Ich kann sie sogar riechen, wenn ich das mache!

Aber läßt es Ihr Verlangen anwachsen? Uns interessiert weniger, ob Sie sie riechen können. ...

Fred: Nein, das Verlangen ist nicht stärker.

Heranzoomen ist es, was Sie dahin bringt, nicht wahr? Jedem läuft das Wasser im Munde zusammen! Wir hätten dies vor dem Essen machen sollen.

Fred: Ich hatte ein Pistazien–Sandwich... (Lachen).

Bevor wir Ihren Zwang platzen lassen, sollen Sie wissen, daß Sie danach immer noch die Wahl haben werden, Pistazien zu essen und zu genießen, wann immer Sie dies wollen. Sie werden nur nicht ein zwanghaftes Verlangen danach haben. Sind Sie unter dieser Voraussetzung sicher, daß Sie Ihren Zwang eliminieren wollen, oder bereitet er Ihnen so viel Vergnügen, daß Sie ihn für immer behalten wollen?

Fred: Nein, nein. Ich kann keine Pistazien im Haus haben, weil ich sie alle auf einmal aufessen würde. Ich wäre gerne in der Lage, einige auf Vorrat zu haben.

Okay. Fred, Sie haben ein Bild von einem Teller mit Pistazien, nicht wahr? Ich möchte, daß Sie jetzt folgendes tun. Nehmen Sie das Bild dieses Tellers, und zoomen Sie es, auf eine Pistazie gerichtet, vollständig und sehr schnell heran, so daß Sie *absolut* heiß darauf werden. Dann beginnen Sie wieder von vorne damit, den ganzen Teller voller Pistazien zu sehen, und zoomen ihn wieder schnell heran.

Ich möchte Sie darauf hinweisen, daß dies Ihr zwanghaftes Gefühl verstärken wird. Wenn Sie zu irgendeinem Zeitpunkt das Gefühl haben, daß es so stark wird, daß Sie es nicht aushalten können, bedeutet das, daß Sie es richtig machen und nur noch ein bißchen weitermachen müssen.

Zoomen Sie es wieder und wieder heran, bis Sie diese Pistazie stärker als jemals zuvor haben wollen. Wiederholen Sie dies, bis Sie eine qualitative Veränderung Ihrer Reaktion bemerken. ... Schneller und schneller ... So ist es richtig, sogar noch schneller, bis Sie es nicht mehr schneller machen können. ... Genau. Großartig! Irgend etwas hat sich eben verändert, stimmt's?

Fred: Allzu groß. Es wird zu groß und verschwindet. Es ist nichts da, um danach zu greifen.

Das ist ein Weg, es auszudrücken. Lassen Sie uns jetzt ein bißchen reden und dann testen.

Fred: Warum holt nicht irgend jemand ein paar Pistazien? (Lachen)

Gute Idee; wir werden einen Test in der Realität machen! Wenn Sie jetzt an Pistazien denken, wollen Sie sie haben? ...

Fred: Nein. Ich kann sie nicht heranzoomen. Ich sehe jetzt nur den ganzen Teller. Normalerweise sehe ich den Teller, zoome eine einzelne Pistazie heran und nehme sie. Aber jetzt sehe ich nur den Teller.

Sind Sie sicher? Probieren Sie, es zurückzuholen.

Fred: Vielleicht kann ich daran arbeiten. (Lachen)

Sally: Was wäre, wenn direkt neben Ihnen ein Teller voller Pistazien stände? ...

Fred: Da ist irgend etwas anders geworden.

Sally: Die Position des Bildes hat sich verändert. Es war vor dem Zoomen anders.

Das ist eine gute Beobachtung. Wenn er *nun* Pistazien visualisiert, schaut er auf eine andere Stelle als vorher. Dies ist eine weitere Bestätigung. Die Pistazien sind nun an der Stelle, wo das nicht überwältigende Bild war. Weiß jemand, wo wir ein paar Pistazien bekommen können?

Fred: Sie können sie unten im Hotel im ersten Stock kaufen.

Okay. Wir werden ein paar holen und es später am Nachmittag ausprobieren! Hat irgend jemand Fragen an Fred?

Bill: Fred, was waren Ihre inneren Empfindungen, als Sie den Blowout gemacht haben?

Fred: Ich sah den Teller und zoomte eine einzelne, äußerst deutliche Pistazie heran. Je mehr ich das machte, desto stärker spürte ich, wie irgend etwas mich zurückhielt.

Und was passierte dann?

Fred: Na ja, das war kein angenehmes Gefühl. Die eine Pistazie wurde größer und größer, und irgendwann hatte sie eine Größe erreicht, die nicht mehr natürlich erschien.

Dies ist eine typische Beschreibung, was passiert, wenn man über einen kritischen Punkt, eine Schwelle hinaus geht. Ihr Gehirn hat eine Schwelle an beiden Enden des Spektrums. Nehmen wir das Beispiel einer Person, die unter dem Zwang steht, Schokolade zu essen, wobei die Größe die treibende Submodalität wäre. Wenn ihr Bild der Schokolade *sehr* klein ist, sieht es einfach nur wie ein schwarzer Fleck aus und wird überhaupt keinen Effekt haben. Eine geringe Vergrößerung des Bildes ermöglicht ihr, über eine untere Schwelle zu gehen, wobei ihr Gehirn es als irgend etwas sehr Verlockendes erkennt, das sie bekommen muß. Während sie es größer werden läßt, fühlt sie sich immer mehr unter dem Zwang, bis die Schokolade *allzu* groß ausschaut und ihre Reaktion über die obere Schwelle gehen wird. Wenn es *zu* groß ist, erkennt ihr Gehirn es nicht länger als etwas, was sie unbedingt haben muß. Jetzt sieht ihr Gehirn es an und ordnet es in eine andere Kategorie ein, z. B. als „lächerlich" oder „plump". Wenn Sie dies schnell genug machen, wird die Veränderung dauerhaft.

Als wir diese Methode lernten, setzte Steve sie ein, um seinen Zwang, Comics zu lesen, platzen zu lassen. Er *mußte* jeden Comic lesen, auch diejenigen, die er nicht mochte. Wenn er versuchte, einen zu überspringen, den er nicht besonders mochte, kam es ihm vor, als ob eine graue, schimmelige Substanz rund um den Comic entstehen würde. Je weiter er sich von diesem Comic entfernte, um so größer wurde der Schimmel, und um so mehr fühlte sich Steve zu diesem Comic zurückgezogen. Er ließ den Schimmel daher sehr schnell immer größer werden, bis dieser einfach keinen Zwang mehr auszuüben schien. Dann ging er zurück und machte einen Test; als er den Comic ausließ, war ihm dies egal; es kam ihm vor, als ob eine dünne schwarze Schicht aus zerfallendem Schimmel über dem Cartoon lag. Seine Erfahrung hatte sich dauerhaft verändert.

Der Compulsion Blowout ist ein Beispiel für ein „Schwellen"–Muster, bei dem Sie eine sehr starke Reaktion *verstärken*, anstatt den Versuch zu unternehmen, sie zu reduzieren oder zu eliminieren. Sie intensivieren sie so sehr und so schnell, daß sie an einem bestimmten Punkt über die Schwelle gelangt und „zerknallt". Dies ist ein ähnlicher Vorgang wie beim Aufblasen eines Ballons. Eine Zeitlang macht jeder Atemzug, den Sie hineinblasen, den Ballon größer. Wenn Sie jedoch immer weiter Luft in den Ballon blasen, wird er schließlich platzen. Wenn er geplatzt ist, können Sie den Ballon nicht zurückbekommen, indem Sie den letzten Atemzug wieder herausnehmen. Tatsächlich werden Sie ihn überhaupt nicht ohne viel Mühe zurückbekommen! Ein anderes Beispiel ist das Verbiegen eines Stück Metalls oder eines Drahtes vorwärts und rückwärts, bis es bricht. Wenn es einmal zerbrochen ist, können Sie das Stück Draht nicht durch einfaches Verbiegen zurückbekommen.

Es gibt zwei Arten einen Blowout zu machen:
1. Verstärkung einer einzigen Submodalität.
2. Die wiederholte „Ratschen"–Methode.

Bei der ersten Vorgehensweise wird die treibende Submodalität rasch bis zu so einem Ausmaß verstärkt, daß die kinästhetische Reaktion eine obere Schwelle überschreitet und „zerknallt" — was Steve gemacht hat. Wenn Freds treibende Submodalität die Größe gewesen wäre, hätte er den Teller Pistazien nehmen und dieses Bild sehr schnell immer größer werden lassen können, bis seine Reaktion „zerknallt" wäre.

Bei der „Ratschen"–Methode, die ich mit Fred benutzte, wird eigentlich die erste Methode immer wieder in rascher Abfolge wiederholt. Sie nehmen bei dieser Methode die treibende Submodalität und verstärken sie sehr schnell. Dann beginnen Sie wieder mit dem Bild im Originalzustand und intensivieren die Submodalität wiederum sehr schnell. Sie machen dies immer wieder in rascher Folge, um die kinästhetische Empfindung, unter einem Zwang zu stehen, zu verstärken. Um Ihnen ein Beispiel zu geben nehmen wir an, daß eine Verstärkung der Helligkeit den Zwang vorantreibt. Ich beginne, indem ich die Person das Bild sehen lasse und dann rasch die Helligkeit verstärke. Dann soll die Person sofort das Bild in seiner Originalhelligkeit sehen und es in Stufen wieder heller machen. Sie machen dies immer wieder sehr schnell, bis etwas „zerknallt" oder „platzt". Nach diesem Knall ändert sich die Reaktion der Person und sie steht nicht länger unter dem Zwang.

Dies funktioniert ähnlich wie ein Wagenheber beim Auto. Sie drücken den Griff des Wagenhebers herunter, und das Auto bewegt sich etwas nach oben. Sie drücken den Wagenhebergriff wieder nach unten, und das Auto geht etwas weiter in die Höhe. Bei jedem Drücken des Griffes kommt das Auto immer höher. Der Wagenhebergriff entspricht der Submodalität, die Sie wie eine Ratsche benutzen: Größe, Helligkeit, etc. Das Emporsteigen des Autos steht für die Verstärkung Ihrer kinästhetischen Empfindung, unter einem Zwang zu stehen.

Mit beiden Methoden verstärken wir sehr schnell die Reaktion, etwas haben zu wollen, bis die Person eine Schwelle überschreitet und ihre Reaktion zusammenbricht. Wenn der Zwang der Person „zerknallt", können Sie gewöhnlich auch von außen eine Veränderung wahrnehmen. Sie können sehen, wie sich ihre nonverbale Reaktion immer mehr intensiviert und dann plötzlich zu wachsen aufhört und nachzulassen beginnt.

Bei beiden Methoden variieren Sie eine Submodalität in einem bestimmten Bereich, um die kinästhetische Reaktion zu verstärken. Deshalb brauchen Sie eher eine analoge Submodalität als eine digitale.

Die Trägheit oder Dauerhaftigkeit des kinästhetischen Systems bewirkt, daß diese „Ratschen"–Methode funktioniert. Sie können innere Bilder oder Klänge vor dem geistigen Auge und Ohr sehr schnell ändern, ohne daß das alte Bild oder der alte Klang weiter fortbesteht. Wenn Sie jedoch ein wirklich intensives Gefühl haben, dauert es viel länger, bis es sich in irgendein anderes Gefühl verwandelt. Mit starken gefühlsmäßigen Zuständen gehen viele hormonale und chemische Veränderungen einher, so daß Ihr Körper einige Zeit braucht, um zu einem neutralen Zustand zurückzukommen.

Nehmen wir z. B. an, daß Sie überzeugt sind, in Lebensgefahr zu sein, und daß Ihr Körper anfängt, Adrenalin zu produzieren. Wenn Sie dann erkennen, daß es tatsächlich gar keine Gefahr gibt, dauert es noch eine ganze Weile, bis Sie sich gefühlsmäßig wieder beruhigt haben.

Da Gefühle dazu tendieren, bestehen zu bleiben, haben Sie genügend Zeit, sehr schnell zu einem kleinen Bild zurückzugehen und es immer wieder größer zu machen. Jedes Mal, wenn Sie die Größe des Bildes anwachsen lassen, gehen Ihre Gefühle von der Stelle aus, an der Sie vorher aufgehört haben, und verstärken sich weiter.

Sam: Also wird es nicht funktionieren, wenn man es langsam macht?

Genau. Sie werden die Intensität des Zwanges steigern und es damit nur verschlechtern.

Fred: Wenn Sie es langsam gemacht hätten, hätte das mein Verlangen nach Pistazien verstärkt, glaube ich, weil jedes Mal, wenn wir mit meiner Submodalität herumexperimentierten ... puh! Mir lief das Wasser im Mund zusammen und ich wollte das Bild weiterhin kommen lassen.

Viele Leute machen den Fehler, es zu langsam zu machen. Wenn Sie dieses Muster zu langsam ausführen, könnten Sie am Ende den Zwang einer Person verstärken, und diese in einen Zustand manövrieren, in dem sie nur noch sagt: „Oh! Nun bin ich *tatsächlich* heiß auf Pistazien!"

Fred: Sie auch, hä? (Lachen)

Wenn der Blowout nicht funktioniert, lassen Sie die Person wahrscheinlich nicht schnell genug vorgehen. Wie können Sie jemand dazu bringen, dies schneller zu machen?

Dennis: Indem ich immer schneller rede.

Richtig. Wenn Sie seehhr laangssaam sprechen, wird die Person die Schwelle wahrscheinlich nicht überschreiten. Sie können die Geschwindigkeit auch mit einer raschen Handbewegung oder einem Geräusch andeuten. Sie könnten mit den Fingern schnalzen oder sagen „sehr schnell — sssst", oder irgend etwas anderes machen, was die Person wissen läßt, daß „schnell" für *„im Bruchteil einer Sekunde"* steht! „Schnell" bedeutet nicht fünf Sekunden im Gegensatz zu fünf Jahren. Eine nonverbale Geste kann die spezielle Submodalitätsveränderung deutlich machen, genauso wie die Geschwindigkeit. Wenn Sie wollen, daß jemand das Bild näher heranholt, können Sie Ihre Hand dahin halten, wo das Bild anfangen soll, wobei Ihre Handinnenseite zu ihm zeigt, um das Bild zu repräsentieren. Dann bewegen Sie Ihre Hand schnell auf ihn zu. Sie können dabei sagen: „Lassen Sie Ihr Bild schnell auf sich zukommen, so wie das hier." Wenn Sie wollen, daß er das Bild größer macht, können Sie beide Hände benutzen, um einen Rahmen um ein kleines Bild zu legen, und dann Ihre Hände schnell nach außen bewegen und damit den Rahmen ausdehnen. Sie können dann diese Gesten und Geräusche als Anker benutzen, um Ihrem Partner zu helfen, dieses Muster schnell zu machen. Es ist auch hilfreich, hypnotische Sprachmuster zu verwenden, um zu implizieren, daß der Prozeß von selbst immer schneller und schneller werden wird.

Sie können ruhig ein bißchen lächerlich wirken, während Sie diesen Prozeß vormachen, weil das Ihrem Partner erlauben wird, sich ebenfalls lächerlich zu benehmen. Manchmal muß man sich etwas verrückt verhalten, um über die Schwelle zu kommen.

Bill: Wie entscheiden Sie, welche Blowout–Technik Sie benutzen: eine einzige Steigerung oder die „Ratschen"–Methode?

Einige Submodalitäten können ohne jede Begrenzung gesteigert werden. Die Größe ist so ein Fall; Sie könnten theoretisch die Größe immer weiter anwachsen lassen und niemals aufhören. Sie können im allgemeinen diesen Typ von Zwang beseitigen, indem Sie die relevante Submodalität soweit verstärken, bis die Reaktion „zerknallt".

Andere Submodalitäten haben jedoch eine Grenze, wie weit Sie sie in einer bestimmten Richtung ändern können. Sie können sich beispielsweise nur begrenzt an etwas heranzoomen. Bei diesen Submodalitäten brauchen Sie wahrscheinlich die „Ratschen"–Methode. Sie können immer eine einzelne Steigerung versuchen, eine Weile warten und dann testen. Wenn der Zwang noch nicht eliminiert ist, können Sie mit der „Ratschen"–Methode weitermachen.

Stellen Sie sicher, diese Methode *nur in einer Richtung* zu machen. Eine Frau stand unter dem Zwang, die *New York Times* lesen zu müssen, obwohl sie dies nicht wollte. Wenn Sie hörte, wie eine innere Stimme leiser wurde, stieg ihr Verlangen, die Zeitung zu lesen, und sie konnte die Reaktion nicht zum „Knallen" bringen. Dabei probierte sie die „Ratschen"–Methode, indem sie die Stimme leiser werden ließ, sie dann allmählich wieder lauter machte, und dann stufenweise wieder leiser, etc. Wenn Sie dies machen, wird es das Verlangen eher stärker als schwächer werden lassen. Ich wußte von ihren Handbewegungen her, daß sie dies machte, weil sie ihre Hände stufenweise vor und zurück bewegte, während sie Ihren Versuch beschrieb, ihre Reaktion „zerknallen" zu lassen. Normalerweise können Sie von den nonverbalen Gesten einer Person her sagen, ob diese die Submodalität in zwei Richtungen verändert anstatt nur in einer. Bei ihr funktionierte es, die Stimme leiser werden zu lassen, sie dann wieder laut beginnen zu hören und stufenweise leiser zu machen. Dann hörte sie sie wieder laut beginnen und stufenweise leiser werden, etc.

Dennis: Könnte man nicht den Zwang zurückbekommen, indem man einfach den Film über die Durchführung des Blowouts rückwärts laufen läßt?

Den Film rückwärts laufen zu lassen, wird dieses Muster nicht rückgängig machen können. Wenn Sie die Reaktion einer Person mit dieser Methode „zerknallen" lassen, können Sie nicht einfach auf umgekehrtem Weg zurückgelangen. Bevor Sie die Reaktion von jemandem beseitigen, sollten Sie absolut sicher sein, daß er sie los sein *will.* Erforschen Sie, wie sein Leben ohne den Zwang sein würde. Wenn er einmal über die Schwelle gegangen ist, wird er ihn nicht mehr zurückholen können, indem er den umgekehrten Weg benutzt. In gewisser Weise ist es ähnlich, wie wenn man einen Weihnachtsbaum durch eine enge Tür zerrt. Wenn Sie sich entschließen, daß Sie den Baum zurück an der Stelle haben wollen, wo er vorher war, können Sie ihn nicht einfach durch die Tür zurückstoßen. Es ist nicht so einfach. Als nächstes, wenn Sie wissen, wie man Zwänge eliminiert, werden wir Ihnen zeigen, wie man sie aufbaut.

Test

Nachdem Sie den Blowout gemacht haben, sollten Sie sicherheitshalber ein oder zwei Minuten mit dem Test warten. Manchmal bemerkt die Person nicht sofort, daß sie sich verändert hat, weil die Gefühle, die mit dem Zwang verbunden sind, eine Weile brauchen, um sich aufzulösen. Wenn Sie sie fragen, „Stehen Sie immer noch unter dem Zwang?", wird sie sagen, „Ich denke ja." Da das kinästhetische System so träge ist, wird sie vielleicht nicht sofort bemerken, daß sie die Schwelle passiert hat.

Wenn Sie sofort testen, erhalten Sie nicht unbedingt einen guten Test. Es hängt davon ab, wie stark die Gefühle werden müssen, bevor die Schwelle erreicht ist. Wenn die Zwangsempfindung sofort verschwindet, können Sie darauf vertrauen, daß Sie den Zwang beseitigt haben. Wenn das Gefühl jedoch immer noch da ist, müssen Sie eine Weile warten und dann wieder testen.

Wenn Sie ein paar Minuten warten, hat das kinästhetische System genügend Zeit, wieder zur Ruhe zu kommen, und die Person kann bemerken, daß sie die Zwangsempfindung nicht mehr aufbauen kann. Die Verbindung zwischen dem Bild und der kinästhetischen Reaktion ist aufgelöst. Sie ist zusammengebrochen, und es ist nun anders.

Machen Sie nun die Übung. Lassen Sie uns wissen, wenn Sie irgendwelche Schwierigkeiten haben und Unterstützung brauchen.

Übungsstruktur:
1. Vergewissern Sie sich, die treibende Submodalität identifiziert zu haben.
2. Wenden Sie entweder die Methode der einmaligen Steigerung oder die „Ratschen"–Methode auf die treibende Submodalität an, bis sie die Schwelle überschreitet.
3. Machen Sie eine Pause und testen Sie dann.

* * * * *

Diskussion

Es gibt viele Aspekte, wie man dieses Muster in ökologischer und effektiver Weise verwenden kann. Lassen Sie uns darüber eine Zeitlang reden.

Sam: In unserer Gruppe hatten wir den Eindruck, das Ganze sei ähnlich, wie etwa hart daran zu arbeiten, einen Orgasmus zu bekommen, der nie kommen würde.

Sozusagen. Hatte sich an dem Zwang etwas geändert, als Sie ihn später testeten?

Sam: Ja. Er war weg. Aber es gab keinen tollen Durchbruch oder irgend etwas Ähnliches.

Ich finde diese Beschreibung gut. Viele Leute merken es gar nicht, daß sie die Schwelle passieren, besonders wenn die Reaktion erst sehr intensiv werden muß, bevor sie „zerknallt". Aber wenn Sie eine

Weile warten, so daß Ihr kinästhetisches System genügend Zeit hat, sich wieder zu beruhigen, können Sie feststellen, daß Sie unter keinem Zwang mehr stehen.

Geschwindigkeit

Frau: Ist es möglich, es zu schnell zu machen?

Normalerweise machen die Leute diesen Prozeß zu *langsam*, und Sie müssen sie eher antreiben. Dann und wann macht jemand dieses Muster jedoch tatsächlich zu schnell. Wenn er es sehr schnell durchführt und es funktioniert nicht, muß er es womöglich genügend verlangsamen, um eine stabile kinästhetische Reaktion aufzubauen. Ich habe diese Methode schon oft verwendet, und ich habe nur zweimal jemand verlangsamen müssen. Diese Personen schienen die Submodalitäten so schnell zu verändern, daß sie keine Zeit für eine vollständige kinästhetische Reaktion hatten.

Bob: Mein Zwang steigerte sich so schnell, daß ich mich fragte, ob ich es richtig machte und ob er *jemals* „knallen" würde. Schließlich konnte ich die Geschwindigkeit, mit der das vor sich ging, nicht mehr kontrollieren. Ich hörte ein Klingeln in meinen Ohren, und es machte richtig „Bumm!"

Daran sollten Sie denken, wenn Sie mit jemand anderem arbeiten. Wenn das Gefühl beginnt, richtig intensiv zu werden, und jemand die Nerven verliert und versucht, das Gefühl weniger intensiv werden zu lassen, wird es nicht klappen. Ihre methodische Anordnung muß eine Ankündigung enthalten, was zu erwarten ist. In dem Moment, wo die Person weiß, daß sie auf dem richtigen Weg ist, wenn die Zwangsempfindung zunimmt, wird sie nicht zurückschrecken. Im Umgang mit Klienten erkläre ich diese Methode gewöhnlich zuerst mit der Metapher vom platzenden Ballon und dem verbogenen Draht. Dies bereitet die Leute darauf vor, das Gefühl immer weiter zu verstärken, bis es „knallt". Wir wollten Ihnen zeigen, daß die Methode auch mit wenig vorheriger Erklärung funktioniert, und wir achteten auf jeden Hinweis, ob Fred zurückschreckte.

Vergewissern Sie sich, daß Sie niemand in einem Zustand *gesteigerten* Zwangsempfindens zurücklassen. Wenn Sie die Person dazu bringen, ihre Reaktion „aufzupumpen", es jedoch nicht ausreicht, um sie zum „Platzen" zu bringen, können Sie ihren Zwang tatsächlich stärker machen. Üblicherweise bedeutet das, daß Sie nicht schnell genug vorgegangen sind.

Manchmal reicht jeder einzelne Durchgang bei der „Ratschen"–Methode nicht aus, oder die Person hört kurz vor dem „Zerknallen" ihrer Reaktion auf. Einmal hat mir jemand berichtet: „Ich habe das Bild so groß wie das bekannte Universum gemacht, und es funktioniert immer noch nicht." „So groß wie das *bekannte* Universum" beinhaltet einen Hinweis auf einen Endpunkt, an dem er aufhört; deshalb forderte ich ihn auf: „Machen Sie es noch einmal, aber lassen Sie diesmal das Bild *größer* als das bekannte Universum werden." Er tat dies einmal, und seine Reaktion war aufgebrochen.

Sarah: Was wird „aufgebrochen", wenn Sie dies machen? Was „knallt"?

Sie brechen die Verbindung zwischen dem Bild — oder dem Geräusch oder dem Gefühl — und der kinästhetischen Reaktion der Person auf. Er wird nach wie vor in der Lage sein, sich ein Bild vorzustellen, aber es wird ihn nicht mehr so wie vorher anziehen.

Starke emotionale Reaktionen

Wir baten Sie, dies für den Lernzweck hier mit einem kleinen Zwang zu machen; diese Methode ist jedoch bezüglich größerer Zwänge in gleichem Maß wirksam. Dieses Muster wurde zur Beseitigung von Zwängen angewendet, die Freßsucht, Zigarettenmißbrauch, Jähzorn, zu große Fixierung auf jemanden, etc. betrafen. Es eignet sich gut für Reaktionen, die so intensiv sind, daß Sie sie nicht dazu bringen können, einfach schwächer zu werden; auf diese Weise versuchen die Leute gewöhnlich, mit ihnen fertig zu werden.

Seien Sie vorsichtig, wenn Sie die Methode z. B. bei Jähzorn verwenden. Obwohl sie dabei und bei ähnlichen Dingen gut funktioniert, besteht bei einigen Menschen ein Risiko, daß sie gewalttätig werden, wenn Sie ihren Jähzorn verstärken. Viele Menschen werden nicht gewalttätig werden, egal wie wütend sie werden, so daß Sie Ihnen nicht gefährlich werden, aber man sollte damit vorsichtig sein. Der Person vorab einen guten Überblick über das Muster zu liefern, kann Gewalt vermeiden helfen: bereiten Sie den Klienten darauf vor, den Blowout so schnell zu machen, daß er die Schwelle passiert, bevor er Zeit hat, irgend etwas zu zerschmettern. Wenn er ihn zu langsam macht und in einem aufgeputschten Zustand steckenbleibt, könnte er gewalttätig werden. Wenn Sie dabei irgendeinen Zweifel haben, sollten Sie vielleicht jemand wirklich Kräftigen in der Nähe haben, der Sie retten könnte; nur für den Fall.

Einer unserer Schüler hat dieses Muster bei suicidalen und gewalttätigen Zwängen angewendet, und er sagt, es hätte niemals einen Zwang auf Dauer verstärkt. Ich wäre jedoch *sehr vorsichtig*, wegen des Risikos, die Person in einem Zustand verstärkter Zwanghaftigkeit zurück zu lassen. Wenn Sie nicht sehr viel Erfahrung sowohl mit dieser Methode als auch mit selbstmordgefährdeten oder gewalttätigen Klienten haben, empfehlen wir *sehr*, diese Menschen zu jemandem zu schicken, der den notwendigen Hintergrund hat.

Unangenehme Reaktionen

Wenn Sie diese Methode bei angenehmen Reaktionen verwenden — Verlangen nach Essen, Sex, Rauchen, etc. — haben Sie gewöhnlich keine Probleme, die Person dazu zu bringen, ihre Reaktion zu verstärken. Falls Sie diese Methode bei Reaktionen benutzen, die die Person nicht mag, kann es schwieriger sein, weil Menschen normalerweise etwas wie z. B. intensive Wut nicht erleben möchten. In dieser Situation ist der durch Ihre Ankündigung gesetzte Rahmen noch viel wichtiger. Sie werden es nicht machen wollen, es sei denn sie wissen, daß der Grund, warum sie *jetzt* starke Wut spüren sollen, darin besteht, daß sie nie wieder unkontrollierbare Wut fühlen werden müssen. Sie werden nach wie vor die Möglichkeit haben, wütend zu werden, aber sie werden nicht mehr durch ihre eigene Wut die Kontrolle über sich selbst verlieren. Die Rechtfertigung für ihr momentanes kurzzeitiges Wuterlebnis besteht darin, daß sie es zukünftig viele Male vermeiden können, von Wut überwältigt zu werden.

Dieser Schwelleneffekt ist schon unter dem Namen „Implosions–Therapy" (Flooding, Überflutungstherapie) genutzt worden. Therapeuten, die dieses Verfahren anwenden, wissen jedoch nichts von Submodalitäten. Sie versuchen, Phobien zu überwinden, indem sie den Inhalt benutzen, anstatt die treibende Submodalität zu verstärken. Sie schaffen Szenarios, in denen Ratten den Arm des Klienten hinauf und in seinen Mund klettern, etc. Wenn Sie Inhalt anstelle von Submodalitäten verwenden, ist der Prozeß viel plumper. Sie können nicht so schnell vorgehen, Sie können auch nicht zu den submodalitätsmäßigen Extremen gehen, und so weit ich weiß, kennen die Leute, die mit der Implosions–Therapie arbeiten, weder die „Ratschen"–Methode noch die Notwendigkeit der Geschwindigkeit. Deshalb ist es wahrscheinlicher, daß die Klienten in einem intensiven Zustand steckenbleiben, und nicht *über* die Schwelle gehen. Auch die Theorie von Therapeuten, die mit der Implosions–Methode arbeiten, ist eine andere. Sie glauben, daß sie eine Reaktion auslöschen, indem sie den Stimulus ohne die Konsequenzen der realen Welt bereitstellen. Wenn dies wahr wäre, würden sich Phobien automatisch auslöschen!

Ökologie

Lassen Sie uns nun über ökologische Gesichtspunkte sprechen. Welche ökologischen Erwägungen gibt es bei diesem Muster?
*Al:*Ich habe ein Beispiel aus der heutigen Übung. In meiner Gruppe war eine Frau, die den Zwang hat, am Abend salzige Dinge zu essen. Ihr Mann spielt abends gerne „Pac–Man", wobei er möchte, daß sie mit ihm aufbleibt. Sie schläft in ihrem Sessel ein, wenn sie nichts zu tun hat.

Das Essen könnte ihr also etwas zu tun geben, so daß sie wachbleiben und die Zeit mit ihrem Mann verbringen könnte.
Al: Richtig.

Was würde geschehen, wenn Sie diesen Zwang eliminieren würden, und die Frau einschlafen würde?
Al: Ihr Ehemann könnte wütend werden, daß sie nicht mit ihm wachbleibt.

Stimmt, und ihre Beziehung könnte sich verschlechtern. Das Muster des Compulsion Blowout enthält eigentlich *nichts*, was die Ökologie berücksichtigt. Es ist eines der wenigen NLP–Muster, die eine Reaktion beseitigen, ohne eine andere an ihre Stelle zu setzen. Was könnten Sie machen, um die Ökologie in dieser Situation zu berücksichtigen?
Al: Wie wäre es, wenn man das Swish–Muster verwendet?

Genau. Das ist genau der richtige Zeitpunkt, einen Swish zu machen, um ihr Gehirn in eine nützlichere Richtung zu schicken.

Al: Was würden Sie als auslösendes Bild verwenden, wenn Sie das Bild des Zwanges beseitigt hätten?

Nehmen Sie das Bild, das ursprünglich den Zwang bewirkt hat, und dieselbe treibende Submodalität, auch wenn dieses Bild die zwanghafte Reaktion nicht mehr hervorruft. Wenn die Größe vorher für die Person am anziehendsten war, führen Sie das Swish–Muster mit Hilfe der Submodalität Größe durch. Wann immer Sie irgendeinen Hinweis haben, daß der Zwang etwas Positives für die Person bewirkt — wie z. B. der Essenszwang dieser Frau ihr hilft, mit ihrem Mann wachzubleiben — muß nach dem Compulsion Blowout ein Swish gemacht werden. Lassen Sie sie ein Bild von sich sehen, das viele andere Möglichkeiten enthält, ihre Beziehung zu ihrem Mann zu verbessern. Auch wenn Sie nicht wissen, daß ein Zwang eine positive Funktion hat, ist es eine gute Idee, einen Swish zu machen, um ganz sicher zu gehen. Dies zu tun, braucht nicht viel Zeit und könnte sehr wichtig sein. Wir verwenden routinemäßig das Swish–Muster nach einem Compulsion Blowout.

Sarah: Warum benutzt man dann nicht gleich den Swish? Warum soll man sich zusätzlich mit dem Compulsion Blowout beschäftigen?

Manchmal ist eine Reaktion so stark, daß es sehr schwierig ist, das Swish–Muster oder eine andere Methode erfolgreich durchzuführen. Bei einer sehr intensiven Reaktion müssen Sie manchmal zuerst einen Compulsion Blowout machen. Dies bricht die alten Muster auf und erleichtert die Durchführung eines Swish. *Richard Bandler* hat dies in dem Videotape „Anticipatory Loss" über die Sitzung mit einer Klientin vorgeführt. Als er nur den Swish machte, funktionierte er nicht. Dann veranlaßte er die Klientin, das Bild „verblassen" zu lassen, das die Probleme verursachte, und machte anschließend den Swish. Diesmal funktionierte es.

Als wir den Swish gelernt haben, verbrachte Steve ungefähr zehn Minuten damit, den Standard–Swish bei unserer Schriftsetzerin durchzuführen, die zirka eineinhalb Packungen Zigaretten am Tag rauchte. Danach reduzierte sie ihren Zigarettenverbrauch auf ungefähr eine Zigarette am Tag. Nach einigen Monaten stellte sie fest, daß ihr Zigarettenverbrauch langsam wieder stufenweise auf zwei oder drei Zigaretten täglich anstieg. Zu dieser Zeit lernten wir gerade den Compulsion Blowout. Connirae brachte etwas zum Setzen und verbrachte ungefähr zwanzig Minuten damit, die Schriftsetzerin die treibenden Submodalitäten identifizieren zu lassen, und diese zum „Zerknallen" zu bringen. Obwohl auditive Submodalitäten in diesem Fall am stärksten zu sein schienen, machte sie den Blowout auch mit einigen visuellen, um sicher zu gehen. Im sofort anschließenden Test konnten weder Connirae noch die Schriftsetzerin sicher sagen, ob ihre Reaktion anders war. Später jedoch probierte sie zu rauchen und sagte, sie „könnte keine Zigarette zu Ende rauchen".

Mann: Ein Mann in meiner Gruppe zögerte, seinen Zwang zu beseitigen, bevor er sich für etwas entschied, durch was er ihn ersetzen könnte.

Das ist eine gute Idee! Seien Sie wachsam, wenn jemand zögert, mit irgend etwas einen Blowout zu machen, oder wenn er in den Vorgang nicht schnell und ohne Mühe hineinkommt. Es könnte bedeuten, daß es ökologische Bedenken gibt. Gehen Sie dem ein bißchen nach — gibt es irgendwelche nützlichen Wirkungen des zwanghaften Verhaltens? Wenn ja, sollte deutlich werden, daß er schließlich andere Verhaltensweisen haben wird, die den gleichen Zweck erfüllen. Sie könnten ihm sogar helfen, diese neuen Möglichkeiten zu entwickeln, bevor Sie den Compulsion Blowout machen.

Generalisierung

Frau: Wir hatten Angst, den Zwang meiner Partnerin zu eliminieren, weil ich befürchtete, daß dies all ihre Motivation beseitigen könnte, nicht nur den Zwang. Wäre es nicht schlecht gewesen, dies zu eliminieren?

Diese Frage betrifft die Generalisierung. Es hängt davon ab, wie die Klientin über ihre Erfahrungen nachdenkt. In einem anderen Seminar baten wir jeden, für den Blowout etwas Belangloses auszuwählen, und ein Mann entschied sich für „Sauberkeit". Er wollte nicht so ein zwanghafter Putzteufel sein. Als wir jedoch darüber sprachen, nannte er es eine Eliminierung seiner *„Ordentlichkeit".* Wenn Sie solche Sachen hören — wenn ihre Partnerin etwas von *Motivation* erzählt oder andere umfassende Nominalisierungen verwendet, die wie ein Kriterium in vielen Kontexten gelten könnten, seien Sie *äußerst* vorsichtig bei dem Gebrauch dieses Musters. *Ordentlichkeit* ist so weit gefaßt, daß jede Veränderung wahrscheinlich überall generalisiert wird, was Probleme mit sich bringen kann. Das hat es bei ihm sicherlich gemacht!

Er kam am nächsten Tag zurück und sagte: „Gestern habe ich einen Blowout bezüglich meiner Ordentlichkeit gemacht. Es war ganz einfach, aber dann stellte ich fest, daß ich nicht sehr gut nach Hause fuhr." Ein anderer Teilnehmer meinte: „Ja, ich fuhr hinter ihm und kann dies bestätigen!" Für ihn war Ordentlichkeit auch eine Eigenschaft beim Autofahren; sein Fahrverhalten war ebenfalls „ordentlich". Wenn Sie jemanden fragen, was er für einen Zwang hat, und er gibt Ihnen eine große Nominalisierung, sollten Ihre Ökologie–Warnsignale angehen. Stellen Sie sicher, daß er *nur* das eliminiert, was er beseitigen will. Wenn Sie irgendwelche Zweifel haben, fordern Sie ihn auf, es zu kontextualisieren. „In welchen Situationen wollen Sie nach wie vor ordentlich sein?" „Wenn ich autofahre." „Oh. Okay, also geht es *nur* beim Geschirrspülen um's weniger ordentlich sein; Sie wollen *nur* Ihren Zwang, abspülen zu müssen, loswerden, stimmt das?" „Ich putze auch oft das Badezimmer; das möchte ich auch nicht immer machen müssen." Dadurch kann er zwei Kategorien visualisieren: eine, wo er seinen Zwang beseitigen möchte, und die andere, wo er ihn behalten will. Sofern er diese zwei Kontexte klar sortiert hat, kann er den Blowout auf diejenigen *beschränken*, in denen er seinen Zwang beseitigen will.

Der Compulsion Blowout ist eine Technik, die Sie in einer sehr eng umschriebenen Weise verwenden sollten. Da diese Methode nichts installiert, was anstelle dessen getan werden könnte, wollen Sie normalerweise nicht, daß er sich im Leben der Person überallhin generalisiert.

Bill: Wollen Sie damit sagen, daß der Compulsion Blowout nicht generativ ist?

Nicht in dem Sinn, wie es der Swish ist. Er beseitigt einfach einen Zwang. Er kann äußerst wichtig und nützlich sein, und Ihnen erlauben, alle möglichen anderen Dinge zu machen. Aber dieses Muster ist nicht generativ; Sie wollen nicht, daß es das ist.

Bill: Was passierte mit dem ordentlichen Mann?

Wir ließen ihn den Ordentlichkeitszwang im Autofahr–Kontext neu installieren. Wir werden Ihnen als nächstes beibringen, wie man Zwänge *aufbauen* kann, aber wir wollen ganz sicher sein, daß Sie vorher wissen, wie sie beseitigt werden; so können Sie einen Zwang wieder loswerden, wenn Sie einen Fehler gemacht und den falschen erschaffen haben. Wir bitten Sie dringend, sehr vorsichtig bei der Verwendung dieser Muster zu sein, wenn Sie nicht schon viele andere grundlegende, unterstützende NLP–Techniken gelernt haben.

Auditive oder kinästhetische Treiber

Einige von Ihnen haben bemerkt, daß ihr Partner zwar einen Zwang visuell eliminierte, er ihn aber immer noch zurückholen konnte. Manchmal holt er ihn auf dem Weg über ein anderes Repräsentationssystem zurück. Am Anfang, als wir die Methode für Zwänge gelernt haben, beseitigte eine Frau ihren Zwang visuell, und obwohl sie ihn visuell nicht zurückholen konnte, ging es auditiv über eine Stimme. Als sie ihn auditiv eliminierte, stellte sie fest, daß sie ihn immer noch mit der kinästhetischen Geschwindigkeit zurückholen konnte. Nachdem sie den Blowout auch noch diesbezüglich gemacht hatte, war er jedoch weg. Sie befreite sich von einem anderen Zwang, indem sie nur die kinästhetische Geschwindigkeit verwendete, und fand heraus, daß sie den Zwang weder visuell noch auditiv zurückholen konnte. Der kinästhetische Blowout beseitigte ihn auch in den anderen Systemen. Dies ist ein Hinweis, daß der grundlegende „Treiber" in ihrem Fall im kinästhetischen System war.

Sie können auf zweierlei Art an diese Sache herangehen. Sie können in allen Repräsentationssystemen sehr gründlich testen, um die stärkste treibende Submodalität herauszubekommen, die den Zwang bewirkt. Sie können auch eine visuelle Submodalität verwenden, von der Sie wissen, daß sie den Zwang hervorruft, diese zum „Zerknallen" bringen und dann einen Test machen. Kann der Klient den Zwang über irgendeinen anderen Weg zurückholen? Wenn er ihn mit einem Geräusch zurückholen kann, machen Sie dafür einen Blowout. Falls er ihn immer noch mit einem Gefühl wieder hervorrufen kann, machen Sie einen entsprechenden zusätzlichen Blowout. Zumindest werden Sie das nächste Mal wissen, mit welchem Repräsentationssystem Sie anfangen sollten!

Eine Seminarteilnehmerin konnte ihren Zwang wieder aufbauen, indem sie einen Swish zurück zum zwanghaften Zustand verwendete. Wir berücksichtigten dies und machten mit ihr einen Swish zu irgend etwas anderem.

Frau: Können Sie uns ein Beispiel für einen Blowout von Gefühlen liefern?

Wenn die Geschwindigkeit einer Bewegung, also das kinästhetische Tempo, wie beispielsweise einen Rhythmus mit dem Fuß zu klopfen, einen Zwang aufbaut, wobei ich mich um so mehr zu etwas gezwungen fühle, je schneller ich klopfe, könnte ich immer schneller mit dem Fuß klopfen — entweder tatsächlich außen oder in meiner Vorstellung innen —, bis der Zwang eliminiert ist. Wenn es die *Ausbreitung* einer taktilen Empfindung ist, die die zwanghafte Reaktion antreibt, könnte ich in meiner Vorstellung nur einen winzigen Punkt der taktilen Empfindung spüren und diesen sich dann über meinen ganzen Körper ausbreiten lassen, bis der Zwang „zerknallt".

Eine Frau fand die Berührung ihres Mannes abstoßend. Je mehr die Berührung in die Nähe einer besonderen, „privaten" Stelle auf ihrem Körper kam, desto mehr Widerwillen empfand sie. Wenn Sie damit einen Blowout machen wollten, müßten Sie die Berührung als weit von dieser Stelle entfernt anfangend imaginieren lassen und diese dann rasch näherkommen lassen, unter Verwendung der „Ratschen"-Methode.

Stellen Sie sicher, die Ökologie mit irgend etwas der folgenden Art zu überprüfen. Ich fragte diese Frau: „Sind Sie sicher, daß Sie diese Empfindung los sein wollen? Vielleicht berührt Ihr Mann Sie in einer sehr groben, unsensiblen Weise, und Sie müssen sich dessen bewußt sein." Dazu meinte sie: „Nein, seine Berührung ist okay. Ich bin mir sicher, daß ich den Abscheu nicht will." Also half ich ihr, ihren Abscheu zu beseitigen. Später erzählte sie mir, daß es eine Weile funktioniert hatte, bis dann ihr Widerwille zurückkam und sie erkannte, daß es *tatsächlich* eine wichtige Mitteilung über ihre Beziehung enthielt.

In dieser Phase glauben viele Leute, daß sie bei einem Klienten versagt haben. Wir halten dies für den Beginn des Erfolges. Diese Frau, und Sie auch, haben nun wichtige Informationen über sekundäre Gewinne, die berücksichtigt werden müssen, bevor irgendeine Intervention dauerhaft wirken kann. Diese Informationen waren der Frau vorher nicht zugänglich; als sie jedoch kurze Zeit ohne den Abscheu lebte, wurde sie darauf aufmerksam. Durch die Frage nach der Ökologie wurde sie sich eines möglicherweise vorhandenen Problems gewahr. Sie wirkte als Future Pace, was ihr half, darauf zu achten, ob es auftreten würde. Jetzt sind Sie in der Position, etwas zu entwerfen, das wirklich funktioniert und vollständig ökologisch ist.

Wir haben ein Beispiel dafür am Ende des Kapitels über den Swish präsentiert (Mary).

Unbewußte Treiber

Ein Klient, mit dem ich arbeitete, konnte überhaupt keine bewußte Repräsentation dessen bekommen, was ihn zwanghaft reagieren ließ. Ich ließ ihn so tun, *als ob* irgend etwas seinen Zwang verstärkte. Ich erzählte ihm zuerst mehrere Beispiele von anderen Leuten, und wie sie über die Schwelle gegangen waren, so daß er gut vorbereitet war. Diese Art von Ankündigung ist sehr wichtig. Ich ließ ihn dann *so tun*, als ob er in seinem eigenen Erleben die treibende Submodalität steigerte, und zwar immer schneller, bis sie „zerknallte". Dies funktionierte bei ihm.

Gegensätze

Erinnern Sie sich an Lernerfahrungen in Ihrem Practitioner Training, wie man mit Gegensätzen umgeht? Eine Bulimie–Patientin hat z. B. einen Teil, der gierig alles Eßbare in sich hinein schlingen will, und einen anderen Teil, der hungern und dünn sein will. Was meinen Sie, was würde passieren, wenn Sie den Compulsion Blowout nur auf einen der beiden Teile anwenden würden?
Sarah: Der andere Teil würde wahrscheinlich die Oberhand bekommen.

Ja. Wenn Sie die Anziehungskraft von Lebensmitteln für sie eliminieren und es einen anderen Teil gibt, der will, daß sie hungert, könnten Sie am Ende bei einer Anorexie landen. Bulimie und Anorexie stehen in einem engen Zusammenhang, und oftmals wechselt jemand „spontan" von einem zum anderen. Wenn jemand von etwas sowohl angezogen als auch abgestoßen wird, müssen Sie sich darum kümmern, auch den *Abscheu* zu beseitigen. Ein Weg, um zu überprüfen, ob es zwei Teile gibt, ist der Check, ob es eine *neutrale* Reaktion gibt, nachdem Sie die Anziehung eliminiert haben. Wenn Sie die Anziehungskraft von Kartoffelchips beseitigt haben und die Person auf diese dann angewidert reagiert, sind Sie noch nicht fertig; Sie müssen sich noch mit dem anderen Teil befassen. Wenn die Person eine neutrale Reaktion zeigt, nachdem Sie dies eliminiert haben — sie sieht so aus und handelt, als ob sie die Wahl hat — sind Sie durch.

Sie können den Check auch mit Hilfe aller üblichen Signale von Inkongruenz oder vielfältiger Teile vornehmen, wie es in Reframing* beschrieben wird.

Etwas wichtig werden lassen

Ein zwanghaftes Verlangen auf irgend etwas organisiert sicherlich Ihr Verhalten. Wie andere Arten von Motivation auch, lenkt und konzentriert es Ihre Aufmerksamkeit und Bemühungen darauf, das Betreffende zu erhalten. Zur gleichen Zeit beeinträchtigt ein starker Zwang Ihre Wahlfreiheit ernsthaft und bewirkt wahrscheinlich einen „Tunnelblick", also eine Gesichtsfeldeinengung.

Die Motivation auf ein *Ziel* liefert Ihnen viel mehr Flexibilität bei den spezifischen Wegen, ihr nachzukommen. Im Gegensatz dazu ist ein Zwang auf eine spezifische Sache gerichtet, von der Sie hoffen, daß sie Ihr(e) Ziel(e) erfüllen wird. Wenn Sie den Gegenstand Ihres Verlangens tatsächlich bekommen, stellen Sie oft fest, daß er nicht alle Vorzüge bietet, die Sie erwartet haben. Wenn Sie etwas Spezielles unbedingt haben müssen, übergehen Sie womöglich viele andere Dinge, die für Sie sogar befriedigender wären. Ihre Bemühungen, das zu erhalten, was Sie unbedingt haben müssen, können sogar die Menschen um Sie herum unglücklich machen oder sie wegtreiben. Viele Leute, die vom Goldrausch gepackt wurden, haben dies hart am eigenen Leibe erfahren. Sie können sich wahrscheinlich an irgend etwas in Ihrer Vergangenheit erinnern, als ein Zwang von Ihnen zu unangenehmen Konsequenzen führte.

Gute Verkäufer sind oft sehr gut darin, Zwänge aufzubauen. Eines der Ziele in der nächsten Übung ist, Sie zu trainieren, Ihre eigenen Reaktionen auf der Stelle eliminieren zu können, wenn Sie dies wollen. Dies wird Ihre Fähigkeit noch mehr steigern, Ihr eigenes Gehirn zu steuern, frei von unangemessenen Einflüssen von anderen. Sie können die nächste Übung dazu benützen, herauszufinden, wie Sie etwas wichtig werden lassen. Wenn Sie dies getan

---

* oder in: *Stahl*, Triffst du 'nen Frosch unterwegs... (Anm. d. Übers.)

haben, werden Sie den Zwang eliminieren, den Sie gerade erst aufgebaut haben. Diese Übung wird gewöhnlich zu zweit oder zu dritt gemacht, so daß die Leute sich gegenseitig unterstützen können; Sie können es aber auch genauso alleine machen.

Übung

1. **Bedeutsame Sache.** Denken Sie an irgend etwas, was Ihnen einst nicht viel bedeutete, im Moment aber sehr wichtig ist. Denken Sie für diese Übung an irgendeine *Sache* (im Gegensatz zu einer Tätigkeit), die Sie unbedingt „haben müssen". Finden Sie etwas, das Sie begeistert. Sie sind womöglich sehr scharf auf ein bestimmtes Gemälde oder ein Schmuckstück oder müssen es unbedingt haben. Ein Computer, ein Kleid, ein Erinnerungsstück oder ein Auto könnten für Sie besonders wichtig sein.

2. **Unbedeutende Sache.** Denken Sie an irgend etwas, das für Sie nicht wichtig ist. Vergewissern Sie sich, daß Sie etwas wählen, was *neutral* ist, nicht etwas, was Sie abstößt — das wäre für Sie in negativer Weise wichtig. Wenn Sie einen Gegenstand finden, auf den Sie aversiv reagieren, wäre es nötig, Ihre aversive Reaktion zuerst zu eliminieren, um die Sache neutral zu machen. Nehmen Sie irgend etwas Banales, das in der Nähe ist, wie z. B. einen Styroporbecher, einen Bleistift oder eine Zeitschrift.

3. **Kontrastierende Analyse.** Finden Sie die Submodalitätsunterschiede zwischen 1 und 2, und machen Sie einen Test, um herauszubekommen, welche von ihnen am stärksten wirken, um die unbedeutende Sache wichtig werden zu lassen. Wenn Sie dies mit irgend jemand anderem machen, stellen Sie sicher, daß Sie sich auf die nonverbalen Veränderungen Ihres Partners kalibrieren, während er darüber spricht, was für ihn wichtig ist, im Vergleich dazu, wenn er die unbedeutende Sache beschreibt.

4. **Aufbau eines Zwanges.** Finden Sie heraus, was getan werden muß, um dieser banalen und unbedeutenden Sache *anhaltende* Bedeutung zu geben. Verändern Sie nur eine Submodalität nach der anderen und machen Sie dazwischen Pausen, um zu überprüfen, ob der Wechsel zeitweilig oder beständig ist. Finden Sie heraus, was nötig ist, um diese Sache auf eine Weise wichtig werden zu lassen, die dauerhaft ist.

5. Test. Überprüfen Sie, ob Sie es erreicht haben, indem Sie sich vorstellen, daß jemand anders es Sie nicht haben läßt oder es besitzt und Ihnen verkaufen würde, wenn Sie genug dafür bezahlen.

6. Compulsion Blowout. Nun lassen Sie die Bedeutung dieser Sache auf ein oder zwei Wegen „platzen": benutzen Sie entweder dieselbe Submodalität, die Sie verwendet haben, um die neutrale Sache wichtig werden zu lassen, oder benutzen Sie, wenn dies nicht funktioniert, dieselbe Submodalität, die Sie in der Übung über das Beseitigen von Zwängen angewendet haben.

Wenn Sie genauer kennenlernen wollen, wie irgend etwas für Sie bedeutsam wird, und mehr Fertigkeiten entwickeln wollen, Ihre eigenen Zwänge rasch zu eliminieren, gehen Sie mehrmals durch die letzten beiden Schritte der Übung. Auf diesem Weg können Sie einen hieb– und stichfesten Widerstand gegen Verkäufer aufbauen.

Falls etwas dauerhaft wichtig wird, dann aus dem Grund, weil bestimmte wirksame Submodalitäten eine untere Schwelle erreicht haben. Wenn einmal diese untere Schwelle erreicht ist, können Sie die Sache nicht wieder unbedeutend werden lassen, indem Sie einfach die Submodalitäten reduzieren, die sie verstärkt haben. Der Compulsion Blowout läßt diese Submodalitäten über eine höhere, zweite Schwelle ansteigen, um wieder Neutralität zu erreichen.

Wenn Sie erst einmal wissen, welche Submodalitäten einen Zwang bei jemand aufbauen, können Sie während eines Gesprächs einen Zwang erschaffen — was gute Verkäufer normalerweise unbewußt machen. Als wir dieses Muster vor drei Jahren von *Richard Bandler* lernten, machte er eine Demonstration mit einem Mann, den wir *Ted* nennen wollen. Die Submodalitäten, die einen Zwang bei *Ted* installierten, waren Helligkeit bzw. Glanz und die Höhe in seinem Gesichtsfeld. Wenn *Ted* eine Stimme hörte (innerlich oder äußerlich), die irgend etwas in einem breiten texanischen Dialekt sagte, ließ dies seine Repräsentation höher steigen und heller sowie glänzender werden. *Richard* fing an, einen gewöhnlichen gelben Stuhl im Seminarraum in einer breiten texanischen Ausdrucksweise zu beschreiben: „*Ted*, ich möchte, daß Sie erwägen, diesen gelben Stuhl zu besitzen. Ich denke, es wäre eine *glänzende* Idee, diesen Stuhl *oben* in Ihrem Büro zu haben. Es ist *hochinteressant*, darüber zu *reflektieren*, wie der Besitz dieses Stuhls Ihre Klienten *sehen* lassen würde, wie Sie in der Gesellschaft nach *oben* kommen. Ich frage mich, wie die

Lampen in Ihrem Büro diesen Stuhl erleuchten würden? Was *kommt* in Ihrer Vorstellung *hoch*, wenn Sie an einen gelben Stuhl denken?"

Während *Richard* sprach, gebrauchte er kongruente Hand– und Kopfbewegungen, die den Einfluß der Worte verstärkten. Beispielsweise erhob er bei dem Wort „oben" eine Hand um ungefähr 15 Zentimeter und rollte seinen Kopf leicht nach oben und hinten. Bald wurde der gewöhnliche gelbe Stuhl *sehr* wichtig für *Ted*. *Ted* kann für fast *alles*, was er in seiner Vorstellung höher und heller sieht, einen Zwang entwickeln. Bei jemand anderem kann es irgend etwas sein, was einen bestimmten farbigen Lichtring um sich hat.

Einige Menschen haben viel mehr Widerstandsmöglichkeiten gegenüber Verkäufern, aufgrund der *Struktur*, wie sie Zwänge aufbauen. Zum Beispiel funktioniert *Lara*s Methode folgendermaßen: Sie sieht den Gegenstand, der in Betracht kommt, in der Mitte verschiedener anderer Bilder, die anzeigen, welche Verwendung sie eigentlich für diesen Gegenstand hätte. Da sie das Objekt nicht außerhalb des Kontextes sieht, ist es viel schwieriger, sie dahin zu bringen, irgend etwas zufällig für wichtig zu halten. Sie müssen viele triftige, praktische Verbindungen zwischen dem Gegenstand und anderen Zielen in ihrem Leben herstellen, und dies muß in einer Weise geschehen, die wirklich ihren Kriterien entspricht. Ein Mensch wie *Lara* wird nur nach relativ wenigen Dingen ein Bedürfnis haben, und diese werden gewöhnlich ihren Kriterien genügen. Jemand mit einer einfacheren Struktur für die Bildung eines Zwanges hat wahrscheinlich Verlangen nach vielen Dingen, von denen viele seine Kriterien eigentlich nicht befriedigen werden, und am Ende werden die Sachen ungenützt in seiner Abstellkammer oder Garage stehen.

Normalerweise wechselt Ihre Repräsentation eines Gegenstandes zu Ihren „wichtigen" Submodalitäten, wenn Sie denken, daß dieser Gegenstand Ihren Kriterien für „wichtig" entspricht. Wenn Sie z. B. sehen, daß er nützlich genug ist, kann er aus dem Hintergrund hervorspringen. Wenn er für „genügend Spaß" steht, wird er hervortreten, oder wenn er mit genügend Prestige verbunden ist, wird er einen Lichtring um sich herum bekommen. Indem Sie jemanden direkt auffordern, den Gegenstand heller, höher oder was auch immer zu sehen, umgehen Sie die Kriterien der Person und zielen gleich auf die Submodalitätskodierung, die ihn wissen läßt, irgend etwas stimmt mit seinen Kriterien überein.

Da Sie die Kriterien der Person umgehen, wenn Sie auf diese Art und Weise einen dauerhaften Zwang aufbauen, müssen Sie sich besonders sorgfältig um die Ökologie kümmern. Wie beim Compulsion Blowout gibt es beim Aufbau von Zwängen nichts, was ökologische Gesichtspunkte berücksichtigt. Obwohl Ökologie in den meisten Verkaufstrainings nicht angesprochen wird, weisen wir in unseren Verkaufslehrgängen darauf hin, daß das wichtigste Produkt, das Sie verkaufen können, *Zufriedenheit* ist. Zufriedenheit bewirkt wiederkehrende, zukünftige Geschäfte und Empfehlungen. Mit Tricks und aufdringlichen, aggressiven Techniken können Sie Eskimos Kühlschränke verkaufen — eine Zeitlang. Aber wenn jemand zufrieden ist, wenn er geht, wird er das seinen Bekannten erzählen, weil es so eine seltene Erfahrung ist — egal, ob Sie ihm etwas verkaufen oder nicht.

Wir haben diesen Abschnitt über den Aufbau von Zwängen aus verschiedenen Gründen mit in dieses Kapitel hereingenommen. Erstens ist er an sich interessant. Zweitens hilft er Ihnen, besser zu verstehen, wie Submodalitäten in bezug auf Zwänge funktionieren. Drittens kann es ein *paar* Zeitpunkte geben, zu denen sie tatsächlich einen Zwang bei irgend jemand aufbauen wollen; Sie werden wissen, was Sie tun müssen, wenn Sie den falschen Zwang eliminiert haben.

In den meisten Fällen wird natürlich irgendeine andere NLP–Methode viel fruchtbarer und nützlicher für die Person sein, als der Aufbau eines blinden und wahllosen Zwanges bezüglich einer speziellen Sache. Spezifische Zwänge schränken gewöhnlich die Wahlfreiheit ein und lassen Sie zu etwas Ähnlichem wie einem Roboter werden. Im Gegensatz dazu fügen die meisten NLP–Interventionen Wahlmöglichkeiten und Flexibilität zu Ihrem Verhalten dazu, und machen Sie damit menschlicher.

6 Der letzte Tropfen —
Das Schwellen–Muster

Kennen Sie den Spruch vom letzten Tropfen, der das Faß zum Über-laufen brachte*? Es gibt noch viele andere Redewendungen, die diese Art von Schwelle beschreiben: „Das war einmal zu viel, jetzt reicht's", „Jetzt hast du mich zu weit getrieben", „Diesmal bist du zu weit gegangen!", „Jetzt hast du alles kaputt gemacht", „Mir stand's bis hier!" In dem Moment, in dem Menschen über diese Art von Schwelle gehen, ist es, als ob sie zu irgend etwas sagen: „Nie wieder!" Wenn eine Frau sich z. B. zur Scheidung entschließt, hat sie norma-lerweise eine lange, problembeladene Zeit mit ihrem Ehemann hinter sich; eine Verfehlung kann sie noch hinnehmen, vielleicht auch zwei, drei, vier oder wieviele auch immer. Aber irgendwann haben sich schließlich genügend Ereignisse angesammelt — wie die berühmten Tropfen im Faß — und sie geht endgültig: „Das war's. Es ist alles vorbei. Ich lasse mich scheiden."

Dasselbe kann mit Gewohnheiten wie beispielsweise Rauchen, Trinken und Freßsucht passieren. Ein Raucher wacht jeden Morgen mit einem trockenen und stoßweisen Hustenanfall auf oder hat Pro-bleme mit anderen Menschen und sagt sich dann schließlich eines Morgens: „Ich werde nie wieder rauchen." Die zwanghafte Esserin fühlt sich womöglich unangenehm vollgestopft, oder trennt einmal zu oft die Nähte an ihren Kleidern auf und beschließt endgültig: „Nie mehr wieder werde ich mich selbst in dieser Weise behandeln."

Eine Frau in einem unserer Seminare ging mit einem Mann aus, der sie bei ihrer ersten Verabredung schon schlug. Sie konstruierte sofort Bilder von ihm, wie er sie härter und öfter schlagen würde, wenn sie sich weiterhin mit ihm treffen würde, so daß sie die Bezie-

---

* Im Englischen: Der letzte Halm, der dem Kamel den Rücken brach (the one straw that broke the camel's back. — Anm. d. Übers.)

hung sofort und auf der Stelle beendete. Sie kam zu diesem „Niemals wieder!" durch einen einzigen Vorfall. Wir nennen dies das *„Ein Tropfen–Muster"*. In ihrem Fall war nur eine einzige Erfahrung in der realen Welt nötig, um sie über die Schwelle zu bringen; ihr Gehirn erledigte den Rest. Andere sammeln viele Erfahrungen an, bevor sie irgendeine „magische Zahl" erreichen, bei der sie dann die Schwelle überschreiten. Im Gegensatz dazu gehen einige Menschen nie über die Schwelle, zumindest in einigen Kontexten.

Wenn Sie die Struktur dessen kennen, was eine Person innerlich macht, um zu diesem „Niemals wieder!" zu kommen, können Sie dasselbe Muster mit verschiedenen Inhalten machen, um eine Verhaltensänderung zu erreichen. Manche Menschen haben Schwierigkeiten, die Schwelle dann zu überschreiten, wenn es nötig wäre; mit dem Wissen, wie es geht, können sie es aus eigenem Antrieb tun. Eine Anwendung dieses Musters ist das Loswerden ungeliebter Gewohnheiten; es gibt jedoch auch noch andere Verwendungsmöglichkeiten. Beispielsweise stecken Leute in Jobs, die sie nicht leiden können, während es eigentlich viel sinnvoller für sie wäre, über die Schwelle zu gehen, also zu kündigen und einen Job zu finden, den sie genießen können.

Menschen in Abhängigkeitsbeziehungen wissen oftmals, daß sie ihren Partner verlassen sollten, unternehmen jedoch keine Schritte, dies tatsächlich zu tun. Sie werden immer wieder und wieder mißbraucht und sitzen in hohem Maße in der Falle, weil sie nie sagen „Niemals wieder!" Wenn Sie wissen, wie diese Menschen bei irgend etwas anderem über die Schwelle kommen, können Sie ihnen helfen, die Schwelle in bezug auf ihre Beziehung zu überschreiten, so daß sie kongruent sagen können: „Das war's. Mehr ertrage ich nicht."

Im Compulsion Blowout verstärken Sie das Verlangen nach einer Zigarette oder auf Schokolade soweit, daß es den Punkt überschreitet, bis zu dem das Gehirn es als Motivation zu rauchen oder zu essen erkennt. Sie *verstärken den Wunsch oder das Bedürfnis*, sich in einer bestimmten Weise zu verhalten, und zwar solange, bis Ihre Reaktion wie ein Luftballon zerplatzt.

Das „Der letzte Tropfen"–Muster ist ebenfalls eine Schwellen–Methode; allerdings ist das, was man zum Aufbau bis zur Schwelle benutzt, umgekehrt. Anstatt das Verlangen zu verstärken, ein bestimmtes Verhalten zu zeigen, steigern Sie den Wunsch, es *nicht* zu tun, bis Sie eine Schwelle erreicht haben. Gewöhnlich wird dies durch eine Anhäufung von Repräsentationen der Unannehmlichkeiten erreicht, die mit der Fortführung des Verhaltens verbunden sind.

Um Ihnen ein spezifisches Beispiel zu geben, wie dies funktioniert, werden wir demonstrieren, wie man das Schwellen–Muster von jemandem herausarbeitet.

Demonstration — Überschreitung der Schwelle

Okay, gibt es hier jemanden, der oder die in der Vergangenheit zu einem „Niemals wieder!" kam und gerne herausfinden würde, wie das ging? Wir benötigen dafür etwas Inhalt; wählen Sie also etwas aus, das Sie hier mitteilen können. Wir brauchen nicht viel Inhalt; gerade genug, um zu wissen, worum es geht.

(Das folgende Transkript stammt von einem Videotape über ein Advanced Submodalities Training im Oktober 1986. Dieser Abschnitt ist ebenso wie eine anschließende Diskussion auch als nicht überarbeitetes Videotape verfügbar. Bobbi hatte vier Jahre lang mit einem Mann zusammengelebt, bis sie schließlich zu einem „Niemals wieder!" kam. Danach sprach sie kein Wort mehr mit ihm.)

Connirae: Haben Sie ebenfalls mehrmals erwogen, diesen Mann zu verlassen? (*Bobbi*: Ja, ja.) Und kamen Sie zu dem Punkt, an dem Sie dachten, Sie würden gehen, aber dann blieben Sie doch?
Bobbi: Ja, ich habe ihn sogar ein paarmal verlassen, aber dann schlich er sich wieder auf irgendeinem Weg hinein — ich erlaubte ihm, sich hineinzuschleichen.
Connirae: Das ist für unsere Zwecke ideal. Wir möchten, daß Sie sich an eine Zeit erinnern, als Sie „Niemals wieder!" dachten, und er sich dann doch wieder hineinschlich, und an eine Zeit, als „es Ihnen gereicht hat und wirklich soweit war". Wir werden von Bobbi Informationen einholen, was für sie in ihrer Vorstellung wichtig zu tun war, um zu dem Punkt zu kommen, die Schwelle zu erreichen und zu überschreiten. Beachten Sie, daß dies sich oft über längere Zeit hinzieht. Deshalb ist die Herausarbeitung ein bißchen kompliziert. Sie müssen aber nicht alles wissen, was eine Person vom Anfang bis zu Ende gemacht hat.
Steve: Es ist ähnlich wie wenn man bei jemanden dessen Strategie des Zauderns herausarbeitet: wenn Sie jede Einzelheit erkunden, brauchen Sie sehr, sehr lange!

Connirae: Sie könnten Jahre dazu brauchen!

Steve: Da die Erreichung und Überschreitung der Schwelle charakteristischerweise über einen längeren Zeitraum hinweg stattfindet, teilen wir den Prozeß absichtlich in drei Phasen auf. In der ersten Phase denkt sie, „ich werde diesen Typen nicht wiedersehen", tut dies aber dennoch. In der zweiten Phase geht sie über die Schwelle — wichtig ist der Prozeß, der sie dazu bringt, die Linie zu überschreiten und zu sagen: „Jetzt reicht's! Mir langt's! Nicht noch mehr!" Die dritte Phase enthält die Entdeckung, was als nächstes zu tun ist. Welches neue Verhalten wird nun möglich, da die Schwelle überschritten wurde?

Connirae: So, Bobbi, ich möchte, daß Sie zu der Zeit zurückgehen, als Sie noch verliebt waren. Lassen Sie uns einen Rahmen um diese Erfahrung legen, so daß Sie wieder herauskommen, verstehen Sie? Gehen Sie zu dem Punkt zurück, wo Sie noch verliebt waren; und es das ist, was sie wollten; lassen Sie Ihre Erfahrung sehr schnell durch den Prozeß des Erreichens und Überschreitens der Schwelle gehen, nur zu Ihrer eigenen Information. Achten Sie darauf, was passiert ...

   (Bobbi schließt die Augen für einen Moment.)

Connirae: Was nehmen Sie davon wahr, was Sie machen, während Sie da durchgehen, um die Schwelle zu erreichen?

Bobbi: Ich gehe hin und her. (Sie neigt ihren Kopf nach links und rechts.)

Connirae: Zwischen was?

Bobbi: Zwischen dem, was er sagt (neigt ihren Kopf leicht nach links) und dem, was er tut (neigt ihren Kopf nach rechts und öffnet die Augen). Zwischen dem, was er sagt (gestikuliert mit der linken Hand) und dem, was er tut (gestikuliert mit der rechten Hand).

Connirae: Sie hörten also einige Worte ...

Bobbi: Seine Worte waren nett (deutet vor sich); seine Handlungen waren beschissen (zeigt weit nach rechts).

Connirae: Okay, haben Sie, wenn Sie die Worte hören, auch eine Vorstellung davon, was sie bedeuten?

Bobbi (schließt kurz die Augen): Lassen Sie mich sehen. ... Ja sicher, für mich.

Connirae: Sie zeigt zurück und nach vorne, als ob es im selben Repräsentationssystem wäre. Sie erwähnt Worte, sieht aber aus, als ob sie auf Bilder zeigt. Ich vermute, daß sie sich Bilder davon macht, was diese Worte bedeuten.

178

Bobbi: Mhm, Worte und Bilder, beides.

Connirae: Sie hat also zwei Reihen von Bildern, die sie vergleicht: das innere Bild, das sie sich vor dem geistigen Auge davon macht, was ihr Freund sagt, und das Bild, was er tatsächlich tut. Es sieht so aus, als ob Sie zurück und nach vorne gehen, während Sie diese Repräsentationen der Reihe nach vergleichen.

Bobbi: Ja. Es ist so, als ob er etwas sagte (deutet mit der rechten Hand nach vorne), aber dann stimmte seine Handlungsweise nicht damit überein, was er sagte, oder sie veränderte sich (ihre Hand schwenkt nach rechts). In einem anderen Gespräch, wenn er irgend etwas sagen würde, wäre sein Verhalten ganz anders. (Ihre Hand zeigt wieder nach vorne und schwenkt dann nach rechts, aber auf einer höheren Ebene.) Es würde so weitergehen (wiederholt die Handbewegung auf einer noch höheren Ebene), bis schließlich ... Ahh!

Connirae: Beachten Sie, daß dieses Mal ihre Handbewegungen höher waren. Sehen Sie das?

Steve: Was löst diesen Wechsel aus? Wenn er etwas Schönes sagt oder etwas, was Sie mögen, oder wenn er etwas macht, was Sie nicht mögen?

Bobbi: Wenn er etwas macht, was ich nicht mag; er macht etwas (hält die rechte Hand hoch), das mit dem Bild seiner Worte (hält die linke Hand hoch) nicht übereinstimmt. Wann immer er das machte, und wenn es überhaupt nicht zusammenpaßte, hatten wir einen weiteren Streit. Er würde sagen, daß es ihm leid täte und er es niemals wieder machen würde, und er würde Versprechungen machen (zeigt mit der rechten Hand nach links), sie aber dann nicht einhalten (schwenkt die Hand nach rechts). Und ich würde mir sie anschauen (sie schaut und gestikuliert nach rechts) und feststellen, „er macht es nicht (zeigt nach rechts), obwohl er es sagt", (schaut und zeigt mit der linken Hand nach links) und das würde mich noch wütender machen.

Connirae: Und dann?

Bobbi: Ich käme eine Ebene höher (hebt leicht den Kopf und beide Hände), und der Streit würde beim nächsten Mal noch stärker.

Steve: Wenn Sie sagen, sie kämen „eine Ebene höher", steigt es tatsächlich in Ihrem Gesichtsfeld an?

Bobbi: Oh ja (zeigt mit der rechten Hand nach oben).

Connirae: Sehen Sie gleichzeitig auch die anderen Vorfälle, oder nur den an der Spitze, oder was?

Bobbi: Ich sehe sie alle. Sie sind aufeinander aufgebaut, jeder an der Spitze des anderen.

Connirae: Jedes Mal, wenn er es macht, können Sie das also beim nächsten Mal sehen, aber mit einem anderen auf der Spitze.

Bobbi: Richtig, es ist ein Kontinuum, ein fortlaufender Aufbau.

Steve: Wenn Sie diese schwenkende Geste von links nach rechts machen, was ist darin enthalten? Ist es ein Bild, ein anderes Bild, oder irgend etwas anderes? Oder gibt es einfach zwei verschiedene Bilder?

Bobbi (schwenkt mit ihrer rechten Hand nach rechts): Es gibt Bilder von vielfältigen Handlungen. Wann immer wir einen Streit hatten, sprachen wir danach darüber und setzten einen von Grund auf neuen Rahmen (zeigt mit beiden Händen nach links), einen Rahmen, innerhalb dessen er und ich arbeiten würden, miteinander, verstehen Sie? Wir kamen zu einer Übereinkunft und das war schön — wir hatten einen Plan und einen Rahmen. Und dann ging es los. Es gab diese eine Handlung (zeigt leicht zur rechten Seite des Rahmens), die nicht in diesen Rahmen paßt. Es paßte einmal nicht, dann nochmals nicht und nochmals (zeigt bei jeder Verstimmung ein bißchen weiter nach rechts).

Connirae: Gut. Es gibt also vielfältige Bilder von diesen Nichtübereinstimmungen hier (zeigt auf Bobbis rechte Seite). Das ist eine Schwelle innerhalb des Schwellen–Musters. Sie haben einen positiven Rahmen; wie viele Bilder von Nichtübereinstimmungen müssen vorhanden sein, bevor sie sagen: „Das ist zu viel. Wir gehen eine Ebene höher"?

Bobbi: Viele. Es werden weniger, seit ich älter bin, aber es waren früher viele.

Connirae: Woher wußten Sie, wann es an der Zeit für eine Konfrontation war? Mußte eine bestimmte Zahl von Bildern vorhanden sein, oder veränderten sie sich qualitätsmäßig, um Sie wissen zu lassen: „Jetzt müssen wir einander gegenübertreten und einen neuen Rahmen setzen"?

Bobbi: Ich würde ein Gefühl bekommen, „eingesperrt" zu sein.

Steve: Aber was gab Ihnen das Gefühl?

Bobbi (bewegt ihren Kopf nach links und rechts): Ich denke, auf diese Weise hin und her zu schauen. Ihn Dinge versprechen (zeigt nach links) und dann das Versprechen brechen sehen (deutet nach rechts). Es war, als ob er jedesmal sein Wort brach (macht wiederholt mit beiden Händen eine Geste, als ob ein Stock zerbrochen würde). Es kam so weit — es gab so viele gebrochene Versprechungen, daß es — äh ... daß es das Bild zerstören würde (deutet auf das „Plan"–Bild linkerhand). Und dann gingen wir auf die nächste Ebene.

Connirae: Gut. Normalerweise finden Sie diese Art von digitaler Veränderung — eine Art von qualitativem Unterschied — an dem Punkt, an dem die Person über die Schwelle geht. Bobbi fügt ihren „Nichtübereinstimmungs"–Bildern immer ein weiteres Bild hinzu; und dann wird der ganze Rahmen zerstört, und sie geht auf eine höhere Stufe.

Steve: An diesem Punkt hatten Sie eine weitere Konfrontation und machten einen neuen Plan. Und dann gingen Sie auf der neuen Stufe wieder durch die ganze Abfolge, stimmt's?

Bobbi: Das ist richtig. Es sieht furchtbar aus.

Connirae: Woher wissen Sie, daß es an der Zeit ist, bezüglich der ganzen Beziehung „Niemals wieder!" zu sagen? Kommt es darauf an, wieviele dieser Stufen sich auftürmen?

Bobbi: Ich weiß es nicht. Ich habe vorher nie hineingeschaut. ... Ich will mal sehen ... (sie schließt kurz ihre Augen und ihr Kopf bewegt sich wiederholt nach links und rechts). Er bekam einfach „diesen Blick", den jemand bekommt, wenn er kleinlaut ist, und ich sagte nur ... (deutet mit beiden Händen eine große scherenschnittartige Bewegung an). Wir kamen nicht mal mehr ins Gespräch.

Steve: Stellen Sie sich jetzt diesen Blick vor. (*Bobbi*: Mhm.) Was haben Sie innerlich gemacht, daß Sie zu dem Punkt kamen, wo Sie nicht mal mehr mit ihm sprachen?

Bobbi: Okay, einen Moment ... Ich sah all die gebrochenen Versprechungen (Schwenk mit der Hand nach oben).

Connirae: Alle gebrochenen Versprechungen gleichzeitig?

Bobbi: Mhm. Und all dies. (Sie schwenkt ihre Hand nach rechts.)

Connirae: Und was passierte dann?

Bobbi: In jedem der zerbrochenem Bilder sah ich sein Gesicht. Er sagte, „ich werde damit ‚ins reine kommen' " und entschuldigte sich.

Connirae: Wo ist der Unterschied zu den Zeitpunkten, als Sie die Konfrontation hatten und sich wegbewegten, dann aber wieder zurückkamen?

Bobbi: Ich habe mir nie alle Bilder auf einmal angeschaut.

Connirae: Was haben Sie sich dann in diesen Momenten angeschaut?

Bobbi: Ich sah mir jedes nur in Zusammenhang mit dem vorhergehenden in dem Stapel an. Ich hatte die anderen gespeichert, aber ich sah sie nicht an. Ich sah sie wirklich nicht an und sagte: „Oh, Scheiße!" Ich sah mir nur das letzte an und sagte, „Na ja ...". Ich war immer sehr flexibel und bereit, Dinge aufzuarbeiten, und ich wollte die ganze Sache nicht ansehen, obwohl ich wußte, daß sie vorhanden war. Und dann gab es den Punkt, wo er dieses kleinlaute Gesicht machte, und ich *all* diese Dinge sah, die er getan hatte, und ich sagte: „Ah!"

Steve: Was passierte gleich *danach*? Hier ist es, wo sie an die Übergangsstelle kommt.

Bobbi: Es gab einen Knall und ich trennte mich von ihm.

Steve: Wie trennten Sie sich?

Bobbi: Ich bin mit jedem in einer bestimmten Art verbunden, mit einer Lichtfaser, wie mit einer Schnur (zeigt von ihrem Nabel nach außen) ... auf diese Weise bin ich mit jedem verbunden, an dem ich hänge.

Connirae: Also riß diese Schnur?

Bobbi: In diesem Fall *total*. Ich behalte fast immer einen dunklen Strang, der das Bild aufbewahrt, für den Fall, daß sich die Dinge wieder schöner entwickeln.

Steve: Nun, wenn die Schnur zerreißt, ändert sich irgend etwas in Ihrer visuellen Repräsentation?

Bobbi: Ganz und gar.

Steve: Fliegt sie fort, in die Unendlichkeit, oder wird sie schwarz ...

Connirae: Oder zersplittert sie, oder bleicht sie aus ...?

Bobbi: Sie verliert all ihr Licht. Das Bild wird durch meine Schnur erleuchtet, und wenn ich die Schnur abreiße, wird es dunkel und ist nicht länger vorhanden. Es lebt in meiner Vorstellung nicht mehr weiter.

Connirae: Okay, die Schnur ist weg und das Bild ist schwarz geworden. Woher wissen Sie, was als nächstes kommt?

Bobbi: Ich erinnere mich, gesagt zu haben: „Ich möchte das nie wieder machen, mit keinem." ... Und dann waren die nächsten Worte zu mir selbst — ich kann mich wirklich klar an sie erinnern — „Ich bin viel mehr wert, also werde ich gehen und an mir arbeiten."

Connirae: Welche Repräsentation haben Sie davon?

Bobbi: Ich sehe darin anders aus (schaut nach vorne und leicht nach oben).

Steve: Können Sie das ein bißchen beschreiben? Sie sahen sich also selbst?

Bobbi: Mhm. Ich sah mich, wie ich ressourcevoller aussah, erfolgreicher (deutet mit beiden Händen vor sich in Brusthöhe).

Connirae (zur Gruppe): Klingt dies bekannt?

Steve: Was hat sie gemacht?

Verschiedene Leute im Publikum: Einen Swish!

Connirae: Ja. Herein kommt das Bild davon, wer sie sein wird.

Bobbi: Und dann wird das Bild sehr hell und funkelnd — meine Lieblingssubmodalitäten.

Connirae: Genau! Sie sieht ein Bild von sich selbst, mit Zugang zu mehr Ressourcen, von einer Person, die erfolgreich Beziehungen handhaben kann. Dieses Bild dient dazu, sie in eine neue Richtung zu lenken.

Bobbi: Sobald ich dieses Bild richtig klar sehen konnte, sind auch die Schritte vorhanden, dahinzukommen (zeigt auf eine Reihe von Bildern von sich zu dem Selbstbild) — und so motiviere ich mich. Dann kamen all die kleinen Bilder herunter — die Schritte, was ich tun mußte, um dahin zu kommen —, und sie wurden alle richtig hell.

Steve: Und von da an ist es ein Katzensprung. Wunderbar. So ein Muster habe ich noch nie gesehen. Vielen Dank, Bobbi.

Connirae: Dies ist ein interessantes Schwellen–Muster, weil es ein ineinander verschachteltes ist.

Steve: Es gibt eine Schwelle, wenn das Idealbild zerbricht, sie ihn konfrontiert, und sie dann zusammen einen neuen Plan machen. Dann gibt es eine zweite Schwelle, wenn sie all die Wiederholungen sieht, und die ganze Sache dunkel wird.

Übung

Jetzt möchten wir, daß Sie alle jetzt das tun, was wir mit Bobbi gemacht haben: Finden Sie heraus, wie *Sie* Submodalitäten verwenden, um die Schwelle irreversibel zu überschreiten. Bei Bobbi benutzten wir einen inhaltlichen Bereich, eine Beziehung, um herauszubekommen, wie sie die Schwelle *erreichte*. Wir verwendeten denselben Inhalt, um einiges über die spätere Phase zu erfahren, sprich über den Prozeß, die Schwelle zu *überschreiten* und eine Repräsentation einer neuen Alternative zu entwickeln.

Sie können auch verschiedene Inhalte für jede dieser zwei Phasen verwenden, um dieselbe Information zu erhalten. Sie könnten an

eine Situation denken, wo Sie die Schwelle *erreichten*. Sie entschließen sich, das Rauchen aufzugeben, aber irgendwie rauchen Sie
weiter. Dann könnten Sie an eine andere Situation denken, in der Sie
tatsächlich die Schwelle auf Dauer *überschritten*. Ihr Auto hatte eine
Panne zuviel, so daß Sie ein neues kauften, oder irgend jemand, zu
dem Sie Vertrauen hatten, betrog Sie, so daß Sie ihm nie wieder ver-
trauten.

Versetzen Sie sich in die vergangene Situation, um herauszufinden, welche Submodalitäten sich veränderten, während Sie durch
den Prozeß der Erreichung und Überschreitung der Schwelle gingen,
und wie Sie die neue Alternative repräsentieren. Ihr Ziel ist es, die
Submodalitäts*struktur* in diesem Prozeß mit ausreichender Detailge-
nauigkeit kennenzulernen, so daß Sie mit *jedem* Inhalt durch diesen
Prozeß gehen könnten.

Nachdem Sie das Schwellen–Muster Ihrer Partnerin herausgearbeitet haben, sollen Sie überprüfen, ob Sie alles erfaßt haben. Dafür
führen Sie irgendeinen neuen Inhalt durch den Prozeß. Nehmen Sie
eine Situation, in der Ihre Partnerin über die Schwelle gehen *möchte*
— sie könnte z. B. mit dem Kaffeetrinken aufhören wollen — und
helfen Sie ihr, mit diesem Inhalt durch den Prozeß zu gehen. Wenn
sie nach dem Durchgang immer noch Kaffee trinken möchte, haben
Sie irgend etwas übersehen. In diesem Fall müssen Sie herausfinden,
was sie anders machen muß, um auf Dauer über die Schwelle zu
gehen.

Seien Sie sorgfältig bei der Auswahl des neuen Inhalts, um *sehr*
sicher zu sein, daß Ihr Leben besser werden wird, nachdem Sie über
die Schwelle gegangen sind. Dieses Muster ist charakteristischerweise irreversibel. Sie wollen ja nicht eine glückliche Beziehung ruinieren oder jemand veranlassen, seinen Job aufzugeben, den er mag
oder nötig hat. Nicht in diesem Seminar! Wenn Ihnen nichts einfällt,
mit dem Sie über die Schwelle gehen wollen, testen Sie es nicht.

Hier sind einige Leitlinien, die Ihnen die Sache vereinfachen
können. Es gibt normalerweise drei Phasen bei dem Schwellen–
Muster. Die meisten Menschen sammeln in irgendeiner Art und
Weise Beispiele an und haben irgendeinen Weg „Niemals wieder!"
bei diesen Beispielen zu sagen. Die sehr wichtige dritte Phase beinhaltet dann irgendeine Vorstellung von einem neuen Leben.

Obwohl Sie normalerweise diese drei Phasen finden werden,
sollten Sie nicht erwarten, genau das zu finden, was Bobbi macht.

Wir haben noch nie zwei Leute gefunden, die es auf genau die gleiche Art machen. Es gibt eine große Variationsbreite, wie sich Beispiele im einzelnen ansammeln, wie die Überschreitung der Schwelle tatsächlich vor sich geht, und was hinterher passiert, bezüglich der Submodalitäten und Repräsentationssysteme. Sie können sogar einen Partner haben, der nicht vielfältige Beispiele ansammelt, um über die Grenze zu gehen, sondern anstelle dessen auf irgendeine andere Art Intensität schafft, indem er z. B. ein *einziges* Bild eines Beispiels immer größer macht.

Während Sie Informationen gewinnen, behalten Sie im Gedächtnis, daß dieses Schwellen–Muster sich gewöhnlich über einige Zeit erstreckt. Sie brauchen nicht alles wissen, was passiert ist, sondern nur die Submodalitätsveränderungen, die sich auf den Übergang beim Prozeß der Schwellenüberschreitung beziehen.

Wir würden Ihnen gerne ein weiteres Beispiel bieten, wie jemand über die Schwelle geht, so daß Sie eine Vorstellung davon bekommen können, auf wieviele unterschiedliche Arten Menschen dies tun können. Ein Mann war recht übergewichtig und hatte alle möglichen Arten von Diäten, Pillen und Plänen probiert, um abzunehmen, aber nichts hatte funktioniert. Zu einem bestimmten Zeitpunkt entschloß er sich einfach: „Niemals wieder. Ich werde mich nicht wieder so vollfressen, wie ich es bisher gewöhnlich gemacht habe." Von da an hatte er keine Schwierigkeiten, Diät zu halten, und erreichte sehr schnell ein vernünftiges Gewicht. Er machte dies an einem „nachdenklichen" Abend ganz von alleine; er ging zu keinem Therapeuten oder sonst jemandem. Er nannte es „Willenkraft", aber im NLP fragen wir immer: „Wie ist diese Willenskraft *strukturiert*?" Wenn es bei ihm funktioniert, kann es auch bei jemand anderem klappen. Er machte sich eine Reihe von Bildern. Zuerst sah er sich, wie er gegenwärtig ausschaute — groß und rund. Dann machte er ein Bild von sich selbst, wie er ein paar Wochen später etwas größer und runder sein würde. Er machte fortwährend diese Bilder von sich selbst, die weiter und weiter in die Zukunft gingen und zeigten, wie er immer größer und runder wurde. Im letzten Bild sah er sich selbst tot daliegen, wie ein gestrandeter Wal, mit seiner kleinen Tochter nahe bei ihm, die sehr traurig aussah. Als er dieses letzte Bild von sich selbst sah, sagte eine laute Stimme „Nein!" und er passierte die Schwelle.

In diesem Beispiel können Sie die Art von Sammel– bzw. Stapelprozeß sehen, die oft vorkommt. Der Sammel–bzw. Stapelteil ist eine analoge Veränderung; es werden immer mehr Bilder angehäuft, bis eine „kritische Masse" erreicht ist — in diesem Fall ganz wortwörtlich! An diesem Punkt gibt es auch einen digitalen Wechsel, die laute bestimmende Stimme, die „Nein!" sagt. Es wird immer irgendeinen digitalen Submodalitätswechsel geben, wenn jemand tatsächlich über die Schwelle geht. Bei Bobbi zerriß die Licht–Faserschnur und das Bild verdunkelte sich.

Machen Sie nun die Übung; Sie werden eine gewisse Zeit dafür brauchen. Finden Sie heraus, ob Sie jeweils in einer halben Stunde fertig sind.

Übungsstruktur
1. Entdecken Sie die analogen Submodalitäten, die sich verändern, um die Schwelle zu erreichen.
2. Entdecken Sie die digitalen Submodalitätsveränderungen, die auftreten, während Sie die Schwelle *überschreiten* und zu dem „Niemals wieder!" kommen.
3. Stellen Sie fest, wie Sie das neue, alternative Leben repräsentieren, auf das Sie sich zubewegen werden.

* * * * *

Diskussion

Okay, sind Sie alle bis hierher gekommen in dieser Übung?* (Lachen) Können wir einige Beispiele hören, was Sie gefunden haben?

Hank: Es mag komisch klingen, aber zu einem bestimmten Zeitpunkt in meinem Leben habe ich mich entschlossen, nie wieder Hot Dogs zu essen.

Okay, erzählen Sie uns genau, wie Sie in bezug auf die Hot Dogs die Schwelle überschritten.

Hank: In meinem Büro an der Universität kam immer eine Gruppe von uns Freitags zum „25–Cent Hot Dog Special" im Rahmen der

---

* Im Original: „... have you all had it up to here with this exercise" — doppeldeutig, zweite Bedeutung: Steht es Ihnen bis hier? (Anm. d. Übers.)

Studentenschaft zusammen. Ich aß ein oder zwei Hot Dogs, und nach einer halben Stunde spürte ich sie mächtig: Magenzwicken, Blähungen, und was noch so alles dazugehört. Ich hatte es schließlich einfach satt und beschloß: „Nie wieder!"

Wie kamen Sie, genau, zu diesem Punkt?

Hank: Ich hatte ein dissoziiertes Bild von mir — eigentlich einen Farbfilm —, wie ich die schädlichen, unangenehmen Auswirkungen dieser Hot Dogs erlebte. Der Film begann ziemlich nah, aber während ich ihn anschaute, *zoomte* er sich weg, bis er weit genug entfernt war, daß ich sehen konnte, wie dumm es war, immer weiter solche gräßlichen Sachen zu essen. An dieser Stelle kam meine eigene Stimme dazu und sagte: „Das ist einfach verrückt. Ich werde nie wieder ein Hot Dog essen!" Und ich habe nie wieder einen gegessen.

Haben Sie mehr als diesen einen Film angehäuft?

Hank: Nein, ich denke, den größten Effekt hatte das Zoomen. Ich war schließlich weit genug entfernt, um zu sehen, wie lächerlich die Situation war.

Haben Sie den Prozeß mit einem neuen Inhalt wiederholt?

Hank: Ja. Ich muß meine formelle Beziehung zu einer Gruppe, deren Vorsitz ich gehabt habe, abbrechen. Da die Beziehung keine meiner wesentlichen Interessen mehr anspricht, möchte ich weniger Zeit auf die Gruppe verwenden und mehr Zeit für die Arbeit an meinen eigenen Projekten haben. Seit einiger Zeit denke ich daran, die Gruppe aufzugeben, habe es aber noch nicht geschafft.

Und was haben Sie getan?

Hank: Ich machte mir einen Film über mich selbst auf einem ihrer Treffen, „bis auf die Knochen gelangweilt", aber immer noch bei der Arbeit, um zu gewährleisten, daß alles zügig weitergeht. Ich *zoomte* es weg, bis zu dem Punkt, wo ich sehen konnte, wie sinnlos das Ganze für mich war. In diesem Moment sagte ich etwas Ähnliches wie: „Beim nächsten Treffen hört ihr meine Abschiedsrede." Ich habe mich also entschlossen: Ich bin draußen.

Gut! Beachten Sie, für Hank gibt es eigentlich keine Anhäufungen von Bildern; anstelle dessen ist das Wegzoomen des Filmes der analoge Teil dessen, wie die Schwelle erreicht wird. Wenn er dann weit genug weg ist, kommt die digitale Stimme dazu — „Das ist ja verrückt! Nie wieder!"

Diese Methode würde haargenau so bei vielen von Ihnen nicht funktionieren; wir wissen jedoch, daß Hank alle notwendigen Bestandteile identifiziert hat, so daß es bei ihm klappt; wir wissen dies aufgrund der Tatsache, daß er den Vorgang mit einem anderen Inhalt erfolgreich wiederholt hat. In diesem Fall war die Submodalitätsstruktur der neuen Alternative nicht spezifiziert, aber sie ist klar vorhanden: andere Lebensmittel anstelle der Hot Dogs, und seine eigenen Projekte anstelle der Gruppentreffen.

Beziehung zu Zeitlinien sowie Assoziation bzw. Dissoziation

Tom: Als ich die Schwelle erreichte, krachte ich durch eine Glasscheibe und war assoziiert in der neuen Tätigkeit. Eigentlich war es das Gefühl von Kontrolle und tatsächlicher Wahlmöglichkeit — eher das Wissen, was zu tun ist, als eine spezielle Tätigkeit.

Tom erwähnt zwei sehr wichtige Teile der Schwellenüberschreitung. Der Durchbruch durch die Glasscheibe ist eine digitale Veränderung, die ihm die Assoziation mit einer Repräsentation ermöglicht, die vorher dissoziiert hinter dem Glas war. Die Repräsentation der neuen Tätigkeit ist ebenfalls ein Schlüsselelement im Muster.

Tom: Interessant ist, daß ich bei dem Versuch, es auf ein anderes Verhalten zu übertragen, welches ich nicht mehr haben will, beim Durchbruch durch die Glasscheibe sofort assoziiert in der neuen Möglichkeit war.

Bob: Welche Erinnerung haben Sie an das alte Verhalten?

Tom: Gute Frage. (Lange Pause, während Tom nach links und leicht nach unten schaut.) Ich kann mich nicht daran erinnern.

Sicherlich wissen Sie, um was es sich handelte ...

Tom: Ich bin sicher, daß ich ... Ja, ich kann erklären, um was es sich bei dem alten Verhalten handelte, aber submodalitätsmäßig kann ich es anscheinend nicht zurückholen.

Und wir wissen durch unsere Beobachtungen, daß Tom das alte Verhalten links von sich und etwas weiter unten sieht. Erinnern Sie sich an Toms Zeitlinie von gestern? Das alte Verhalten befindet sich nun auf Toms Zeitlinie in der Vergangenheit.

Ich beobachtete Tom zufällig *bevor* er die Schwelle überschritt; das Verhalten, das er nicht mehr haben wollte, war gerade vor ihm, dort, wo auf seiner Zeitlinie die Gegenwart liegt. Nachdem er jetzt über die Schwelle gegangen ist, hat sich das alte Verhalten in die Vergangenheit verlagert, hier unten auf seiner Zeitlinie (deutet auf Toms linke Seite). Es scheint auch kleiner geworden zu sein.

Sandy: Ich hatte etwas Ähnliches. Ich dachte darüber nach, wie ich zur Nichtraucherin wurde. Im Moment ist Rauchen so weit in der Vergangenheit, daß es mir so vorkommt, als ob jemand anderes all diese Zigaretten geraucht hätte. Es ist überhaupt nicht mehr realistisch.

Dies verdeutlicht verschiedene interessante Aspekte. Einer davon ist der Schnittpunkt zwischen dieser Methode und der Zeitlinie. Bevor sie über die Schwelle kommen, sehen die meisten Leute ihr altes Verhalten gewöhnlich in ihrer Gegenwart, und manchmal in der Zukunft. Nachdem die Schwelle passiert ist, hat sich das alte Verhalten normalerweise auf ihrer Zeitlinie in die Vergangenheit verschoben.

Assoziation bzw. Dissoziation ist ebenfalls oftmals ein wesentlicher Aspekt. Aufgrund der Art, wie Sandy sagt, „es kommt mir so vor, als ob es jemand anderes wäre", wissen wir, daß sie jetzt sehr dissoziiert vom Rauchen ist. Das alte Verhalten wird gewöhnlich dissoziiert, wenn die Leute die Schwelle überschreiten. Wenn Sie nach der Überschreitung der Schwelle an das alte Verhalten denken, sind Sie davon dissoziiert.

Die neue Repräsentation kann sich hinsichtlich der Assoziation bzw. Dissoziation ebenfalls verändern. Tom assoziierte in die neuen Wahlmöglichkeiten, als er über die Schwelle ging. Es funktioniert nicht immer so für jeden; einige Menschen bleiben von den neuen Wahlmöglichkeiten dissoziiert, wie beim Swish. Da dies oft ein Schlüsselfaktor ist, wenn man Informationen sowohl über das alte Verhalten als auch über das Bild der neuen Möglichkeiten sammelt, schlagen wir vor zu fragen: „Sind Sie assoziiert oder dissoziiert?" Diese Dimension kehrt sich oft um, wenn die Person die Schwelle überschreitet.

Ökologie: Aufbau einer Alternative

Es hat mich gefreut festzustellen, daß die meisten von Ihnen sehr sorgfältig die Ökologie überprüft haben. Sie haben entdeckt, daß Menschen manchmal Dinge neu einrichten müssen, bevor sie über die Schwelle gehen. Letztes Jahr versuchte eine Person, in bezug auf das Rauchen die Schwelle zu passieren, schaffte es aber nicht vollständig. Allerdings war es für ihn nützlich, das Rauchen als Inhalt für sein Schwellenmuster zu nehmen. Er wurde sich einiger positiver Dinge bewußt, die das Rauchen für ihn sicherstellten; aufgrund dieser Dinge war es unökologisch, das Rauchen aufzugeben, bevor er nicht neue Wahlmöglichkeiten für die Erreichung dieser Ziele hatte.

In einigen Fällen entdecken Sie vielleicht, daß Sie keinen Weg finden, die Ökologie so zu bewahren, daß die Person sich nach der Überschreitung der Schwelle wohl fühlt — es ist einfach unpassend. Einige von Ihnen machten diese Erfahrung, und ich gratuliere Ihnen dazu, daß Sie nichts mit Gewalt vorangetrieben haben.

Wir können gar nicht genug betonen, wie wichtig es für die Person ist, die über die Schwelle geht, eine Vorstellung davon zu haben, was sie in ihrem Leben anders machen soll. Die meisten Menschen sind nicht bereit, zu einem „Niemals wieder!" zu kommen, wenn sie nicht irgendeine Vorstellung eines neuen Lebens haben. Sie müssen vorher wissen, daß sie Zugang zu etwas Neuem und Besserem in der Zukunft haben werden, bevor sie die ihnen momentan einzig mögliche Handlungsmöglichkeit beseitigen. Barbaras Partner versuchte, ihr zu helfen, bezüglich irgendeiner Sache über die Schwelle zu kommen, und es funktionierte einfach nicht. Sie ging durch die Submodalitätswechsel, die sie identifiziert hatten, war jedoch nicht fähig dazu, „Niemals wieder!" zu sagen. Ich bat Barbara, sich ein Bild zu machen von ihrem Leben ohne die Reaktion, die sie eliminieren wollte. Als sie dies erreicht hatte, überschritt sie die Schwelle ganz leicht.

Wenn Sie es irgendwie geschafft haben, jemand *ohne* eine neue Alternative über die Schwelle zu bringen, wird diese Person sehr wahrscheinlich depressiv oder sogar suizidal werden. Eine ehemalige Alkoholikerin in einem unserer Seminare beschrieb, wie sie in bezug auf Alkohol spontan über die Schwelle kam, *ohne* eine neue Alternative zur Verfügung zu haben. Sie fühlte sich sehr suizidal, und blieb buchstäblich drei Tage im Bett, bis sie eine Vorstellung darüber zu entwickeln begann, wie sie ohne Alkohol weiterleben konnte. Wenn jemand selbstmordgefährdet ist oder davon spricht, keine Zukunft zu haben, ist oftmals das oben Beschriebene passiert. Die gefährliche Phase kann vermieden werden, wenn Sie absolut sicherstellen, daß die Person irgendeine Vorstellung eines praktikablen, alternativen

Lebens zur Verfügung hat, *bevor* sie über die Schwelle geht.

Leah: Wie würden Sie das Schwellenmuster bei einem Alkoholiker verwenden?

Welche Konsequenzen des Trinkens sind unangenehm? Finden Sie heraus, wie die Person über die Schwelle geht, und häufen Sie diese Konsequenzen des Alkoholgenusses in derselben Weise an. Wieviele Morgen wollen Sie noch das rasende Kopfweh ertragen, oder die Furcht, in der vorhergehenden Nacht in betrunkenem Zustand irgend etwas Furchtbares angestellt zu haben? Dieses Muster kann auf *alles* angewendet werden, wenn Sie es subjektiv zwingend machen.

Sam: Bei so etwas Beherrschendem wie gewohnheitsmäßigem Trinken bin ich neugierig, wie Sie das zukünftige Leben ohne Alkohol repräsentieren würden. Es klingt nach einem negativen Ziel.

Das ist ein wichtiger Punkt. Ich könnte mit der Formulierung anfangen „die Zukunft ohne Trinken", aber dann würde ich sagen, „was machen Sie *noch*?". Da ich nicht weiß, was Sie noch machen wollen, möchte ich am Anfang nichts Spezifisches einbauen.

Denken Sie daran, daß Sie dieses Muster wahrscheinlich zusammen mit vielen anderen NLP–Methoden anwenden werden. Diese Methode setzt viele Wahlmöglichkeiten im Verhalten voraus — so daß sie mit sich selbst auch ohne Alkohol umgehen werden können. Es könnte sein, daß Sie *zuerst* viele andere Methoden benützen müssen, um alternative mögliche Verhaltensweisen für die Zukunft aufzubauen.

Entwicklung in der Zukunft

Jerry: Als wir mein Schwellenmuster herausarbeiteten, bemerkte ich, daß ich eine lange Reihe von Beispielen der Situation in der Vergangenheit sah. Ich überprüfte auf der langen Leinwand genau, wie die Dinge gewesen waren. Erst nachdem ich den neuen Inhalt eingebaut hatte, erkannte ich, daß ich eine Leinwand hinzufügen mußte, die in meine Zukunft ging, und dasselbe Muster auf die Zukunft projizieren mußte. Ich wußte, daß die Dinge in der Vergangenheit so gewesen waren, und ich mochte das nicht. Aber ich hatte solange nicht genug davon, bis ich mein Leben in ähnlicher Weise in der Zukunft sah.

Das kommt öfter vor. Für viele Menschen geht es nicht nur darum, es in der Vergangenheit anzuhäufen; an einem bestimmten Punkt denken sie sich: „Moment mal, das Leben könnte ja so weitergehen bis zum Tod. Und dies erscheint mir gar zu abscheulich, als daß ich es weitermachen würde." Die Anhäufung in die Zukunft hinein beschleunigt den Prozeß und spart Ihnen auch viel Mühe und Anstrengung; Sie werden viel schneller aus einer unangenehmen Situation herauskommen. Die Frau, die bei der ersten Verabredung geschlagen wurde, entwickelte eine fast vollständige Vorstellung dieses Vorgangs in die Zukunft.

Ralph: Ich machte dies, als ich mich scheiden ließ. Gerade als ich über die Schwelle ging, sah ich mich mit meiner Frau, und schlimme Dinge passierten auch in der Zukunft und für den Rest meines Lebens. Das mochte ich nicht, und so entschloß ich mich, etwas dagegen zu unternehmen.

Spezifizierung eines digitalen Zieles

Al: Wir wußten nicht, was wir tun sollten, weil meine Partnerin ein paar Pfunde loswerden wollte, es aber offensichtlich nicht ging, sie dazu zu bringen, „Niemals wieder!" zum Essen zu sagen.

Ich bin froh, daß Sie das bemerkt haben, ansonsten wäre sie in große Schwierigkeiten gekommen! Wozu *möchte* sie statt dessen „Niemals wieder!" sagen? Sie will nicht zu essen aufhören. Vielleicht möchte sie nie wieder *zuviel* essen. Wenn Sie ihr helfen, den Rahmen in Richtung auf *Zuviel–Essen* zu verändern, wird sie es mit etwas Digitalem zu tun haben, zu dem sie leicht „Niemals wieder!" sagen kann. Wenn Sie dieses Muster benutzen, stellen Sie sicher, daß die Person das Verhalten in einer Art beschreibt, daß sie „Niemals wieder!" sagen *kann* und dies auch tun *möchte*.

Al: Essen ist etwas, mit dem sie mindestens dreimal täglich konfrontiert wird. Ist es da nicht wahrscheinlich, daß sie manchmal zuviel ißt?

Das ist möglich. Sie kennen sicher alle Geschichten über Leute, die Diäten einhalten und dabei gut vorankommen, bis zu dem verhängnisvollen Tag, an dem sie mit einem Eis, oder mit Keksen, Crackers oder was auch immer rückfällig werden. Oder womöglich essen sie eine „Milchschnitte" und denken plötzlich, die ganze Diät sei zerstört! Eine wochenlange Diät ist für die Katz, und sie *wissen*, daß sie versagt haben, stimmt's? In diesen und ähnlichen Situationen ist es sinnvoll, mögliche Ausnahmen einzubauen, so daß es nicht ein Hinweis auf ein absolutes Versagen ist, wenn sie ein oder zweimal rückfällig werden; sie können sich die Krümel von den Lippen wischen und zur Diät zurückkehren.

Cathy: Können Sie nicht einfach die letztlich resultierenden Submodalitäten des alten Verhaltens nehmen, und das neue Verhalten da hinein übersetzen?

Ich habe das noch nicht ausprobiert, aber ich vermute, daß Sie viel mehr Erfolg haben werden, wenn Sie die Person durch den ganzen Prozeß gehen lassen. Wenn Sie sie durch ihren Prozeß der Schwellenüberschreitung gehen lassen, werden diese abschließenden Submodalitäten auf natürliche Weise vorkommen. Wenn Sie einfach versuchten, diese entscheidenden Submodalitäten zu installieren, werden Sie vermutlich auf eine Menge Widerstand stoßen. Außerdem werden Sie wahrscheinlich ökologische Probleme weniger leicht bemerken.

Mann: Ist das Schwellen–Muster nicht ein anderer Weg, Kriterien zu verändern?

Das Schwellen–Muster verändert keine Kriterien; es *macht sie sich zunutze*. Wenn Sie nur eines oder nur einige wenige, kleinere Beispiele sehen, mag das Ihre Kriterien verletzen, aber nicht in dem Ausmaß, daß Sie handeln. Wenn Sie dann doch sehr viele kleinere Beispiele sehen, die im Lauf der Zeit aufgetreten sind, oder ein schwerwiegendes Beispiel, verletzt es *dieselben* Kriterien, nun aber *in stärkerem Ausmaß*, so daß Sie über die Schwelle kommen.

„Unbewußte" Verwendung des Schwellen–Musters

Wenn Sie einmal wirklich verstehen, wie dieses Muster funktioniert, und wenn Sie eine gute Wahrnehmungsgenauigkeit haben, können Sie jemand durch das Muster führen, ohne offenkundig alle Einzelheiten einzuholen, was die Person in ihrer Vorstellung gemacht hat, um über die Schwelle zu kommen.

Ich habe dies in der Übung mit Lou gemacht. Sie hatte ein gutes Beispiel, wie sie in der Vergangenheit über die Schwelle ging, aber sie konnte ihre Submodalitäten bezüglich dieses Vorgangs nicht identifizieren. Ich bat sie, selbst noch einmal durch das Erlebnis der Schwellenüberschreitung zu gehen. Ich wollte, daß sie beim Beginn des Prozesses der Überschreitung anfängt, und dann wiedererlebt, wie es war, über die Schwelle zu gehen. Als Lou begann, nickte sie in einer bestimmten Weise mit dem Kopf und machte eine bestimmte Geste mit der Hand, die ich später „klaute", um den ganzen Prozeß zu ankern. Ich beobachtete Lous nonverbale Hinweise, während sie die Schwellenüberschreitung wieder erlebte, und erwähnte, daß sie, während sie dies tat, sich nicht nur erinnerte, sondern daß *ihr Gehirn den Weg lernte, den sie schon hatte, um die Schwelle zu passieren.* Als Lou mit einem Durchgang fertig war, bat ich sie, es noch einmal zu machen, *damit sich ihr Gehirn tatsächlich die Abfolge genau einprägen konnte, wie es ist, einfach und ökologisch die Schwelle zu überschreiten.* Dieses Mal verwendete ich meinen Anker, um ihr zu helfen, schnell zum Anfang des Prozesses zurück zu kommen. Ich beobachtete die gleiche Abfolge von nonverbalen Veränderungen, während sie nochmals durchging. Nach zwei Durchgängen bat ich Lou, den neuen Inhalt zu nehmen, mit dem sie über die Schwelle kommen wollte, und mit ihm durch denselben Prozeß zu gehen. Ich sagte zu ihr, auch wenn sie all die genauen Schritte nicht bewußt kenne, wüßte ihr Gehirn schon, was zu tun sei. Ich verwendete auch meinen nonverbalen Anker, um sicherzustellen, daß ihr Gehirn auf der richtigen Spur anfing.

Diese Vorgehensweise ist nicht so verläßlich wie die mit gründlicher Kenntnis der Reihenfolge der Submodalitätswechsel, die die Person erlebt. Wenn der „unbewußte" Ansatz nicht richtig funktioniert, müssen Sie zurückgehen und den Fehler suchen, um genau herauszufinden, was zu tun ist. Es ist jedoch schön, eine andere Wahlmöglichkeit zu haben, vor allem, wenn Sie mehr verdeckte Arbeit machen müssen.

Motivation

Richard: Könnte man es auch in der umgekehrten Richtung machen? Könnte man dieses Muster auch benutzen, um sich eher dazu zu bringen, *anzufangen sich zu bewegen* anstatt *aufzuhören, zuviel zu essen*?

Wenn Sie *anfangen* wollen , etwas zu tun, müssen Sie Motivation aufbauen, und da ist es am einfachsten, es in etwas zu übersetzen, zu dem Sie stark motiviert sind, oder Sie müssen eine zwingende Zukunftsvision aufbauen.

Im Gegensatz dazu ist das „Der letzte Tropfen"-Schwellenmuster dazu da, eine Motivation zu *brechen,* die *schon aufgebaut ist.* Sie sind schon motiviert, ein Auto oder eine Gewohnheit oder eine Beziehung zu haben, aber es klappt nicht so, wie Sie sich das vorstellen. Wie beim Compulsion Blowout auch, ist es nicht möglich so etwas einfach abzubauen; etwas muß bis zu einer irreversiblen Schwelle aufgebaut werden.

Kate: Gibt es Menschen, die überhaupt keinen Weg haben, über die Schwelle zu kommen? Leute, die in wirklich schlimmen Situationen drin bleiben, egal was passiert?

Ja, die gibt es. Wenn Sie keinen Weg haben, um über die Schwelle zu kommen, könnten Sie erwägen, einen in Ihr Repertoire aufzunehmen. Einige Menschen haben nie gelernt, wie man Erfahrungen über eine gewisse Zeitspanne hinweg ansammelt. Sie warten dann bezeichnenderweise, bis ein *anderer* über die Schwelle geht und eine Situation beendet. Da sie nie über die Schwelle kommen und entscheidende Handlungen machen, wird ihnen oft ein psychiatrisches Etikett verpaßt, wie z.B. „passiv–aggressiv", einfach aus dem Grund, weil sie eine bestimmte Fähigkeit nicht haben. Wenn jemand in der Situation ist, daß er etwas ruhig hinnimmt, was man sich nicht gefallen lassen sollte, obwohl er immer wieder beleidigt wird, dann kann es sein, daß er nicht weiß, wie man Sachen anhäuft.

Eine andere Möglichkeit ist zu erkennen, daß es viele unangenehme Beispiele in der Vergangenheit gibt, aber zu denken, daß die Zukunft besser werden wird. Die Frau eines Alkoholikers denkt womöglich, „Na gut, ich werde ihn verändern" oder „Er wird es in der Zukunft besser machen, also bleibe ich bei ihm." Manchmal bringt es sie über die Schwelle, wenn man sie die Beispiele sowohl in die Zukunft als auch in die Vergangenheit projizieren läßt. Dies hat Jerry gemacht.

Eine dritte Möglichkeit ist, daß die Person erkennt, daß ihr furchtbares Leben weitergehen wird, sie aber keine Alternative sehen kann. Manchmal wird die Person automatisch über die Schwelle gehen, wenn sie eine subjektiv reale Alternative aufbaut, weil es nur das Fehlen einer Alternative war, was sie zurückhielt. Anderseits ist manchmal die Verwendung des Musters nach anderen Techniken, mit denen ein alternatives neues Leben aufgebaut wurde, der Punkt, der die Veränderung in Gang bringt und verfestigt.

Das andere Extrem ist die Person, die beim geringsten Anlaß über die Schwelle geht. Diese Person kann viele Ex–Freunde und ehemalige Jobs haben. Manchmal ist es nützlich zu lernen, bezüglich einer bestimmten Verhaltensweise über die Schwelle zu gehen, anstatt eine ganze Beziehung zu zerstören. Sie können den Entschluß fassen, jemandem nie wieder in bezug auf Geld zu vertrauen, aber erkennen, daß Sie ihm hinsichtlich von Geheimnissen oder von Besitz immer noch trauen können, und ihn als Freund behalten.

Die Schwellenüberschreitung ist ein sehr wirksames Muster, das entscheidende Veränderungen im Leben bewirken kann. Wir bitten Sie jedoch eindringlich, es als ein „Muster letzter Zuflucht" zu betrachten. Oftmals werden viel einfachere und grundlegendere NLP–Muster die Ergebnisse erzielen, die Ihr Klient erreichen will, mit viel geringeren Nachwirkungen oder Begleiterscheinungen.

7 Interne und externe Referenz

Einige Menschen kommen häufig in Schwierigkeiten, weil sie ständig voraussetzen, daß andere recht haben, und ihre Entscheidungen auf der Grundlage der Meinung von anderen treffen. Soziologen haben diese Menschen als „außengeleitet" oder als „Konformisten" bezeichnet. Nach der NLP–Terminologie verwenden solche Menschen eine „externe Referenz". *Externe Referenz* bedeutet, daß jemand oder etwas *anderes* für mich entscheidet, was gut, schlecht, richtig, falsch, lustig, langweilig oder was auch immer ist. Jemand mit einer externen Referenz wird womöglich wiederholt andere fragen, was zu tun ist, oder sagen: „Ich werde in meinem Horoskop nachschauen, um herauszufinden, was ich tun soll." Therapeuten sind oft die externe Referenzerfahrung für Klienten: „Dr. X sagt, ich habe einen Ödipuskomplex, also muß ich einen haben", oder „Wenn er mir nur sagen wird, wie ich mein Leben zu leben habe, kann ich glücklich sein." Einer unserer Lieblingscartoons zeigt einen Psychiater, der zu einem Patienten auf der Couch sagt: „Ich habe eine gute Nachricht für Sie, Mr. Jones; meine Mutter meint, daß es Ihnen viel besser geht." Wenn eine Person mit externer Referenz einige Menschen hat, die ihr Anweisungen geben, wird sie bezeichnenderweise Schwierigkeiten haben, eine dieser Instruktionen auszuwählen. Menschen in religiösen Sekten haben gewöhnlich nur eine einzige externe Referenz — den Sektenführer; oder sie verwenden irgendeine religiöse Schrift als ausschließliche Entscheidungsgrundlage.

Im Gegensatz dazu bedeutet *interne Referenz*, daß *ich* entscheide, was richtig und falsch ist, usw. Ich kann viele Informationen von anderen Menschen oder aus der Umgebung einholen, aber ich bin derjenige, der darüber entscheidet.

Frau: Also bedeutet „intern", daß Sie auf Ihre internen Erfahrungen achten, und „extern" heißt, Sie richten Ihre Aufmerksamkeit auf das, was außen ist?

Nein. Es ist gut, daß Sie die Frage ansprechen, weil das ein anderes Unterscheidungsmerkmal ist. Sie sprechen von dem Unterschied zwischen externer und interner *Bewußtheit*. *Referenz* hat nicht notwendigerweise damit zu tun, wo Ihre Aufmerksamkeit ist; es hängt damit zusammen, wer entscheidet. Ich kann eine interne Referenz haben und trotzdem die Meinungen anderer um mich herum anhören oder viele Informationen von außen gewinnen. Aber wenn ich eine interne Referenz habe, bilde ich mir mein eigenes Urteil, um bezüglich all dieser Meinungen und Fakten eine Entscheidung zu treffen.

Viele Menschen verwenden interne bzw. externe Referenz als diagnostische Kategorie — sind Sie eine Person mit interner oder externer Referenz? Wir haben die Submodalitätsunterschiede zwischen interner und externer Referenz erforscht, so daß Sie das, was Sie machen, *verändern* können, wenn Sie wollen.

Gruppenübung

Wir möchten, daß Sie alle mit uns ein Experiment machen, um herauszufinden, was in *Ihrem* Gehirn passiert, wenn Sie von interner zu externer Referenz wechseln, oder umgekehrt. Könnten Sie bitte alle so tun, als hätten Sie eine interne Referenz, und dann so, als hätten Sie eine externe Referenz. Dabei können Sie entdecken, wie sich Ihre Submodalitäten bei diesen zwei Erfahrungen verändern. Sie können sich wahrscheinlich alle an Zeiten erinnern, in denen Sie in Ihrer Referenz mehr intern oder mehr extern orientiert waren. Im Moment sollten Sie so tun, als ob Sie jede Erfahrung für sich ganz extrem machen. Falls es einige unter Ihnen gibt, die Schwierigkeiten haben, bei internen oder externen Referenzerfahrungen bis zu einem Extrem zu gehen, ist dies auch eine interessante Information.

Zuerst sollen Sie vorgeben, eine interne Referenz zu haben. Ich werde einiges zu Ihnen sagen, und da Sie ein internes Referenzsystem haben, *sind Sie* der– oder diejenige, der oder die das entscheidet oder bewertet, was ich sage: „Wenn Sie jeden Tag eine halbe Stunde lang einen Kopfstand in Richtung Norden machen, wird das Ihre Lebensqualität sehr verbessern." Beachten Sie, welche Erfahrung Sie machen, wenn Sie dies von einer internen Referenzerfahrung aus betrachten — Sie entscheiden ...

Nun tun Sie vorübergehend so, als ob Sie eine externe Referenz haben, und ich bin sie. Denken Sie daran, daß dies nur für eine gewisse Zeit der Fall ist; Sie werden Ihre eigene Entscheidungsfähigkeit leicht zurückbekommen, sobald Sie dies ausprobiert haben. Im Moment bin ich Ihre externe Referenz. Sie wissen im voraus, daß was immer ich auch sage, wahr ist. „Wenn Sie jeden Morgen mindestens fünf Minuten lang das mittlere C summen, wird Sie das in größere Harmonie mit dem Universum bringen." Beachten Sie, welche Erfahrungen Sie machen, während Sie mit einer externen Referenz auf diese Bemerkung reagieren.

Diskussion

Also, was hat sich verändert? Was ist anders, wenn Sie von interner zu externer Referenz übergehen?

Dee: Als ich die externe Referenz ausprobierte, gab es nur eine Stimme — Ihre. Bei der internen Referenz waren zwei oder mehr Stimmen vorhanden; es war eher wie ein Dialog oder eine Diskussion. Ich hörte Ihre Stimme, und meine ebenfalls.

Das ist ziemlich typisch. Was ist mit Bildern? Was änderte sich für Sie hinsichtlich der Bilder?

Dee: Dasselbe; es gab nur eines bei der externen Referenz, und mehr als eines bei der internen Referenz.

Dick: Bei der internen Referenz bekam ich mehrere Bilder. Eines davon, was die andere Person sagte; aber ich machte mir auch ein Bündel von anderen Bildern, die auf meine *eigene* Erfahrung bezogen waren: was ich aus der Vergangenheit wußte, oder was ich erfinden oder konstruieren kann, oder was auch immer — alternative Möglichkeiten, zwischen denen ich mich entscheiden kann.

Das ist ein wesentlicher Teil dessen, auf welche Weise die meisten Menschen zu einer internen Referenz fähig sind.

Carolyn: Ich habe nicht mehrere Bilder für die interne Referenz. Ich mache mir einen assoziierten Film und lasse ihn ein paar Minuten laufen, damit ich weiß, ob ich es tun will oder nicht. Während der Film läuft, stelle ich mir Fragen bezüglich dem, was vor sich geht: „Tut mir das auf irgendeine Art und Weise gut? Wie sehr mag ich diese Person? Sollte ich dies für sie tun? Gibt es irgend etwas, was sie hat, das ich haben möchte?"

Wie beantworten Sie diese Fragen, verbal oder visuell?

Carolyn: Verbal. „Nein, dies macht keinen Spaß; ich möchte das nicht machen."

Das ist eine andere Art, um mit der Entwicklung vieler Alternativen zu beginnen, so daß Sie sich entscheiden können, was Sie am liebsten mögen. Wie machen Sie das mit externer Referenzerfahrung?

Carolyn: Ich habe da auch einen Film, aber ich bleibe dissoziiert. Ich überprüfe nichts dadurch, daß ich mir ansehe, ob ich es mag oder nicht.

Ann: Bei externer Referenz war das Bild dessen, was die andere Person sagte, überwältigend nah. Bei interner Referenz waren die Bilder viel weiter weg.

Die meisten Menschen haben ein großes, helles, nahes Bild bei externer Referenz. Bei näherem Nachdenken ergibt das einen Sinn: Wenn Sie auf jemand anderes reagieren, und dabei das Bild dessen, was er Ihnen erzählt, recht groß und nah machen, wird kein Platz mehr für *Ihre* Bilder von anderen Alternativen bleiben. Es ist sehr schwer, sich selbst zu entscheiden, wenn alles, was Sie innerlich sehen können, eine Repräsentation dessen ist, was der „Experte" sagt.

Überprüfen Sie nun die Position Ihrer Bilder. Gibt es einen Unterschied darin, wie hoch oben Sie die Bilder sehen, je nachdem, ob Sie eine interne oder externe Referenzerfahrung haben?

Sam: Die externe war höher.

Viele von Ihnen nicken. Gab es dabei irgendwelche Ausnahmen? ...Joan, Ihre Repräsentation dessen, was die andere Person sagte, war bei externer Referenz niedriger? War sie auf diese Weise für Sie zwingender?

Joan: Nein. Es war niedriger und kleiner und dunkler, und ich war in diesem Bild sehr klein. Bei interner Referenz war das Bild höher oben und viel größer.

Das ist etwas rätselhaft; es scheint bis jetzt nicht zu dem Muster der anderen Reaktionen zu passen.

Chris: Meine Erfahrung war ziemlich ähnlich wie die von Joan. Aber ich erkannte, daß ich, wenn ich es mit einer externen Referenz versuchte, eigentlich eine interne Haltung einnahm, eine Meta–Position. Deshalb ist das Bild klein und niedrig. Ich fand es schwierig, tatsächlich extern orientiert zu sein. Dann hatten Richard und ich den Gedanken — wir sagten es gleichzeitig —: „Wir können dies tun, wenn wir eine Altersregression machen." Ich versetzte mich zurück in die Kindheit, und sofort war die externe Referenz groß und strahlend — jemand hob mich hoch.

Paßt das, was Chris sagte, für Sie, Joan?

Joan: Ja, genau. Es war für mich sehr schwierig, die externe Referenz auszuprobieren. Es ging nur für ganz kurze Zeit.

Also ergeben diese offensichtlichen Ausnahmen schließlich doch einen Sinn. Das tun sie immer, wenn Sie genügend Information erhalten.

Fran: In unserer Gruppe erlebten wir alle mehr Entspannung bei der externen Referenz. Es fühlte sich an wie eine Erleichterung, einfach nur zu warten, bis einem gesagt wird, was man tun soll, und sich nicht entscheiden zu müssen.

Bill: Wir machten genau die entgegengesetzte Erfahrung. Unsere Gruppe muß eher intern orientiert gewesen sein. Wir fühlten alle große Anspannung beim Umgang mit der externen Autorität; es fühlte sich wie ein Kampf an: „Ich hasse dies."

Also empfanden Sie Ihre übliche Neigung als am wohltuendsten. Es ergibt einen Sinn, daß Sie sich angespannt fühlen, wenn Sie das bekämpfen, was die andere Person sagt.

Sally: Ich hatte Schwierigkeiten mit der externen Referenz. Wenn ich daran dachte, daß etwas wie ein Befehl klingt, schlug eine Tür in meinem Gehirn zu, und ich hörte nicht mehr länger zu. Sandy war flexibler; sie konnte das aufnehmen, was ihr gesagt wurde, es überdenken und zu anderen Bildern übergehen, die Alternativen darstellten. Aber ich konnte nicht mal so weit kommen. Wenn ich denke, daß eine andere Person meine Wahlmöglichkeiten eliminiert, sage ich „Vergiß es!".

Diese Art von schützender, gegensätzlicher Reaktion kann nützlich sein, sie enthält aber auch ein bestimmtes Risiko, weil es so eine „Alles–oder–Nichts"-Reaktion ist. Was ist, wenn jemand schreit „Feuer! Raus aus dem Gebäude JETZT!" Und Sie stehen da und denken „Nein — Sie können *mir* doch nicht erzählen, was ich tun soll!" (Lachen) Eine Polaritätsreaktion wie diese *hat den Zweck*, Sie vor den Meinungen anderer zu schützen und Ihre Wahlmöglichkeiten zu bewahren, aber oft bewirkt sie eigentlich eine *Begrenzung* Ihrer Wahlmöglichkeiten.

Egal, was mir jemand erzählt — ob es sich um einen Befehl, ein

Lob, Schmeicheleien, Kritik oder was immer handelt — ich würde eher offen für den Inhalt und fähig sein, es für mich selbst einzuschätzen, anstatt die Tür davor zuzuknallen und meine Wahlmöglichkeiten zu begrenzen: „Ich mag den Klang nicht, also vergiß es!" Wenn ich so auf die Tonlage von jemandem reagiere, geht mir womöglich wichtige Information verloren. Ich möchte die Flexibilität haben, meine Optionen offen zu halten, auf Ideen zu hören — wo immer sie geäußert werden, wie verrückt sie auch scheinen mögen. Was ich gerade gesagt habe, ist ein Beispiel für interne Referenz, und es beinhaltet auch einige Reframing–Muster.

Charakteristika externer Referenz

Lassen Sie uns nun einige Verallgemeinerungen aus diesem ganzen Material ziehen. Wenn Sie eine starke *externe* Referenz entwickeln wollen, machen Sie über das, was ein Experte sagt, große, helle, nahe Bilder. Gehen Sie sicher, daß das jeweilige Bild groß und zwingend genug ist, so daß es in Ihrem Gesichtsfeld keinen Platz mehr für irgendwelche eigenen Gedanken gibt. Wenn Sie die betreffenden anderen Leute vor Ihrem geistigen Auge sehen, sehen Sie sie leicht erhöht über Ihnen. Wenn Sie irgend etwas hören, geben Sie ihm die Stimme des „Experten", oder Ihre eigene Stimme, die wiederholt, was der Experte sagt, vorzugsweise in der Tonlage und mit der Geschwindigkeit des Experten.

Einrichtung einer externen Referenz

Führer sind gut darin, eine externe Referenz zu installieren, so daß Sie machen werden, was sie sagen. Sie stellen sicher, daß sie bei ihren Reden hoch oben auf erhöhten Rednertribünen stehen. Sicherlich werden Sie sie gewöhnlich nicht in Positionen sehen, die niedriger als das Publikum sind. Sie hängen oftmals ihre überlebensgroßen Fotos auf, die auf die Menschen herunterschauen. Wir kennen einen Seminarleiter, der ein überlebensgroßes Bild von sich selbst hinter sich hängen hat, wenn er Trainings durchführt, und dazu noch zwei riesige Fernsehmonitore auf jeder Seite, mit Nahaufnahmen von seinem Gesicht.

Sektenführer tun auch viel, um ihre Anhänger davon abzuhalten, über andere Möglichkeiten nachzudenken. Auf einer öffentlichen Veranstaltung, die wir besuchten, stellte ein junger Mann einem bekannten Guru eine (für uns) sehr vernünftige Frage. Der Guru antwortete eindringlich: „Ich bin ein Holzschnitzer; du bist ein Stück Holz. Im letzten Monat entschloß sich ein Student, nicht zu tun, was ich sagte; am nächsten Tag hatte er einen Autounfall und starb."

Greg: Es klingt so wie beim Militär!

Frank: Meinen Sie, daß das Militär *keine* Sekte *ist*? (Lachen) Ich hielt es immer für dasselbe.

Es ist kein Zufall, daß das Militär es vorzieht, junge Rekruten einzuziehen, von denen die meisten noch keine starke interne Referenz entwickeln konnten. Obwohl wir keine großen Fans des Militärs sind, ist es oft wahr, daß das Überleben einer militärischen Einheit von dem sofortigen und bedingungslosen Gehorsam gegenüber Befehlen abhängt. Hoffentlich weiß der Typ, der die Befehle gibt, mehr als man selber, und auch, was er tut; aber auch, wenn er dies nicht tut, ist es wahrscheinlich besser, seine Befehle zu befolgen, und nicht als isoliertes Individuum auf eigene Faust zu handeln.

Chris: Eine andere Sache, die ich ausprobiert habe, war sehr aufschlußreich für mich. Ich übernahm die externe Referenz und stellte mir dann vor, einige Anweisungen zu erhalten, die entweder verwirrend waren, oder die ich nicht verstand. Es war ein sehr beunruhigendes Erlebnis. Ich bekam dieses große, helle, nahe Bild, aber es war ganz verschwommen.

Stimmt. Wenn Sie annehmen, daß jemand anderes recht hat, und wenn ihnen diese Menschen dann eine Menge verworrenes Geschwafel bieten, werden Sie wahrscheinlich davon ausgehen, daß Sie adäquate Anweisengen erhalten haben, aber nicht verstehen können, was zu tun ist. Das kann sehr problematisch sein.

Sandy: Das ist ähnlich wie das, was kleinen Kindern oft in der Schule passiert. Die Lehrerin ist die Autorität, also ist anzunehmen, daß sie alles weiß. Sie gibt den Kindern verwirrende Anweisungen, und dann wissen diese nicht, was zu tun ist. Das ist ein Grund, warum viele Kinder schlecht in der Schule sind.

Andy: Ich habe mich im Raum umgeschaut, während Sie uns die Übung machen ließen, und festgestellt, daß sich die Haltung von jedem sehr änderte, als wir von der externen zur internen Referenz übergingen. Bei der externen Referenz lehnten sich die Leute mehr vor und bei der internen meistens ein bißchen zurück.

Das ist eine gute Beobachtung. Bei externer Referenz tendieren Menschen dazu, ihren Kopf in den Nacken zu legen und mit großen, betroffenen Augen zu schauen; bei interner Referenz bewegt sich der Kopf typischerweise nach hinten und die Augenlider sind weniger weit geöffnet.

Wann was zu tun ist

In den meisten Situationen sind Sie mit einer internen Referenz besser dran, weil Sie so Ihre eigenen Entscheidungen gemäß Ihrer eigenen Werte und der besten Ihnen zur Verfügung stehenden Information treffen können. Interne Referenz ist auch oft stark mit dem Überleben verbunden. *Viktor Frankl* entdeckte, daß viele Überlebende der Konzentrationslager in der Lage waren, ihre *interne* Wahlmöglichkeit aufrechtzuerhalten, auch in Situationen, die anscheinend total von anderen kontrolliert waren. Auch Krebspatienten, die überlebten, bilden eher internal Alternativen in ihrem Leben, anstatt passiv das „Urteil" zu akzeptieren, das ihnen verkündet wurde. Die „Experten" prophezeien ihnen, sie werden in 6 Monaten sterben, und sie stimmen dem nicht zu. Wenn dies für Menschen in solch ausweglosen Situationen möglich ist, um wie viel mehr ist es uns möglich?

In den Fällen, wo jemand anderes jedoch wirklich mehr *weiß* als Sie, wird externe Referenz besser funktionieren. Wenn Sie z. B. ein krankes Kind in die Notaufnahme bringen, ist es sinnvoll, dem Urteil des diensthabenden Arztes zu vertrauen, anstatt sich die Zeit zu nehmen, selbst Arzt zu werden, so daß Sie selbst entscheiden können.

In Zeiten wie diesen ist Ihre eigene Information so unvollständig, daß es angemessener ist, jemand anderes als externe Referenz, zumindest vorübergehend, in einer bestimmten Situation zu akzeptieren. Die meisten Menschen machen dies, wann immer sie zu einem Arzt gehen, einem Installateur, oder irgendeiner anderen Person, die auf einem Gebiet ein Experte ist, auf dem sie sich selbst sehr wenig auskennen. Wenn Sie dies machen, ist es sorgfältig kontextualisiert, eine externe Referenz zu haben und in eine interne Referenz *einge-*

bettet, beide sind also integriert. Sie entscheiden nach wie vor sorgsam, wann es sinnvoll ist, der Meinung von jemand anderem zu vertrauen, und Sie können immer noch jeden Test anwenden, den Ihre minimalen Kenntnisse zulassen. Falls Ihnen Ihr Arzt rät, Blutegel anzusetzen, oder Ihr Installateur eine offene Versitzgrube in Ihrem Wohnzimmer vorschlägt, werden Sie sich womöglich entschließen, einen anderen Experten zu suchen!

Jose: Ich werde eine externe Referenzerfahrung in folgender Weise akzeptieren: wenn ich mir anschaue, was jemand sagt, und keine Vergleichsmöglichkeit habe, weil ich überhaupt nichts darüber weiß. Und außerdem, wenn ich mir anschaue, was diese Person in der Vergangenheit gesagt hat, und wenn er gewöhnlich recht hatte.

Dies sind beides Beispiele für die Einbettung externer in eine interne Referenz.

Aufbau einer internen Referenz

Viele Menschen würden gerne besser für sich selbst entscheiden können, anstatt zwischen den Meinungen von anderen hin- und hergerissen zu sein. Wenn Sie eine starke *interne* Referenz haben wollen, stellen Sie sicher, daß Sie Wege haben, alternative Repräsentationen zu entwickeln, entweder durch eine innere oder eine äußere Suche, oder durch beides. Diese alternativen inneren Repräsentationen sollten zumindest so zwingend sein wie die Repräsentationen, die Sie von anderen Menschen übernommen haben.

Falls Sie gerne mehr interne Referenz hätten, denken Sie an eine Situation, in der Sie mehr external orientiert waren als es Ihnen lieb war; als Sie z. B. dem Rat von jemandem folgten und es nicht gut ausging. Sie können zu dieser Zeit zurückgehen und die Repräsentation von dem nehmen, was immer die andere Person sagt, und sie schrumpfen lassen, sie weiter weg bewegen, oder sie dunkler und weniger farbig machen, etc. Dann werden Sie weniger darauf reagieren und mehr Raum für Ihre *eigenen* alternativen Repräsentationen haben. Sie können auch dieses vergangene Ereignis auf einen frühzeitigen Hinweis absuchen, daß es keine gute Idee war, dieser Person zu trauen, oder auf verpaßte Gelegenheiten für Sie, Tests anzuwenden, die Ihnen diese Information geliefert hätten. Dann machen Sie ein Future Pace darüber, was Sie dabei gelernt haben.

„Ohne Angst" gegenüber Autoritätspersonen

Wir haben diese Technik bei Menschen angewendet, die Autoritätspersonen gegenüber ängstlich sind. Wenn der Klient an die Person denkt, die ihm Angst einjagt, sagt er typischerweise etwas wie: „Oh ja, ich kann ihn sehen. Das Bild ist groß und hell und nah, und es ist irgendwie hoch oben." In diesem Fall bitten wir ihn, das Bild kleiner zu machen, es ein bißchen zurück zu bewegen, und die Helligkeit zu verringern. Dies ermöglicht ihm, an jemand zu denken, der Autorität hat, ohne überwältigt zu werden und zwangsläufig damit übereinzustimmen, was dieser sagt. Es wird einfacher, die andere Person wie einen Gleichrangigen zu behandeln und nicht wie den „Big Brother".

Es könnte auch nötig sein, daß Sie direkt eine schützende Stimme einrichten, wie es Carolyn gemacht hat; eine Stimme, die ständig das, was jemand anderes sagt, bezüglich Ihrer Ziele in Zweifel zieht, die die Konsequenzen dessen untersucht, was jemand sagt, und dazu alternative Möglichkeiten vorschlägt. Wenn jemand nur *eine* Vorstellung von einer Situation hat, wird er womöglich auf dieser Grundlage handeln, auch wenn Sie sie klein und dunkel machen und weit weg bewegen. Im nächsten Kapitel beschreiben wir eine spezielle Methode, wie man Menschen beibringt, ihre eigenen Bewertungen und Entscheidungen treffen zu können.

Ausrichtung auf andere

Einige Menschen werden von Autoritätspersonen nicht besonders eingeschüchtert, sind jedoch übermäßig empfänglich für die Bedürfnisse von anderen, während sie ihre eigenen vernachlässigen. Dies führt oft zu einem „Ausbrennen" bzw. einem „Ausgelaugt werden", und es hat gewöhnlich eine ähnliche Struktur wie Ängstlichkeit. Um übermäßig empfänglich für die Bedürfnisse von anderen zu werden, machen Sie zuerst eine Repräsentation dessen, was diese Person braucht. Dann machen Sie dieses Bild entweder groß, hell und nah, oder zoomen es sich hinein und machen es panoramisch, so daß es die ganze Leinwand, den ganzen Bildschirm Ihres Gesichtsfeldes ausfüllt; so haben Sie keinen Raum mehr für Bilder darüber, was Sie wollen. Wenn Sie nur die Bedürfnisse von anderen sehen können, werden Sie auch nur darauf reagieren. Diese Bilder sind normalerweise *nicht* höher oben als bei Ängstlichkeit.

Als Gegenmittel:

1. Denken Sie an jemanden, auf den Sie übermäßig reagieren, während Sie Ihre eigenen Bedürfnisse verleugnen.

2. Achten Sie darauf, wie Sie diese Person vor Ihrem geistigen Auge sehen. Ist das Bild groß und nah, vielleicht panoramisch? Hat ihre Stimme irgendeine Eigenschaft, die ein Ignorieren unmöglich macht? (Falls Sie Schwierigkeiten haben, die wesentlichen Submodalitäten zu identifizieren, *vergleichen* Sie dieses Bild mit einem Bild von jemandem, bei dem Sie nicht übermäßig empfänglich reagieren.)

3. Bewegen Sie dieses Bild von ihr oder von ihren Bedürfnissen weiter weg, und machen Sie es kleiner, dunkler, weniger farbig, etc. War es am Anfang panoramisch, so reduzieren Sie den Blickwinkel auf ein kleines gerahmtes Bild vor Ihnen. Lassen Sie ihre Stimme leiser werden, oder verändern Sie die Tonlage in nützlicher Weise, bis Sie sich weniger von den Bedürfnissen dieser Person überwältigt fühlen.

4. Nun schaffen Sie eine andere Leinwand, einen zusätzlichen Bildschirm in derselben Größe, mit derselben Helligkeit und Entfernung von Ihnen wie das Bild über die Bedürfnisse der anderen Person. Fragen Sie sich, „Was will *ich*?" und setzen Sie Ihre Antworten in diesen neuen Rahmen.

5. Nun blicken Sie auf zwei Leinwände oder Bildschirme: eine oder einer zeigt Ihre Wünsche und der oder die andere die Wünsche der anderen Person. Fragen Sie sich: „Was würde die Bedürfnisse/Wünsche *sowohl* von mir *als auch* von der anderen Person am besten erfüllen?" In bestimmten Situationen, oder bei bestimmten Personen, kann es angemessener sein, Ihre eigenen Bedürfnisse mehr (oder weniger) wichtig im Vergleich mit denen von anderen zu machen. Können Sie besser auf beide ansprechen, in angemessener Ausgewogenheit?

6. Machen Sie ein Future Pace mit geeigneten zukünftigen Situationen über den von Ihnen gewählten Weg, die Dinge zu sehen.

Es ist relativ einfach, jemandem mit externer Referenz zu helfen, mehr internal orientiert zu werden. Die meisten Menschen, die aus eigenem Antrieb Hilfe suchen, sind solche mit mehr externer Referenz. Natürlich können sie weniger bewußte Teile mit ganz anderen Vorstellungen haben! Menschen, die sehr external sind, werden dazu neigen, Sie zu fragen, was zu tun ist und dann allen Ihren Anweisungen folgen, weil sie annehmen, daß Sie recht haben. Da es gewöhnlich nicht allzu schwer ist, sie dahin zu bringen, *Sie* als ihre externe Referenz zu akzeptieren, können Sie ihnen einfach sagen, was zu tun ist: „Ich denke, es ist keine Frage, daß Sie mehr Aufmerksamkeit auf Ihre eigenen Wünsche richten und für sich selbst denken sollten." Wenn die Person das tut, wird sie anfangen, mehr interne Referenz zu entwickeln. Wenn sie sich weigert, das zu tun, was Sie verlangen, wird sie *ebenfalls* eher aus einer internen Referenz heraus handeln — für sich selbst entscheiden, anstatt zu tun, was andere sagen.

Feedback

Wenn Menschen mit interner Referenz offen und empfänglich für Feedback und Information von außen sind, sind sie und diejenigen in ihrer Umgebung wahrscheinlich glücklich. Wenn Sie empfänglicher für die Sichtweise von anderen werden wollen, und Feedback besser nützen wollen, können Sie Ihre eigenen Vorstellungen weniger zwingend machen (kleiner, dunkler, weiter entfernt), und so Platz für andere Repräsentationen schaffen. Sie können Ideen anderer zumindest attraktiv genug machen, um sich selbst dazu zu bringen, ihnen Beachtung zu schenken.

Falls jemand Feedback kaum beachtet, fragen Sie ihn, ob irgendwelche anderen Menschen in seinen Bildern vorhanden sind, wenn er Entscheidungen trifft. Wahrscheinlich ist das nicht der Fall. Bitten Sie ihn, seine Frau, seine Kinder, seinen Arbeitgeber und alle anderen Leute, die von seinen Entscheidungen betroffen sind, hinzuzufügen. Dann bitten Sie ihn, seine Aufmerksamkeit darauf zu lenken, wie diese anderen Menschen auf eine vorgeschlagene Entscheidung oder Handlung reagieren. Dies wird eine sinnvolle Veränderung dahingehend bewirken, daß er auf Feedback achtet. Genaugenommen ist dies eher eine *inhaltliche* Intervention als eine submodalitätsbezogene *Prozeß*intervention, aber sie ist sehr nützlich, um jemand zu helfen, mehr external zu werden. Jemand mit einer externen Referenz wird wahrscheinlich schon viele andere Menschen in seinen Bildern haben. Einige haben ein Ensemble von tausend Mitwirkenden! Für sie kann es sinnvoll sein, damit zu experimentieren, Entscheidungen zu treffen, ohne so viele Zuschauer zu haben.

Einige Menschen mit interner Referenz nehmen eine Extremposition ein: sie gehen im voraus davon aus, daß sie recht haben, und ignorieren die Meinungen von anderen. Diese Menschen machen sich gewöhnlich so zwingende Bilder ihrer eigenen Meinungen, daß es keinen Platz mehr gibt, auch noch alternative Repräsentationen in Erwägung zu ziehen. Wenn eine Person für Feedback nicht zugänglich ist, ist es wahrscheinlich viel schwieriger, sie zu einer Veränderung zu bewegen, weil sie schon vorprogrammiert ist, die Ideen von anderen nicht zu beachten — inklusive Ihrer!

Jemand mit starker interner Referenz sucht kaum Hilfe; er ist wahrscheinlich eher ein vom Gericht zwangsweise geschickter Patient oder ein unkooperativer Ehepartner. Wenn Sie mit jemand arbeiten, der für Feedback nicht zugänglich ist, müssen Sie sehr sorgfältig sein Glaubenssystem pacen; und das beinhaltet, daß er recht hat und Sie im Unrecht sind. „Sie wissen offensichtlich viel mehr über Ihre Situation als ich jemals lernen könnte; ich kann Ihnen nur ein paar armselige Vorschläge machen, in der schwachen Hoffnung, daß Sie zu dem Schluß kommen, daß ein oder zwei davon möglicherweise nützlich für Sie sein können." Alles, was er Ihrer Meinung nach tun soll, sollte so gut wie möglich als *seine* Idee ausgegeben werden oder zumindest als *seine* Entscheidung. „Sie haben mir schon erzählt, wie wichtig das für Sie ist. Hier sind noch einige andere Ideen, die Sie in Erwägung ziehen können — an die Sie ohne Zweifel schon vorher gedacht haben — und die ihre Pläne sogar noch vollständiger machen könnten." Indem Sie das Glaubenssystem der Person pacen, daß Sie nichts haben, was des Zuhörens wert wäre, werden Sie paradoxerweise zuhörenswert.

Wenn eine Person total unzugänglich für Feedback ist, ist dies wahrscheinlich gefährlicher — vor allem für andere — als zu external zu sein. Denken Sie an Menschen, die Sie kennen, die in diese Kategorie passen könnten. Dies sind diejenigen Menschen, die denken: „Ich brauche von außen nichts sehen oder hören, um zu wissen, daß ich im Recht bin." Diese Leute werfen keinen Blick auf die äußere Welt, um relevante Informationen zu bekommen: Verfeinerungen, fehlende Bestätigungen, zusätzlich Gelerntes, etc. Sie hören auch kein Feedback, sogar wenn es angeboten wird, weil sie gewöhnlich zu sich selbst sagen: „Ich weiß schon, daß ich recht habe, warum soll ich mich damit abgeben?" Solch eine extreme interne Referenz zu verändern ist sehr schwierig, weil er sofort, wenn Sie irgend etwas sagen, das das verletzt, was er für wahr *hält*, die Haltung einnehmen wird: „Nicht mit mir!" Die Arbeit mit diesen Menschen ist eine echte Herausforderung, weil sie in einer sehr engen und spezifischen Realität leben. Eine paranoide Person ist ein hervorragendes Beispiel dafür.

Sally: Was machen Sie in diesem Fall?

Na ja, es gibt keine narrensicheren Techniken, aber es gibt einige Dinge, die Sie ausprobieren können, von denen die meisten verdeckte Methoden sind.

Bei paranoiden Patienten oder jedem anderen, der mißtrauisch ist, können Sie sagen: „Vertrauen Sie mir nicht! Obwohl ich Ihnen keinen Schaden zufügen will, könnte ich dies zufällig tun. Ich möchte sehr umsichtig sein, und vorsichtig überprüfen, was ich sage und tue, um mich zu vergewissern, daß das, *was wir hier zusammen machen, Ihnen zugute kommt.*" Wiederum werden Sie paradoxerweise vertrauenswürdig, wenn Sie jemand instruieren, Ihnen nicht zu vertrauen — was er sowieso in jedem Fall tun wird. Während Sie dies machen, können Sie einige Präsuppositionen und Reframings hineinrutschen lassen, die später nützlich sein werden. Zum Beispiel führen die drei eben in Anführungszeichen genannten Sätze die Unterscheidung zwischen Absicht, Verhalten und Ziel ein, genauso wie die Präsupposition, daß es möglich ist, zusammenzuarbeiten und das dies zum Besten der Person sein kann.

Anstatt zu versuchen, das Glaubenssystem einer Person zu verändern, ist es oftmals viel einfacher, es als Hebel zu verwenden, um sie dahin zu bringen, das zu tun, was Sie wollen. Nach einem gründlichen Pacing können Sie alle Ihre anderen NLP–Werkzeuge gebrauchen, solange sie verdeckt eingesetzt oder angemessen angekündigt werden. „Da Sie so viel intelligenter als der Rest Ihrer Familie sind, sollte es für Sie sehr einfach und leicht sein, nett und freundlich zu ihnen zu sein, während sie langsam lernen, was Sie schon wissen." „Da Sie so sicher sind, daß Sie recht haben, könnte es nichts schaden, sorgfältig auf die Meinung Ihrer Frau zu hören und sie zuvorkommend in Erwägung zu ziehen, als ob sie so wichtig wie Ihre eigene wäre. Nur jemand, der unsichere eigene Standpunkte hat, würde dies nicht machen wollen."

Jemand, der für Feedback unzugänglich ist, wird gewöhnlich zustimmen, daß es gefährlich ist, anderen zu vertrauen. Nachdem Sie dies gepaced haben, können Sie darauf hinweisen, daß andere sich oft dumm benehmen, in einer Art, die ihm schaden könnte, so daß es wichtig ist, zu wissen, was Sie denken — wie unangebracht es auch immer sein mag. Von da ist es nur ein kleiner Schritt zu dem Hinweis, wie wichtig es ist, die Gedankengänge von anderen bei den eigenen Entscheidungen in Erwägung zu ziehen. Es ist sogar noch nützlicher, ihm zu *demonstrieren*, in welcher Weise die Tatsache, unzugänglich für Feedback zu sein, für ihn gefährlich sein kann. Sie können dies an einem Beispiel seiner in der Vergangenheit liegenden Schwierigkeiten verdeutlichen, oder mit einem Beispiel aus der Gegenwart in einer Paar– oder Familiensitzung, oder Sie können solch eine Situation selbst kreieren.

Eine andere Alternative ist, das Bewußtsein der Person völlig zu umgehen, indem man metaphorische und hypnotische Sprachmuster benutzt, um vernachlässigte und weniger bewußte Teile der Person anzusprechen.

Manchmal können Sie genügend über das Glaubenssystem der Person lernen, um es gründlich zu pacen, und es dann „zufällig" mit dem Hinweis auf Unvereinbarkeiten und Widersprüche ruinieren; oder Sie zerstören durch aufrichtiges Nachfragen, das dazu dient, Ihre Verwirrung aufzuklären. Seien Sie jedoch sehr vorsichtig, wenn Sie dies versuchen. Wenn Sie versagen, werden Sie den Rapport verlieren — womöglich für immer — und wenn Sie erfolgreich darin sind, seine Realität zu zerstören, wird er vielleicht recht merkwürdig werden.

Unsere Lieblingsgeschichte über so einen Fall handelt von einem Patienten im V.A.–Hospital von Palo Alto, der sich für Gott hielt. Er war sehr reserviert und abweisend, und niemand hatte mit ihm in Kontakt kommen können. *Don Jackson*, ein Psychologe, der *sehr* gut auf dem laufenden war, bot an, zu demonstrieren, wie man zu ihm durchkäme. Als der Patient hereingebracht wurde, wurde ihm ein Stuhl neben *Jackson* angeboten. Er nimmt den Stuhl, bewegt ihn weit weg, und setzt sich dann mit einer königlichen Eleganz, und schaut schweigend auf die Gruppe, mit einer Miene, die eine immense Überlegenheit und Verachtung ausdrückt.

Nachdem er ihn einige Minuten beobachtet hat, geht *Don Jackson* zu ihm hinüber, kniet sich ehrerbietig vor ihn hin, neigt den Kopf und sagt: „Offensichtlich sind Sie Gott. Da Sie Gott sind, verdienen nur Sie die Schlüssel zu dieser Klinik", und legt seinen Schlüsselbund sanft dem Patienten in den Schoß. Er macht eine Pause und sagt dann langsam: „Wenn Sie jedoch Gott sind, haben Sie keine Verwendung für diese Schlüssel." Dann steht er auf, geht zu seinem Stuhl zurück und setzt sich. Der Patient sitzt einige Minuten lang abwägend da, recht erregt, springt dann auf, zieht seinen Stuhl zu *Jackson* hinüber, setzt sich, sieht ihm tief in die Augen und sagt mit Nachdruck: „Mann, *einer* von uns ist *verrückt!*"

Don Jacksons Kommunikation, sowohl die verbale als auch die nonverbale, pacte die Welt des Patienten und wies dann auf einen Widerspruch darin hin. Dieser Patient hätte erwidern *können*, „Obwohl ich die Schlüssel nicht brauche, da ich Gott bin, werde ich sie trotzdem nehmen", aber er hat das *nicht gemacht*.

John Rosen macht dasselbe ein bißchen weniger subtil. Bei einem Patienten, der glaubt, er sei Gott, wird *John* vier oder fünf kräftige Assistenten holen, den Patienten zu Boden ringen, sich auf seine Brust setzen und dann sagen: „Wenn Sie Gott sind, wie kommt es, daß wir gewöhnlichen Sterblichen Sie zu Boden drücken können? Sie sind total hilflos. Wenn Sie Gott sind, dann machen Sie schon, zerstören Sie uns." *Rosen* besteht auf Kontakt; es ist sehr schwer, katatonisch zu bleiben, wenn jemand auf Ihrer Brust sitzt und Sie anschreit. Wenn der Patient seinen Kopf wegdreht, wird *Rosen* seinen Kopf greifen und zurückdrehen, und wenn er seine Augen schließt, wird *Rosen* sie öffnen! Er ist auch bereit, dies mehrere Stunden lang zu machen, wenn es nötig ist. Dies mag barbarisch klingen, aber es ist auch für den Patienten sehr schwer zu ignorieren. *Richard*: Ich habe herausgefunden, daß einige Menschen mit starker interner Referenz auch starke Polaritätsreaktionen haben.

Dies ist ein wichtiger Aspekt. Manchmal können Sie das als Hebel utilisieren: „Gut, jemand wie *Sie* kann natürlich *nie* lernen, seine Intelligenz zu zeigen, indem man anderen Leuten einen Gefallen tut, die einem wichtig sind."

Die Extreme interner und externer Referenz sind interessant, und die Gegensätze zwischen ihnen können Ihnen einige nützliche Unterscheidungsmerkmale aufzeigen. Natürlich liegen die meisten Leute irgendwo zwischen den Extremen; sie haben einen Weg, Alternativen zu dem hervorzubringen, was jemand anderes sagt, und einen Weg, um sie zu vergleichen und zu bewerten. Interne oder externe Referenz ist eine Funktion der Submodalitäten, die eine Person verwendet, um alternative Repräsentationen aufzubauen. Sie können jemand oftmals unterstützen, einen besseren Weg zu finden, seine Ziele zu erreichen, indem Sie ihn bitten, damit zu experimentieren, diese Repräsentationen abzuändern.

Im folgenden wollen wir Sie vor einer anderen Art eingebetteter Referenzerfahrungen warnen, die weniger offensichtlich ist, und noch weniger nützlich. Sie können eine externe Referenz haben und eine interne Referenz darin einbetten! Viele Sektenführer scheinen eine interne Referenz zu haben: sie erzählen anderen, was zu tun ist. Natürlich ist dies in eine externe Referenz eingebettet: ein verzweifeltes Verlangen, eine große Gruppe von Anhängern zu haben, die ihnen zustimmen. Da dieses System so zirkulär ist — der einzig wichtige Aspekt dabei ist, daß eine Zahl von anderen Leuten es ebenfalls glauben — ist es auch viel zerbrechlicher. Wenn die Anhänger fortgehen, bricht der Führer zusammen. *Jim Jones* ist dafür ein sehr gutes Beispiel, und es gibt viele andere — sogar in der kleinen Welt des NLP. *Peter Goblen* drückte das sehr gut in dem folgenden Gedicht aus:

Pusher*

Beware the seeker of disciples
the missionary
the pusher
all proselytizing men
all who claim they have found
the path to heaven.

For the sound of their words
is the silence of their doubt.

The allegory of your conversion
sustains them through their uncertainty.

Persuading you, they struggle
to persuade themselves.

---

* Aus: *Journey Through the Light* © 1973 by Peter Goblen. Koheleth Publishing Co. San Francisco, CA.

They need you
as they say you need them:
there is a symmetry they do not mention
in their sermon
or in the meeting
near the secret door.

As you suspect each one of them
be wary also of these words,
for I, dissuading you,
obtain new evidence
that there is no shortcut,
no path at all,
no destination.

8 Eine Strategie für den Umgang mit Kritik

Eine der grundlegenden Prämissen im NLP ist der Satz: „Es gibt kein Versagen, nur Feedback." Das ist ein hübscher Gedanke, der in eine sehr nützliche Richtung verweist. Für die meisten Menschen ist er jedoch nur ein cleverer Satz, der nicht automatisch ihre Erfahrung oder Reaktion ändert. Die meisten Menschen (annähernd 70 %) reagieren auf Kritik mit sofortigen, überwältigenden schlechten Gefühlen. Dann versuchen sie mit Hilfe von Rationalisierungen wieder aus dem emotionalen Loch herauszukommen, das sie sich gerade selbst gegraben haben, indem sie *versuchen*, sich einen guten Zustand zugänglich zu machen, *versuchen* objektiv zu sein, etc. Da sie schon in einem schlechten Zustand sind, funktioniert üblicherweise keiner dieser Versuche sehr gut. Und da die meisten ihrer Anstrengungen darauf ausgerichtet sind, einen guten Zustand wiederzugewinnen, machen sie bezeichnenderweise keinen großen Gebrauch von allen Feedback–Informationen, die in der Kritik enthalten waren. Falls sie überhaupt einen Nutzen aus diesen Informationen ziehen, ist normalerweise einige Zeit vergangen.

Auf der anderen Seite reagieren einige Menschen (etwa 20 %) auf Kritik, indem sie sie einfach zurückweisen. Sie schützen sich vor allen schlechten Gefühlen, halten aber dadurch auch die Erwägung von sich fern, ob irgendein Teil der Kritik, die sie erhalten haben, ein berechtigtes oder sinnvolles Feedback ist.

Eine dritte Gruppe (weniger als 10 %) können eine Kritik hören, ohne sich sofort schlechte Gefühle zu machen. Sie können auch sorgfältig erwägen, ob die Kritik nützliches Feedback enthält, und dieses Feedback in einer produktiven Weise nutzen, um ihr zukünftiges Verhalten zu verändern.

Natürlich stellen diese drei Gruppen keine starren Kategorien dar. Sie können wahrscheinlich für jedes dieser Muster ein Beispiel in Ihrem eigenen Leben finden, abhängig von Ihrer jeweiligen seelischen Verfassung, dem Kontext, dem Kritiker, dem Rahmen, etc. Die meisten von uns kommen gelegentlich in schlechte Zustände, in denen wir unwirsch auf die harmloseste Bemerkung reagieren. Die meisten von uns haben Zeiten, in denen wir in solch einem guten Zustand sind, daß es egal ist, wie scharf wir kritisiert werden, und indem wir die Kritik einfach als interessante Information behandeln.

Vor einigen Jahren wurden wir neugierig bezüglich der internen Struktur, die jenen, die „Experten" darin sind, auf Kritik gut zu reagieren, erlaubt, dies mit solch einer Leichtigkeit zu tun. Wir haben eine Anzahl von Menschen modelliert, die charakteristischerweise sehr gut darin sind, in einer nützlichen Weise auf Kritik zu reagieren. Obgleich es geringe Variationen gibt, nutzen alle denselben grundlegenden, internalen Prozeß, und diese Strategie kann leicht und schnell anderen beigebracht werden.

Beispiel

(Das folgende Transkript stammt von einem Videotape über Steves Demonstration mit Carl, einem Teilnehmer eines unserer Practitioner Certification Trainings im Januar 1987. Steve installierte bei Carl die oben genannte Strategie. Im Anschluß finden sich einige nachfolgende Kommentare von Carl, die er zwei Wochen nach der Demonstration abgab.)

In dieser Demonstration werden wir zwei Dinge tun. Zum einen werde ich zeigen, wie man die Strategie installiert, wie man durch die verschiedenen Verzweigungen der Strategie kommt, usw. Zum zweiten werde ich eine heimliche Vorgehensweise demonstrieren, wie man eine Strategie installieren kann: nämlich in einem dissoziierten Zustand. Und das wird ein Trip für Sie sein, Carl, weil Sie nicht so fit mit Dissoziationen sind, nicht wahr?

Carl: Mhm, nein, ich mag es, zu dissoziieren.

Sie können das machen? (Mhm.) Okay, großartig. Also möchte ich, daß Sie Carl hier außen in einer Situation sehen, in der ihm jemand irgendein Feedback geben könnte, das als Kritik aufgefaßt werden könnte. Sehen Sie es da draußen, okay? (Carl lehnt sich ein bißchen zurück.) Ja, genau! Das ist besser. Gut. Sie können ihn so weit entfernt sehen, wie Sie möchten. Sie können eine Plexiglasscheibe davor tun, wenn Sie wollen. (Carl lächelt und nickt.) Oh, Sie mögen dies, nicht wahr? Okay, gut. Und ich möchte, daß Sie in diesem dissoziierten Zustand bleiben. Sie werden *ihn* beobachten, wie er durch diese Strategie geht. Also werden Sie nur ein Beobachter sein, und Ihre Aufgabe als Beobachter ist es, jederzeit zu bemerken, ob irgendwelche Probleme bei *ihm* da draußen aufkommen. Dann können Sie mich über diese Probleme informieren, und wir können dann irgend etwas tun, um es richtig zu machen. (Okay.)

Okay, großartig. Sie werden dies also nur beobachten. Und ein anderer Weg, um das für die Leute zu framen, ist, daß wir es nur ausprobieren werden, hier draußen, und es nicht in ihm installieren werden, bevor es nicht da draußen vollständig gemacht und total okay ist; wir werden hier in dieser Position nichts mit ihm machen. Das ist zwar ein bißchen eine Masche. Aber eine sehr nützliche Masche bei einigen Menschen, die wirklich argwöhnisch sind, die sagen, „Nnnehh, spielen Sie nicht mit meinem Gehirn", oder irgend etwas Ähnliches. In gewisser Weise ist es richtig, daß es nicht installiert werden wird, bevor und sofern nicht alle ökologischen Bedenken berücksichtigt wurden. Dieser Teil der Ankündigung ist also wahr. Wenn Sie sich selbst jedoch hier draußen sehen, wie Sie da durchgehen, lernen Sie innerlich auch durch die Selbst–Metapher. Also ist dies der Carl, der einen neuen Weg lernen wird, auf Kritik zu reagieren, weil ich annehme, daß Sie nicht allzu glücklich mit demjenigen sind, den Sie schon haben. Stimmt das?

Carl (kopfschüttelnd): Ganz und gar nicht. Ich mag ihn überhaupt nicht.

Okay, gut. Also sehen Sie ihn da draußen, und gleich wird irgend jemand anderes irgend etwas sagen, das als Kritik aufgefaßt werden könnte. Und, was *er* daraufhin tun wird, ist etwas sehr sehr Wichtiges. *Er* wird sich von der Kritik dissoziieren. (Okay.) Also Sie werden ihn beobachten — (*Carl:* Dissoziieren, während ich dissoziiert bin.) Während Sie dissoziiert sind, richtig. (Oh, okay.)

Die Prozedur ist ähnlich wie bei der Phobie–Technik, wo Sie eine dreistufige Dissoziation haben, und die Funktion ist dieselbe. Irgend jemand wird also etwas zu Carl sagen. Und Sie können sich etwas ausdenken, was irgend jemand zu ihm sagen könnte. Und dieser Carl da drüben wird das irgendwie von sich fernhalten, (Okay) bis er die Chance hatte, es vollständig zu bewerten. Es gibt nun eine Reihe von Wegen, wie er dies tun kann. Er kann die Worte hören und sie sich auf Armeslänge im Raum ausgedrückt vorstellen. Oder er kann sie hören, aber in einiger Entfernung. (Okay.)

Er kann dies auf verschiedene Arten machen, und Sie können ihn einfach beobachten und sehen, wie er dies macht. Beobachten Sie ihn also, während er die Kritik hört. Und es ist irgendeine Kritik, die ihn betrifft. Und er wird das ungefähr auf Armeslänge fernhalten. Er wird davon dissoziiert bleiben. Und er wird sich dann ein Bild davon machen, von was auch immer diese Kritik handelt, oder möglichst einen Film. So wird er sich eine Repräsentation von dieser Kritik machen, dissoziiert. (Okay.) Und dann wird er diesen Film mit einem Film darüber vergleichen, was auch immer *er* als beste Information über die gleiche Situation hat. Ist das klar? (Ja.) Okay. Er wird dies machen, um es zu bewerten und zu sagen: „Nun, ergibt dies einen Sinn?" Gibt es einen Weg, wie er einen Sinn darin sehen kann? Während Sie ihn jetzt beobachten, wie er dies macht, kann er zu irgendeinem Verständnis darüber kommen? Ergibt es einen Sinn, daß jemand das über ihn gesagt haben könnte?

Carl: Es ergibt ziemlich *viel* Sinn.

Okay, es ergibt ziemlich *viel* Sinn. An dieser Stelle möchte ich, daß Sie beobachten, wie er entscheidet, welche Reaktion er auf diese Information hin zeigen will. Wenn es einen Sinn ergibt, bedeutet das, daß es eine gute Information ist, die er vorher nicht zur Verfügung hatte, richtig? (Ja.) Also könnte er „Danke" sagen, oder „Junge, ich bin froh, daß du mich darauf aufmerksam gemacht hast. Ich werde sehen, was ich diesbezüglich machen kann." Oder was auch immer.

Carl: Schon fühlt er sich innerlich nicht mehr so beschissen. Ich meine — (Lachen).

Das ist ein gutes Vorhaben.

Carl: Es fühlt sich sehr viel besser an.

Okay. Und es wird nun für ihn einfacher sein, die Information, welche auch immer darin enthalten ist, gut zu nutzen, weil er sich innerlich nicht mehr so beschissen fühlt, stimmt's?

Carl: Stimmt! Stimmt. Es ist für ihn sehr viel einfacher, objektiv zu bleiben.

Genau. Das ist übrigens das, was „objektiv" eigentlich heißt. „Objektiv" bedeutet, daß Sie dissoziiert sind. Während Sie ihn also beobachten, möchte ich, daß Sie darauf achten, wie er durch den Entscheidungsprozeß geht, welche Art von Reaktion in der Situation angemessen ist, d. h., was er in der Zukunft anders machen könnte; einige Veränderungen, zu denen er sich entschließen könnte, oder was auch immer geeignet ist und eine sinnvolle Reaktion auf die Information wäre, die er gerade erhalten hat. ... Okay, also ist er durch den Entscheidungsprozeß gegangen. Und nun lassen Sie ihn das tatsächlich ausführen, wenn es passend ist, das jetzt zu machen und darauf zu reagieren. Jemand kritisierte ihn, richtig? Wenn es also eine geeignete Antwort für diese Person gibt, wie z. B. „Danke, daß Sie mich darauf aufmerksam gemacht haben", oder „Junge, das habe ich falsch gemacht", oder —

Carl: Ja! Das ist genau das, was er gemacht hat. Er dankt der Person! Das ist ja ganz neu, he? Anstatt ihm eine zu verpassen.

Carl: Ja. Er hat ihm vorher nie gedankt. In der Vergangenheit war es weniger Ärger über die Person als einfach Ärger über sich selbst (Okay, in Ordnung), und er muß sich nicht mehr über sich selbst ärgern. Er kann es als Lernerfahrung akzeptieren.

Großartig. Und wenn er diese Interaktion mit dieser Person vollendet hat, möchte ich, daß Sie ihn beobachten, während er sich die Zeit nimmt, ein Future Pace darüber zu machen, wie er etwas in der Zukunft anders macht. Er hat also einige Entscheidungen getroffen, was er versäumte oder nicht bemerkte, oder wo er nachlässig war, oder was auch immer es war. (Richtig.) Wie kann er ein Future Pace für ein neues Verhalten machen? Es könnte sein, daß er sich zuerst für ein neues Verhalten entscheiden muß. Was wird er in der Zukunft anders machen, während Sie ihn bei diesem Future Pace beobachten — also, er geht durch die Entscheidung, *wann* und *wo* er anders sein möchte, und *wie, genau.* Sie könnten schnell durch einige alte Reaktionen gehen, oder den „New Behavior Generator" verwenden, oder was auch immer. Okay. Hat er diese Veränderung schon gemacht? (Ja.) Okay.

Carl: Wirklich, ja. Er fühlt sich innerlich nicht mehr so angespannt. Er ist froh, daß das ganze Ding überhaupt passiert ist, weil er daraus lernt.

Ist dies ein bißchen anders als Ihre vergangenen Erfahrungen?

Carl: Er hat dies nie in seinem Leben erlebt. Niemals!

Schaut so aus, nicht wahr? (Lachen) Schaut so aus, als hätte er gerade einen Engel vom Himmel herunterkommen gesehen!

Carl: Wissen Sie, es ist das Beste, und der Kontext ist die Familie, und — er hat vorher in der Familie einfach noch keine leichte Zeit gehabt, aber dies ist einfach — ich meine, er lächelt tatsächlich.

Okay. Ich möchte, daß Sie noch durch ein anderes Szenario gehen, ein etwas anderes. Sie sehen ihn wieder hier draußen und niemand ist da. (Okay.) Und diesmal wird jemand kommen und entweder eine sehr unbestimmte, kritische Bemerkung machen wie „du gemeiner Hund" oder „du Kamel" oder etwas Ähnliches, so daß er tatsächlich eine Pause machen und Informationen einholen muß — weil er die Bezeichnung „du Kamel" hört und sich ein Bild von einem Kamel vorstellt und ein Bild von sich selbst, und sie passen nicht zusammen, stimmt's? (Lachen) Also wird er Informationen sammeln müssen, wie „Können Sie mir mehr dazu sagen? In welcher speziellen Weise bin ich ein Kamel?" oder was auch immer, bis er die Information bekommt: „Was kommentiert diese Person eigentlich?"

Carl: „Was versucht sie ihm zu sagen?"

„Was versucht sie ihm zu sagen?" Und er kann dies auf eine ziemlich höfliche, neutrale Art machen, weil er einfach —

Carl: Er kann sich dissoziieren.

Dissoziieren. Und er möchte nur die Information haben. Und wenn er genügend Informationen bekommen hat, um sich einen Film darüber zu machen, was diese Person beunruhigt, kann er wieder durch diesen Prozeß gehen. ... Nun, bei diesem Durchlauf stimmen die Bilder überein, oder nicht?

Carl: Nachdem sie ihn unterrichtet haben?

Nachdem sie ihm einige Einzelheiten berichtet hat, gibt es da irgendeine Übereinstimmung ... ein bißchen?

Carl: Ja. Es war eher eine humvorvolle Geschichte als alles andere. (Okay.) Aber er hätte es wahrscheinlich nicht erfahren, wenn er nicht die Frage gestellt hätte: „In welcher speziellen Weise bin ich ein Kamel?" (Lachen) In der Vergangenheit hätte er diese Frage wahrscheinlich nicht gestellt. Er hätte sich einfach gedacht: „Ja, ich bin ein Kamel." Entweder das, oder „Scher' dich zum Teufel, du bist selber ein Kamel."

Richtig. Scher' dich zum Teufel, okay. Beobachten Sie ihn nun, während er wieder durch den Entscheidungsprozeß geht, welche Antwort er der Person geben soll. Vielleicht haben Sie es schon gemacht. Und gibt es dann in der Zukunft irgend etwas, wo er sich in irgendeiner Weise anders verhalten will? Gibt es irgend etwas Sinnvolles? Und manchmal, wenn es nur spielerisch ist, kann es einfach eine Art von neckischer, gegenseitiger Herausforderung und damit nicht so wichtig sein, und es gibt eigentlich keinen Impuls, das Verhalten zu ändern. ...

Okay, jetzt möchte ich, daß Sie noch einen Durchgang machen.

Diesmal kommt ein wirklich irrer Typ völlig unerwartet auf der Straße auf Sie zu und macht einen sonderbaren, verrückten Kommentar, aus dem Sie nicht schlau werden. (Okay.) Und wieder fragt er, wie Sie schon wissen: „Gut, können Sie mir mehr darüber sagen?" Oder „In welcher speziellen Weise?" oder etwas Ähnliches. Und er bekommt einfach nur „Wortsalat" zurück; dies ist ein Schizophrener, der gerade aus der Klinik ausgerissen ist, oder so ähnlich. Und wenn Sie sich einen Film davon machen, was seine Worte wohl meinen, und an was Sie sich erinnern können, was gerade passiert ist, paßt es einfach überhaupt nicht zusammen. (Richtig.) Und an einem bestimmten Punkt sagen Sie „Na, vielen Dank" oder „Entschuldigen Sie mich" oder irgend etwas Ähnliches. Sie machen einen gemeinsamen Versuch herauszufinden, was die Person meint, und wenn überhaupt keine wahre Information darin enthalten ist — oder es einfach nur eine Beleidigung ist, die aus ihrer eigenen inneren Welt kommt, können Sie sicher darin sein, sie außer acht zu lassen, denn Sie haben keine — (*Carl*: Es ist es nicht wert.) Es ist es nicht wert, weil der Kommentar keine Information enthält, aufgrund dessen Sie Ihr Verhalten in Zukunft ändern wollen, stimmt's?

Carl: Man wird nichts daraus lernen.

Richtig. Okay, jetzt während der Beobachtung, wie der Carl da drüben durch das alles durchgeht, fasse ich zusammen, daß sich das wirklich gut anfühlt. Ist das richtig? (Ja, wirklich gut.) Es schaut gut aus? (Schaut gut aus.) Gibt es *irgendwelche* Probleme mit irgendeinem Teil davon? Gibt es irgendeinen Teil des Ganzen, den Sie in irgendeiner Weise verändern wollen, oder bei dem Sie irgendwelche Bedenken haben? ...

Carl: Das Einzige ist nur, daß ich einfach — ich möchte, daß dies passiert. Ich möchte darin sein. Ich möchte nicht dissoziiert sein! (Lachen)

Gut, das ist der nächste Schritt. Aber es schaut da draußen gut aus, nicht wahr? (Kein Problem.) Okay, großartig.

Okay, strecken Sie langsam die Hände aus und holen Sie den da draußen heran (Steve macht es vor, indem er seine Arme ausstreckt und sie dann langsam zurück zu seiner Brust führt), und holen Sie ihn ganz allmählich, in Ihrem eigenen Tempo, in sich hinein, und machen Sie ihn vollständig zu einem Teil Ihrer Person. (Carl streckt seine Arme aus und holt den anderen Carl zurück hinein. Während er dies macht, passieren eine Menge nonverbale Veränderungen —

eine tiefere Atmung, Farbwechsel, etc. —, die auf eine intensive Integration mit vielen Gefühlen hinweisen.) ...

Nehmen Sie sich ein paar Minuten Zeit, um das alles hereinzunehmen. ... Bleiben Sie einfach eine Weile. ... (Carl reibt sich die Augen.) Dies ist für Sie etwas sehr Wichtiges, nicht wahr? (Carl nickt.) Ich bin froh, daß Sie nach vorne gekommen sind. Das ist gut. ... Nehmen Sie sich einfach ein bißchen Zeit, für eine Weile in sich drinnen zu bleiben, und lassen Sie einfach all die Sachen sich irgendwie setzen. Nehmen Sie sich soviel Zeit, wie Sie wollen. Ich werde sie mit der Gruppe durchgehen; beschäftigen Sie sich einfach eine Zeitlang mit sich selbst.

Okay, haben Sie irgendwelche Fragen? Sie können einen Blick auf das Blatt mit den Schritten werfen, wenn Sie wollen. Okay.
Dee: Entweder habe ich es verpaßt oder irgend etwas in der Art, aber Sie haben ihn keinen Durchgang machen lassen, soweit ich es gesehen habe, wo jemand, der ihm *wirklich* sehr wichtig war, den er respektierte, bewunderte, und dem er wirklich nahe stand, irgend etwas total Schäbiges, Taktloses und Boshaftes zu ihm sagt.

Wenn Sie in der Kleingruppe sind, stellen Sie sicher, daß die anderen das mit Ihnen machen. (Lachen)
Dee: Okay. Ich meine, es geht gut, wenn irgendein Clown auf Sie zugeht, und Sie sagen (sie zuckt mit den Schultern): „Wen juckt das schon?" Aber wenn jemand, der Ihnen sehr wichtig ist, das macht, ist es nicht ganz so leicht zu nehmen und wegzustecken.

Das ist etwas anderes, richtig. Er hat tatsächlich jemand aus seiner eigenen Familie genommen —
Carl: Damit habe ich angefangen.

Also fing er tatsächlich mit etwas an, was dem ähnlich ist.
Carl: Weil, wissen Sie, was mich angeht, ist das das härteste — war das das härteste für mich, und ich wurde nicht wütend über die Person, die mir das sagte. Ich wurde wütend über mich selbst, daß ich nicht fähig war, darauf so zu reagieren, wie ich wollte. Und ich weiß, soweit es meine eigene Familie betrifft, daß sie mich eigentlich lieben, und in ihren Augen ist es konstruktiv. Es ging nur um die Art, wie ich es empfangen habe, wissen Sie. Ich würde mich automatisch im nachhinein selbst für irgend etwas, was ich gemacht habe, kritisieren, und automatisch sagen: „Ja, ich bin diese miserable Person." Und so wußte ich, daß ihre Absichten gut waren; es ging nur darum,

wie ich darauf reagierte. Und fähig zu sein, mich zu dissoziieren und mich zu beobachten, wie ich dissoziiere.

Dee: Okay. Aber hätten Sie sich ebenso gefühlt, wenn das, was sie gesagt haben — wie Sie sagten: „Oh, ja, ich kann sehen, daß das zutreffend ist." Nehmen Sie an, daß es für Sie überhaupt nicht zutreffend wäre. Es hätte für die anderen zutreffend sein können, und sie könnten dieser Meinung sein, aber es ist für Sie absolut nicht richtig, daß das wahr ist. Hätten Sie sich dann ebenso gefühlt?

Carl: Wenn ich es so angeschaut hätte? Ja. Ich bin geschützt. Vorher, in der Vergangenheit, kam es einfach in mich hinein. (Carl zeigt auf seine Brust, in mittlerer Höhe.) Aber auf einem Bild oben sehen zu können, was Sie mir erzählen, und diese Dissoziation zu haben, ist beinahe wie die „Fast Phobia–Technik"; es ermöglicht dir, etwas zu erfahren, und davon getrennt zu sein, so daß du dich nicht assoziieren und dich dabei ganz beschissen fühlen mußt. (Es physiologisch hineinnehmen.) Genau. Sie können jetzt alles mögliche zu mir sagen, wenn Sie wollen, und wir können es überprüfen.

Dee: Na ja, ich habe Ihnen nichts Gemeines zu sagen.

Ich habe das viele Male gelehrt, aber Sie waren wirklich der langsamste. (Carl schaut nach oben und lächelt.) Dies ist ein Test. Dies wird Test genannt, stimmt's?

Dee: Ich dachte, er war der bewegendste. Er berührte mich direkt in meinem Herzen.

Wenn es eine besondere Situation gibt, Dee, die Sie immer wieder einholt oder so, empfehle ich Ihnen, das nicht beim *ersten* Durchlauf zu verwenden. Wenn Sie erst autofahren lernen, steigen Sie auch nicht ins Auto und fahren schnurstracks nach Le Mans oder Daytona Beach oder so — Sie lernen es hoffentlich auf einem Feldweg oder einem Fußballfeld oder etwas in der Richtung. Aber verwenden Sie dies durchaus in den Fällen, die für Sie die schwierigste Art von Kritik darstellen, ob sie von einem Chef kommt, oder von einem Gatten oder einem Kind, oder wem auch immer. Verwenden Sie es unbedingt an irgendeiner Stelle, aber erst, *nachdem* Sie einige Routine mit den verschiedenen Schritten erreicht haben, weil Sie sonst in einem Schritt hängenbleiben könnten und das ganze Ding auseinander fallen würde. Testen Sie es unbedingt. Und ich stimme mit der Installations–Methode überein, was ich für die Absicht Ihres Kommentars halte: „Na ja, wissen Sie, dies mag bei einigen Sachen funktionieren, aber wie ist es mit den wirklich hartnäckigen?" Machen Sie es unbedingt mit den hartnäckigen. Es wird bei ihnen funktionieren, wenn Sie das System wirklich installieren, weil die Strategie — wie die „Fast Phobia–Technik" — diese Dissoziation aufbaut, so daß Sie alles da draußen beobachten können. Eines der schönen Dinge bei dieser Methode ist, wenn das Selbst da draußen etwas falsch macht —

Carl: Sie sind davor geschützt.

Sie sind geschützt. Sie können es einfach beobachten, und dann können Sie den Film zurücklaufen lassen und sagen „okay", und Sie machen einige Änderungen und dann lassen Sie ihn wieder ablaufen, so daß ...

Carl: Sie haben total die Kontrolle, was auch immer passiert.

„Follow–up" Interview

Das Ganze ist nun also zwei Wochen her. Was können Sie den Leuten erzählen?

Carl: Nachdem die Kritik–Strategie eingerichtet worden war, kamen immer wieder ein paar Leute hier — aus heiterem Himmel — auf mich zu und nannten mich einen Trottel oder etwas Ähnliches, und dann fingen sie an zu lachen, weil sie probierten, es zu testen, aber ...

Das war kein sehr guter Test, nicht wahr?

Carl: Nein, es sollte in der realen Welt gemacht werden. Und bezüglich meines Berufes habe ich es mir vorher nie klargemacht, aber ich gehe in die Wohnungen der Leute und entferne Apparaturen, die meine Firma dort installiert hat. Und wenn ich sie abbaue, hinterläßt dies Löcher in den Wänden und überall. Und die Leute haben ursprünglich einen Vertrag unterzeichnet, daß wir nicht verantwortlich sind oder etwas Ähnliches. Ich bin die Person vor Ort, und damit bin ich derjenige, den sie anbrüllen und anschreien. Ich habe vorher nie erkannt, daß mir das was ausgemacht hat, unbewußt, wissen Sie. Aber als es in den letzten zwei Wochen passierte, ging ich automatisch einen Schritt zurück, und jetzt gerade mache ich es wieder, weil ich mich daran erinnere. Und als es das erste Mal passierte, geschah es bewußt und ich sah es und entschied, ob das wert wäre oder nicht und nahm das als Grundlage für das weitere Vorgehen. Und je öfter es passierte, desto schneller wurde es. Die Leute, mit denen ich arbeite, sie haben mir den Ablauf perfekt installiert. Es war also fast ein Reframing. Es war wie, wissen Sie: „Mehr davon! Das ist großartig für mich."

Je mehr, um so besser. (Ja.) So funktioniert es. Wenn Sie ein neues System wie dieses installieren, wird es um so automatischer ablaufen, je mehr es benutzt wird. Sie sagten, Sie machen bewußt einen Schritt zurück. Sie haben das bewußt *bemerkt*, richtig? (Richtig.) Es war nicht so gemeint, daß Sie bewußt darüber nachdenken, es zu tun, stimmt's?

Carl: Nein, nein, nein, nein. Das geschah von selbst. Einige Male beim Autofahren — ich fahre sehr viel — schnitt ich jemandem den Weg ab, und es ging da ebenfalls richtig gut. (Lachen) Besonders, wo ich in der Vergangenheit immer zu sagen pflegte „Oh, ich bin ein furchtbarer Autofahrer", und dann, wenn es gerechtfertigt war, sagte ich: „Ja gut, nächstes Mal muß ich es ein bißchen besser machen."

Gut. Ich war einen Moment lang etwas beunruhigt, daß ich Sie in einen rücksichtslosen Autofahrer verwandelt hätte.

Carl: Ich denke, der beste Test passierte gestern. Ich ließ meine Haare schneiden, und ich fühlte mich damit recht gut. Ich dachte, es sah sehr gut aus und ging nach Hause, direkt zu meinen Eltern. Ich lebe nicht bei ihnen, aber ich ging einfach vorbei, um sie zu sehen. Und ich sagte: „Ich habe meine Haare schneiden lassen, Mama." Und sie sah mich an und sagte, „Was ist mit den Nackenhaaren?", hier hinten, weil ich sie gewöhnlich rundherum kürzen lasse. Und sie sagte ernsthaft: „Was ist mit den Nackenhaaren?" Und sofort, mit einem Schritt zurück: „Ist dies gerechtfertigt?" „Nein." Das war wirklich stark. Und dafür, bei ihr zu sein — die Familienszene — und dafür, daß ich nicht plane, war es total unbewußt und wirklich stark. Also bin ich ein Erfolg.

Okay. Vielen Dank.

Carl: Danke auch.

(Es ist nun über acht Monate her, und Carl reagiert immer noch gut auf Kritik.)

Überblick über die Strategie

1. Installation der Strategie in einem dissoziierten Zustand. *„Ann, sehen Sie sich selbst da draußen vor Ihnen. Diese Ann steht kurz davor, einen neuen Weg zu lernen, auf Kritik zu reagieren."* Machen Sie, was immer nötig ist, um die Dissoziation aufrechtzuerhalten. *„Sie können Ann so weit entfernt sehen, wie Sie wollen, oder in schwarz–weiß, und Sie können eine Plexiglasbarriere vor Ihnen aufstellen, wenn Ihnen das hilft, hier als Beobachter zu bleiben."*

Nutzen Sie immer Pronomen und Ortsangaben, wie z. B. *„sie, da draußen"*, um diese Distanz und Dissoziation aufrechtzuerhalten. Als Carl am Anfang hier oben saß, fing er damit an, sich selbst da drüben zu sehen, und dann gingen seine Schultern und sein Kopf zurück. Das war ein guter Hinweis darauf, daß er eine vollständigere Dissoziation erreichte. Stellen Sie also sicher, daß der Klient anders ausschaut, wenn er dissoziiert ist als wenn er assoziiert ist.

Einige wenige Menschen werden es vorziehen, eine auditive Dissoziation zu machen — sich selbst auf einem Kassettenrecorder zu hören oder an irgendeinem anderen Platz im Raum — oder sehr selten sogar eine kinästhetische Dissoziation — sich selbst mit den Fingerspitzen an einem anderen Ort im Raum zu fühlen. Sie können auch den „als ob"-Rahmen oder unbestimmte Sprachmuster bei Menschen verwenden, die nicht bewußt visualisieren: *„Tun Sie so, als ob* Sie sich selbst da drüben sehen könnten." *„*Bekommen Sie ein Gefühl dafür, daß Sie hinter einer Plexiglasscheibe sind."

2. Dissoziation von der Kritik. *„Diese Ann da drüben wird gleich kritisiert werden. Beobachten Sie sie und hören Sie zu, wie sie sich sofort von der Kritik dissoziiert."* Es gibt für sie verschiedene Wege, dies zu tun. Ein Weg für diese Ann da drüben, ist es, sich selbst zu sehen, wie sie kritisiert wird. Ein anderer Weg ist für sie, die Worte der Kritik ungefähr auf Armeslänge Abstand im Raum geschrieben zu sehen; sie kann auch aus ihrem Körper heraustreten und sich selbst sehen, wie sie die Kritik aufnimmt. Wenn eine einfache Dissoziation alleine nicht genügt, um diese Ann vor Ihnen in einem ressourcevollen Zustand zu halten, versuchen Sie, irgendwelche anderen unterstützenden Submodalitätswechsel zu verwenden. Lassen Sie *die Ann dort* das dissoziierte Bild, kritisiert zu werden, weiter entfernt, durchsichtig, dunkler, kleiner machen, oder verändern Sie irgendeine andere Submodalität, die ihre Reaktion ausreichend abschwächt. Diese Dissoziation beugt den sofortigen schlechten Gefühlen vor, die so viele Menschen erleben, und sie liefert auch den für den nächsten Schritt notwendigen objektiven Blickwinkel.

3. Schaffung einer dissoziierten Repräsentation des Inhalts der Kritik. *„Beobachten Sie Ann, während sie sich einen Film darüber macht,* *was der Kritiker sagt.* " Die Ann dort kann wiederum diese Repräsentation kleiner und weiter entfernt werden lassen, um einen ressourcevollen Zustand aufrechtzuerhalten. Einige Menschen machen sich solche großen, hellen und nahen Bilder von den „schrecklichen" Sachen, die sie getan haben, vor dem geistigen Auge, daß es für sie sehr schwierig ist, in einem ressourcevollen Zustand zu bleiben. Sie kann es weit genug weg tun, oder was auch immer, so daß sie sich wohl fühlen und es dennoch noch klar sehen kann.

Bevor Sie Kritik beurteilen können, müssen Sie sie *verstehen.* Was meint diese Person? Wenn jemand sagt, „Du kommst zwanzig Minuten zu spät; jetzt müssen wir uns entweder beeilen oder wir kommen zu spät ins Kino", können Sie leicht eine angemessene, genaue, interne Repräsentation dieser Information in allen Haupt–Repräsentationssystemen machen.

Oft ist eine Kritik jedoch zu vage, um sie gut zu verstehen. Wenn jemand sagt, „du bist ein Schwein," oder „du bist rücksichtslos", wird die Ann dort mehr spezifische Informationen sammeln müssen, um genau zu wissen, was der Kritiker meint. Vor der Frage nach mehr Informationen ist es immer sinnvoll, den Kritiker in irgendeiner Art zu pacen: „Ich bin betroffen, daß du denkst, ich sei ein Schwein", „Ich weiß die Offenheit zu schätzen, daß du mir das erzählst", „Tut mir leid, wenn ich dich verärgert habe", etc. Dann können Sie fragen: „Was speziell habe ich gemacht, das rücksichtslos war?"

„Beobachten Sie, wie die Ann dort fortfährt, Informationen zu sammeln, bis sie sich eine klare und genaue Repräsentation der Kritik in allen Haupt–Repräsentationssystemen machen kann."

4. Bewertung der Kritik, Informationssammlung, wenn nötig. *„Beobachten Sie Ann, während sie die Repräsentation der Kritik mit allen anderen Informationen vergleicht, die sie über die Situation hat, um herauszufinden, ob sie übereinstimmen oder nicht."* Die einfachste und direkteste Weise, dies zu tun, ist, Ann ihre eigenen Erinnerungsfilme des Ereignisses nochmal ablaufen und sie mit einem Film der Kritik vergleichen zu lassen. Sie kann auch Filme über das Ereignis aus verschiedenen Blickwinkeln laufen lassen, inklusive aus dem des Kritikers, eines Zuschauers oder einer anderen relevanten Person. Wenn sie Bemerkungen von anderen Zuschauern hat, können diese ebenfalls nützlich bei der Bewertung sein, ob die Kritik begründete, nützliche Information enthält oder nicht.

Wenn dies überhaupt keine Übereinstimmung zwischen der Erinnerung und der Kritik ergibt, muß sie womöglich zu Schritt 2 zurückgehen und mehr Informationen über die Kritik sammeln. Sie hat vielleicht beispielsweise nicht verstanden, daß der Kritiker mit seinem Satz, sie hätte „geschrien" und „getobt", meinte, daß die Lautstärke und die Tonhöhe ihrer Stimme um 10 % zugenommen hätte, und daß dies etwas sei, auf das er sehr sensibel reagiert, weil er diesbezüglich bestimmte negative Erinnerungen hätte.

Wenn es nach wiederholter Informationssammlung immer noch überhaupt keine Übereinstimmung gibt, könnte es an der Zeit für sie sein, zu dem Schluß zu kommen, daß sie einfach anderer Meinung ist. Der Kritiker halluziniert womöglich oder entwickelt internal auf irgendeine andere Art Erlebnisse. Seine Kommentare beziehen sich nicht wirklich auf sie, sondern auf ihn selbst, auf seine Vergangenheit, etc. Natürlich ist es möglich, daß sie eine Amnesie in bezug auf das entwickelt hat, worüber er spricht, oder daß ihre Perspektive so verschieden ist, daß sie noch keinen Weg gefunden hat, den Kritiker zu verstehen. Je nach der Situation kann es für sie wertvoll sein oder nicht, die Arbeit fortzusetzen, um zu einem Verständnis zu kommen.

Normalerweise wird es zumindest eine kleine Übereinstimmung zwischen Anns Repräsentation und der des Kritikers geben. Wenn dies zutrifft, kann sie die Teile, die zusammenpassen, anerkennen, und bezüglich der Teile, die sie noch nicht verstanden hat, um mehr Information bitten.

Wenn die beiden Repräsentationen zusammenpassen, ist das gleichbedeutend damit, daß ihrer besten Information zufolge — und über je mehr sie verfügt, desto besser ist es! — die Kritik eine zutreffende Feedback–Information darstellt, die zu kennen für sie nützlich ist.

5.. Entscheidung für eine Reaktion. *„Beobachten Sie Ann, während sie entscheidet, was sie tun will."* Bis jetzt war ihre einzige Reaktion auf den Kritiker das Pacing und die Informationssammlung. Jetzt ist es an der Zeit für eine Reaktion, auch wenn es nur eine Universal–Reaktion ist, wie z. B. „Vielen Dank, daß du mich darauf aufmerksam gemacht hast; ich werde noch genauer darüber nachdenken." Anns Reaktion wird sowohl von ihr als Person abhängen — ihren Zielen, Kriterien, Werten —, als auch vom Kontext und der Kritik selbst. Sie wird sich vielleicht entschuldigen oder sogar irgendeine Art von Wiedergutmachung anbieten wollen, als Ausgleich dafür, was sie getan hat. Andererseits, wenn es ihre Absicht war, den Kritiker zu ärgern, kann ein einfaches „Du hast meine Botschaft verstanden!" angemessen sein. Wenn es überhaupt keine Übereinstimmung gibt, kann sie reagieren, indem sie einfach sagt: „Das entspricht bestimmt nicht dem, wie ich es in Erinnerung habe." Wenn seine Sichtweise eine mögliche Interpretation ihres Verhaltens ist, kann sie sagen, „Das ist sicher nicht die Botschaft, die ich übermitteln wollte, aber ich erkenne, wie du es in dieser Weise verstehen konntest. Was ich *beabsichtigte*, war Y", und damit das Mißverständnis aufklären.

„Beobachten Sie Ann, während sie die Reaktion, zu der sie sich entschlossen hat, ausführt."

6. Erwägung, ein zukünftiges Verhalten zu ändern. *„Fragen Sie die Ann da draußen: ‚Willst du die Information, die du in dieser Kritik erhalten hast, benutzen, um dich in der Zukunft anders zu verhalten?'"* Wenn ja, beobachten Sie, wie Ann das neue Verhalten/die neuen Verhaltensweisen auswählt und damit ein Future Pace macht.

Im fünften Schritt haben Sie beobachtet, wie Ann auf den Kritiker in der „Gegenwart" reagiert. In diesem Schritt beobachten Sie, wie Ann entscheidet, ob sie ihr Verhalten verändern will, um von dem Kritiker oder anderen in Zukunft eine andere Reaktion zu erhalten. Falls sie in Zukunft anders sein will, ist es jetzt an der Zeit für sie, neue Verhaltensweisen auszuwählen oder zu entwickeln und mit ihnen für geeignete Kontexte ein Future Pace zu machen. Wenn sie im Moment keine Zeit dafür hat, kann sie sich eine Minute Zeit nehmen, um sorgfältig zu registrieren, was sie verändern will, und sich selbst dahingehend zu programmieren, diese Veränderungen zu einem bestimmten Zeitpunkt, an einem bestimmten Ort zu machen, wenn sie dazu Zeit haben wird. Dies ist ein Future Pace für den Prozeß des Future Pace in eine Zeit hinein, in der sie es gründlicher machen kann.

7. Wiederholung. Es ist sinnvoll, die Strategie ein oder zweimal zu wiederholen. Jede Wiederholung sollte eine oder mehrere der wesentlichen, fakultativen Elemente in der Strategie nutzen, die in vorhergehenden Durchgängen nicht genutzt wurden. Wenn die Kritik z. B. im ersten Beispiel detailliert und spezifisch war, sollte die nächste Kritik so vage sein, daß Ann Informationen sammeln muß, um sich eine Repräsentation der Kritik zu machen. *„Beobachten Sie Ann da drüben in einer anderen Situation, wo sie gleich kritisiert werden wird. Diesmal wird die Kritik sehr allgemein sein, so daß sie genaue Infor-*

mationen darüber gewinnen muß, was der Kritiker meint. Beobachten Sie sie und hören Sie ihr sorgfältig zu, wie Ann in dieser Situation durch die ganze Abfolge geht." Die wesentlichen, fakultativen Elemente sind:

a) *Informationssammlung,* wenn die Kritik unbestimmt ist.

b) *Übereinstimmung* oder *keine Übereinstimmung,* wenn die Repräsentation der Kritik mit Ihrer eigenen Repräsentation desselben Ereignisses verglichen wird.

c) *Entscheidung für eine Reaktion* sofort in der Situation.

d) *Gebrauch der Information,* die in der Kritik enthalten ist, um ein neues Verhalten für die Zukunft auszuwählen und damit ein Future Pace zu machen.

Gewöhnlich sind drei Wiederholungen ausreichend, um die neue Strategie zu installieren. Wenn Sie denken, daß die Strategie eingerichtet ist, können Sie einen Test machen: *„Fragen Sie Ann, ob sie diese Methode, auf Kritik zu reagieren, gut genug versteht, um sie jederzeit in der Zukunft, wenn sie kritisiert wird, automatisch anwenden zu können."* Falls die Antwort „Nein" lautet, stellen Sie fest, welches spezifische Verständnis noch fehlt und regeln Sie dies, oder beobachten Sie sie, wie sie noch ein paarmal durch die Sequenz geht.

8. Re–Assoziation mit dem Teil von Ihnen, der die Strategie erlernt hat. Es ist an der Zeit, sich wieder mit dem dissoziierten Selbst zu assoziieren, um die Strategie zu inkorporieren. *„Sie haben gerade beobachtet, wie ein Teil von Ihnen einen neuen Weg gelernt hat, auf Kritik in einer nützlichen Art zu reagieren. Ich möchte, daß Sie ihr danken, daß sie für Sie in dieser Weise eine besondere Ressource ist. ... Jetzt möchte ich, daß Sie tatsächlich die Arme ausstrecken, diese Ann umarmen und sie sanft zurück in sich hineinholen; und sich dabei so viel Zeit nehmen, wie Sie brauchen, so daß all das Gelernte Ihnen sofort und unbewußt verfügbar sein wird, zu jeder Zeit, in der Sie künftig kritisiert werden."*

Wie bei jeder anderen NLP–Technik, sollten Sie bei dieser Arbeit sensibel für alle möglichen Einwände sein, und das, was Sie tun, entsprechend verändern.

Installation

Wenn Sie an eine Kritik denken, die über Sie geäußert wurde, und mit diesem Inhalt vorstellungsmäßig durch die Schritte der Strategie gehen, können Sie die Strategie in sich selbst installieren, mit Hilfe eines Prozesses dissoziierter Wiederholung. Die Strategie kann wirklich elegant und automatisch werden, wenn Sie diesen Prozeß mit mehreren, verschiedenen Arten von Kritik wiederholen, die von verschiedenen Leuten in Ihrem Leben und in verschiedenen Kontexten vorgebracht werden, so daß Sie ihn verallgemeinern und alle Bestandteile der Strategie nutzen können. Obwohl Sie diese Strategie in sich selbst installieren können, finden wir es, da so viele Leute so schnell und „phobisch" auf Kritik reagieren, sehr hilfreich, jemand anderen beim Aufbau der Dissoziation als Hilfe zur Verfügung zu haben, der Sie durch den Prozeß der Installierung der Strategie führen kann.

Zusammenfassung

1. Installation der Strategie in einem dissoziierten Zustand.
2. Dissoziation von der Kritik.
3. Schaffung einer dissoziierten Repräsentation des Inhalts der Kritik.
4. Bewertung der Kritik, Informationssammlung, wenn nötig.
5. Entscheidung für eine Reaktion.
6. Erwägung, ein zukünftiges Verhalten zu ändern.
7. Wiederholung.
8. Re–Assoziation mit dem Teil von Ihnen, der die Strategie erlernt hat.

Test

Jede gute NLP–Arbeit beinhaltet einen Test vor und nach der Intervention, um sicherzugehen, daß eine sinnvolle Veränderung eingetreten ist. Wir sind davon ausgegangen, daß Ihr Klient Ihnen schon eine nicht nützliche Reaktion auf Kritik gezeigt hat. Da ein verhaltensmäßiger Test immer das Beste ist, können Sie testen, indem Sie sagen — mit kongruentem nonverbalen, analogen Verhalten: „Ich habe diesen Prozeß vielen Menschen beigebracht, aber Sie haben sicher die dümmsten Fragen gestellt", und dabei seine Reaktion beobachten. Es kann auch sinnvoll sein, einen Test in der Vorstellung des Klienten zu machen, mit all den wesentlichen, verschiedenen Kontexten (Menschen, Orte, Situationen, etc.), die vorher problematisch waren, um sicherzustellen, daß er diese neue Fähigkeit vollständig generalisiert hat.

Diskussion

Da nur wenige Menschen einen guten Weg haben, um Kritik objektiv zu bewerten und kongruent auf sie zu reagieren, hat sich unserer Meinung nach diese Strategie als sehr nützlich für die meisten Klienten herausgestellt. Die Menschen, denen wir sie beigebracht haben, berichten, daß sie es ebenso leicht anderen vermittelt haben; also ist es das Muster an sich, das funktioniert; die Veränderung ist nicht an einen besonderen persönlichen Stil gebunden, an ein bestimmtes Charisma oder andere zufällige Ereignisse. Einige unserer Schüler installieren die Strategie routinemäßig bei allen ihren Klienten, weil sie so nützlich ist. Wenn Sie jemandem diese Strategie beibringen, richten Sie eigentlich ein Stück interne Referenzerfahrung ein, einen Weg, wie Menschen sich mehr auf ihre eigenen internen Bewertungen verlassen können, während sie offen für externes Feedback bleiben. Haben Sie dazu irgendwelche Fragen?

Joan: Sie haben eine doppelte Dissoziation benutzt, um die Strategie zu lehren. Und dann bringen Sie diesen Teil vom Selbst hinein. Wenn Sie jetzt kritisiert werden, haben Sie dann ein oder zwei Dissoziationen?

Sie haben nur eine Dissoziation. Sie haben die erste Dissoziation integriert, die sie verwendet haben, um die Strategie zu erlernen.

Mark: Machen Sie bitte einige Vorschläge, wie Sie jemand dazu bringen könnten, diese Strategie auf die Vergangenheit zu übertragen. Ich denke an einen bestimmten Klienten, dem immer noch einige alte kritische Bemerkungen weh tun.

Hier haben wir eine kritische Bemerkung aus der Gegenwart verwendet; Sie können dasselbe auch mit der Vergangenheit machen. Denken Sie an eine wirklich vernichtende Kritik aus der Vergangenheit, und sehen Sie sich selbst da vorne, kurz bevor Sie diese Kritik erhalten. Wenn Sie durch die ganze Strategie gehen, werden Sie diese Strategie wirkungsvoll mit dem Change–History–Muster verbinden. Einige Leute haben diese Strategie verwendet, um schwierige vergangene Beziehungen nochmal anzusehen und aus ihnen zu lernen. Während sie Informationen gewinnen, wurden sie oft von wichtigen

Dingen, die sie lernen, tief berührt, und sie haben ein Gefühl von Lösung und Erleichterung gespürt. Diese Art von Information kann auch eine heilende Wirkung auf eine bestehende Beziehung haben.

Sylvia: Ich habe nicht sehr viel Schwierigkeiten mit der Kritik von anderen, aber die meiste Zeit kritisiere ich mich selbst; ich bin selbst kritischer mir gegenüber als irgend jemand anderes. Wie kann ich damit umgehen?

Sie können dieselbe Strategie mit einer internen Stimme verwenden, oder mit welchem Teil auch immer, der Sie kritisiert. Dissoziieren Sie sich einfach von der Stimme. Und lassen Sie mich Ihnen einen großartigen Weg zeigen, dies zu tun. Wo hören Sie die Stimme in Ihrem Kopf?

Sylvia: Wo höre ich sie in meinem Kopf? Welches geographische Gebiet —

Ja. Hören Sie sie hier (gestikuliert rechts), oder hier (gestikuliert links), oder hier (gestikuliert oben), oder genau in der Mitte, oder ...?

Sylvia: Mehr links in meinem Kopf.

Können Sie diese Stimme jetzt hören? Stellen Sie sich vor, sie sagt irgend etwas Kritisches zu Ihnen. Was könnte sie in etwa sagen? „Du hast das nicht sehr gut gemacht", oder...

Sylvia: Ja. „Wie kann man so etwas Dummes machen."

„Wie kann man so etwas Dummes machen." Großartig. Hören Sie jetzt diese Stimme aus Ihrer linken großen Zehe kommend ... (Lachen) Es ist *wirklich* anders, stimmt's?

Sylvia: Ja, das ist es tatsächlich.

Dadurch wird die Distanz, diese auditive Dissoziation hergestellt. Und dann können Sie durch dieselbe Strategie gehen mit dieser internen kritischen Stimme.

Bill: Während wir diese Strategie installieren, ist jeder vorgewarnt, daß eine kritische Bemerkung auf ihn zukommen wird, so daß der Schutzschild im voraus hochgehalten werden kann. Im wirklichen Leben ist das nicht so; es scheint, als ob ich mich zuerst schlecht fühle und dann erkenne, „Oh, ich wurde gerade kritisiert", aber das Messer steckt schon in mir.

Dies war nie ein Problem. Falls Sie meinen, das sei für Sie ein Problem, nehmen Sie sich ein bißchen Zeit, um Ihr „Frühwarnsystem" für Kritik zu ermitteln. Wie wissen Sie, daß jemand dazu ansetzt, etwas über Sie zu sagen? Nehmen Sie dies als Anfangshinweis für die Installierung der Strategie. Es ist eine logische Möglichkeit, war aber beim Aufbau dieser Strategie nie ein praktisches Problem.

Sally: Können Sie diese Strategie in Situationen verwenden, wo jemand anderes Sie gegenüber einer anderen Person kritisiert, und Sie dies über diese dritte Person erfahren?

Sicher. Der Input–Kanal ist egal. Dieselbe Strategie funktioniert, wenn jemand Sie am Telefon kritisiert, oder schriftlich, oder auf irgendeine andere Weise. Der Input könnte auch rein nonverbal sein. Jemand kann „gequält" aussehen, oder seufzen, oder sich mit einem „angewiderten" Blick abwenden, oder was auch immer. Falls Sie absolut sicher sein wollen, können Sie für jede Wiederholung einen unterschiedlichen Input–Kanal benutzen, um die Person zu zwingen, es auf verschiedene Arten von Input zu verallgemeinern.

Obwohl sich nur wenige Menschen darüber beklagen, haben wir bemerkt, daß viele Leute durch Schmeicheleien genauso verwundbar wie durch Kritik sind. Die Leute können ihnen mit Komplimenten „schöntun" und sie dann übervorteilen, oder ihnen problematische Verhaltensweisen verbergen, die korrigiert werden müßten. Einer unserer paradoxen Lieblingssprüche aus Überraschungskeksen besagt, „Sie sind viel zu intelligent, um von Schmeicheleien beeinflußt zu werden." (Lachen) Wenn Sie Komplimente nicht sorgfältig beurteilen, können Sie leicht Dinge über sich selbst glauben, die nicht wahr sind. Menschen mit schmeichlerischen Selbsttäuschungen sind für Feedback weniger offen, und wenn es schließlich unvermeidbar wird, ist es gewöhnlich viel vernichtender; die Leute müssen dann nicht nur die fehlende Übereinstimmung zwischen ihrem Verhalten und der Kritik von jemand anderem korrigieren, sondern auch die fehlende Übereinstimmung zwischen ihrem eigenen Verhalten und ihren eigenen Selbsttäuschungen. Manchmal meiden Menschen, die keinen Weg haben, um Kritik oder Schmeicheleien zu bewerten, einfach kritische Leute, und umgeben sich mit Menschen, die ihnen nur schmeicheln. Während dies das Leben für sie kurzfristig angenehmer macht, verpassen sie viele nützliche Informationen, und früher oder später werden sie sich die Nase stoßen, wenn sie aus dem siebten Himmel auf den Boden der Realität zurückgeholt werden.

Diese Strategie ist gleichermaßen für Menschen nützlich, die gerne *Komplimente* bewerten würden, bevor sie auf sie reagieren. Dazu braucht man nur eine kleine Veränderung bei den anfänglichen Hinweisen für Schritt eins vornehmen. Anstatt zu sagen, „Dissoziieren Sie sich von jeder Kritik", sagen Sie, „Dissoziieren Sie sich von *jedem* Kommentar über Sie selbst oder Ihr Verhalten, egal ob es ein Kompliment oder eine Kritik ist." Die einzige weitere zusätzliche Veränderung ist eine explizite Anweisung, um sicherzustellen, sich mit jeder Bemerkung, die ein Kompliment darstellt und als wahr bewertet wird, zu assoziieren, so daß Sie sie voll genießen können.

Eine sehr generative Auswirkung der Unterweisung in diesem Prozeß ist, daß die Leute sich in Richtung auf ein Mehr an interner Referenz verändern, während sie gleichzeitig weitaus offener für Informationen von äußeren Quellen werden. Dies ist die beste aller möglichen Welten: offen gegenüber allen Informationsquellen zu sein, und dennoch fähig, Ihre eigenen Entscheidungen zu treffen, basierend auf Ihren eigenen Werten, Zielen und Kriterien.

9 Zugang zu kinästhetischen Zuständen (States) *

Nun möchten wir Ihnen einen sehr einfachen Weg beibringen, mit dem man einen tiefen und wirksamen Zugang zu jedem kinästhetischen Ressourcen–Zustand bekommt. Dieses Muster ist besonders effektiv als Zugang zu Drogen–Zuständen. Diejenigen unter Ihnen, die schon stimulierende Drogen ausprobiert haben, wissen, daß es gewisse unerwünschte Konsequenzen gibt, wie z. B. die Kosten, das Gesetz und die Tatsache, daß man nicht ganz einfach zu seinem normalen Zustand zurückkehren kann. Drogen sind recht nützlich, um damit in bestimmte Zustände hineinzukommen, aber wenn man einmal darin ist, ist es normalerweise schwierig, zurückzukommen. Manchmal muß man heimfahren oder irgend etwas anderes machen, was Kontakt mit der realen Welt erfordert, und der Drogenzustand erschwert dies oft.

Wenn Sie in einen Zustand mental ohne Drogen hineinkommen können, haben Sie den Vorteil, zurück zu können, wenn Sie wollen, und viele der lästigen Konsequenzen treten nicht auf. Sie können Ihren Drogen–Zustand leicht kontextualisieren, so daß er nicht mit dem Rest Ihres Lebens kollidiert. Wenn Sie diesen Prozeß Drogenabhängigen beibringen, können sie ihn verwenden, zu den Ressourcen zu kommen, die im Drogen–Zustand vorhanden sind, ohne all die Konsequenzen in Kauf nehmen zu müssen.

Es gibt auch viele Anwendungsmöglichkeiten dieser Technik in der Medizin und Zahnmedizin, vor allem bei der Schmerzreduzierung. Obwohl die Medizin eine fabelhafte Wissenschaft ist und viele wunderbare Dinge fertigbringt, haben alle Medikamente** Begleiter-

---

* Wir haben diese Methode von Richard Bandler gelernt, der die erste Entwicklung Ed Reese, Präsident des Southern Insitute of NLP, zuschreibt. Wir haben den Abschnitt über die Umgestaltung von Zuständen entwickelt.
** „Drugs" bedeutet sowohl Drogen als auch Medikamente. (Anm. d. Übers.)

scheinungen. Einige haben sehr ernsthafte Nebenwirkungen, besonders wenn Sie sie in großen Mengen oder über längere Zeiträume nehmen, und einige Menschen sind hypersensibel oder allergisch gegenüber bestimmten Mitteln.

Dieser Prozeß ist im Grunde eine Anwendung des Prinzips, daß alles leicht zu bewerkstelligen ist, wenn Sie die betreffende Erfahrung in genügend kleine Einheiten aufteilen (to chunk down). Unser diesbezügliches Lieblingsbeispiel — weil es so bizarr ist — handelt von einem Kerl, der sich entschloß, für das *Guiness Buch der Rekorde* ein Fahrrad zu essen. Er zerkleinerte es in sehr winzige Bruchstücke und verzehrte in einem Zeitraum von ungefähr drei Monaten tatsächlich ein ganzes Fahrrad. Ich bin sicher, daß Sie sich sinnvollere Anwendungen des Prinzips des Chunkings vorstellen können, aber dies ist sicherlich eine sehr einprägsame; eine, an die man sich erinnert! (Lachen)

Wenn Sie Ihre Erlebnisse in genügend kleine Abschnitte aufteilen, können Sie Zustände ganz leicht verändern. Eines der wirksamsten Dinge, die Sie im NLP machen können, ist Übergangszustände zu finden. Sie haben alle wundervolle Zustände gehabt, und Sie haben alle schreckliche Zustände gehabt, zu irgendeiner Zeit. Die Frage ist, „Wie kommen Sie von einem zum anderen?" Wenn Sie deprimiert sind, können Sie sich daran erinnern, glücklich gewesen zu sein, aber es ist schwer, dahin zu gelangen. Nur das Wissen, daß es einen anders gearteten Zustand gab, ist oftmals nicht genug; Sie müssen wissen, wie Sie dahin kommen. Viele Menschen bauen Luftschlösser, und die Aufgabe von NLP ist es, Treppen für den Weg dorthin zu schaffen. NLP ist eine Technologie, mit der Sie dahin kommen.

Bewußtseinsverändernde Drogen sind ein sehr wirkungsvoller Weg, um in einen anderen Bewußtseinszustand zu kommen. Menschen, die LSD genommen haben, betraten sehr unterschiedliche Realitäten, von denen einige nützlich waren und einige nicht. Aber sie hatten typischerweise keinen Weg, aus eigener Kraft dorthin zu kommen. Sie hatten normalerweise keinen Weg, eine Verbindung zwischen dem Gelernten oder den Erfahrungen, die sie im Drogen–Zustand gemacht haben, und ihrem normalem Leben herzustellen. Als Folge davon wurden viele von verschiedenen Drogen abhängig, psychisch, wenn nicht physisch.

Wir möchten noch eine Sache erwähnen, bevor wir eine Demonstration machen. Erforderlich für diese Methode ist irgendeine Erinnerung daran, in einen Drogen–Zustand gegangen zu sein. Wenn Sie nur eine vage Erinnerung haben, was geschah, als Sie den Drogen–Zustand erreichten, wird das diesen Prozeß etwas schwieriger machen. Die meisten Leute haben jedoch eine geeignete Erinnerung daran, auch wenn sie es anfangs nicht glauben.

Lassen Sie uns nun eine Demonstration des Prozesses machen. Gibt es irgend jemand hier, der Zugang zu einem Drogen–Zustand bekommen möchte? Sie müssen nichts zu der Droge selbst sagen.

Demonstration zur Erkundung

1. Kinästhetische Sequenz

Stan, im ersten Schritt geht es darum, die kinästhetischen Empfindungen zu entdecken, die auftraten, als diese Droge zu wirken anfing. Wir möchten, daß Sie den Weg in den Zustand in ziemlich kleine Stücke oder Abschnitte aufteilen. Beispielsweise könnte irgendwo eine kleine Erregung gewesen sein, oder ein Prickeln, oder ein Gefühl der Entspannung in irgendeinem Teil Ihres Körpers. Wir wollen die *Sequenz* von Gefühlen herausbekommen, die auftraten. Sie können z. B. eine plötzliche warme Welle erlebt haben, die durch Ihren ganzen Körper lief, aber wenn Sie es sorgfältig untersuchen, begann sie wahrscheinlich an einer Stelle und breitete sich in Etappen irgendwohin anders aus.

Stan: Ich habe Schwierigkeiten, mir zu überlegen, welche Droge ich nehmen will.

Gut, nehmen Sie einfach irgendeine; wenn Sie einmal wissen, wie es geht, können Sie denselben Prozeß auch auf die übrigen von ihnen anwenden. Es ist wirklich egal, welche Sie auswählen, um den Prozeß zu erlernen.

Stan: Okay. Was mir zuerst in den Sinn kommt, ist ein Gefühl an der Spitze meines Hirnstammes von Wärme, Leichtigkeit, ... ein wirklich schwaches, sanftes Summen, eine Vibration.

Dies ist tatsächlich eher eine kinästhetische Vibration als eine auditive, stimmt's? Wenn wir es in noch kleinere Einheiten aufteilen, gibt es dann irgendeine *Reihenfolge* in diesen verschiedenen Sachen, die Sie erwähnt haben? Es gibt Wärme; es gibt eine Vibration —

Stan: Ich denke, eigentlich kommt die Leichtigkeit zuerst, ... und dann die Wärme, und dann die Vibration.

Sind alle diese Empfindungen an derselben Stelle?

Stan: Ja, grundsätzlich. ... Das nächste ist eine Art von Anspannung —die ich für eine Art Maske halte, eine Räubermaske rund um meine Augen. ... (Stans Stimme wird sehr langsam.) Als nächstes kommt ein leichtes Kribbeln auf der Innenseite der Oberlippe ...

Während wir Informationen sammeln, gibt es natürlich eine starke Tendenz für ihn, damit anzufangen, sich diesen Zustand wieder zugänglich zu machen und „nicht mehr ganz da zu sein". Deshalb lachen einige von Ihnen; Sie haben bemerkt, daß seine Augen glasig werden und er anfängt, vom Stuhl zu kippen. Was kommt als nächstes, Stan? Sie müssen jetzt hierher zurückkommen und dann mit uns kommunizieren.

Stan: Im Solarplexus ..., es könnte Aufregung sein, oder Furcht. Ich versuche herauszufinden, welche physische Empfindung das ist.

„Aufregung" und „Furcht" sind bewertende Bezeichnungen für die Empfindung. Beschreiben Sie die Empfindung selbst bezüglich der Wärme, des Kribbelns, der Leichtigkeit, der Schwere, der Anspannung, oder mit anderen Worten, die die Empfindung *beschreiben*, anstatt sie zu bewerten.

Stan: Eigentlich ist es ein bißchen höher als mein Solarplexus. Es ist bei meiner Speiseröhre, irgendwie wie eine Wärmeempfindung. Es fühlt sich rot an. (Er zeigt von der oberen zur unteren Brust, entlang der Mittellinie.)

Also fängt es nahe bei Ihrem Nacken an und geht nach unten. Gibt es irgend etwas anderes? Wir haben hier schon eine ziemliche Liste. Und Sie sind schon ziemlich gut in diesem Zustand, oder?

Stan: Ja.

Lassen Sie uns das willkürlich in sechs Abschnitte aufteilen, nur um nicht durcheinander zu kommen. Nun möchten wir, daß Sie noch einmal da durchgehen, aus zwei Gründen. Erstens, damit Sie es nochmal wiederholen und eine schöne reibungslose Sequenz daraus machen können. Zweitens sollen Sie feststellen, ob Sie irgend etwas ausgelassen haben. Ist dies die ganze Abfolge? 1. Leichtigkeit am Hirnstamm, 2. Wärme, 3. Vibration, 4. Räubermaske, Anspannung um die Augen, 5. Kribbeln der Lippe, 6. Wärme an der Mittellinie (von der Kehle bis zum Solarplexus). Gehen Sie nun selbst da durch. Wollen Sie, daß ich Sie sprachlich hindurchbegleite? Würde es das einfacher machen?

Stan: Ich bin schon durchgegangen. Ich habe die Sachen in der Reihenfolge identifiziert, während ich es durchging.
Großartig. Beobachten Sie, wie sein Gesicht sich rötete. Wir sind an seiner subjektiven Erfahrung interessiert, aber dies ist eine nette externale Bestätigung, daß diese Abfolge nützlich für den Zugang zu einem veränderten Zustand ist. Hat irgend jemand von Ihnen Fragen dazu, wie man das macht? Sie brauchen eine Abfolge von bestimmten, in kleine Abschnitte aufgeteilten, kinästhetischen Gefühlen. Wenn er sekundäre, bewertende Worte sagt, wie „Angst", „Furcht" oder „Aufregung", so ist das nicht das Gesuchte. Sie wollen primäre Empfindungen: „Wärme", „Kribbeln", „Leichtigkeit", „Schwere", „Ausbreitung", „Ausstrahlung" — welche Worte auch immer sein kinästhetisches, sinnliches Erleben angemessen beschreiben. Drogen wirken typischerweise direkt physiologisch, so daß Sie sich immer darauf verlassen können, eine kinästhetische Sequenz zu erhalten. Ihre Erfahrung ist das Ergebnis der Einwirkung der Drogen auf das Nervensystem, auf das endokrine System und auf alles andere.

2. Veränderung anderer Submodalitäten

Jetzt, wo wir eine Liste der kinästhetischen Veränderungen haben, die Stan erlebt, während er in den Drogen–Zustand geht, finden wir im nächsten Schritt heraus, welche anderen Submodalitäten zusammen mit diesen kinästhetischen Veränderungen wechseln.

Stan, gehen Sie durch die Abschnitte, die wir identifiziert haben, und beachten Sie, welche Submodalitätswechsel in anderen Systemen auftreten, wie z. B. visuell und auditiv. Wenn Sie zu diesen Empfindungen von Leichtigkeit, Wärme und Vibration in Ihrem Hirnstamm zurückgehen, passiert dann irgend etwas im Hören? Geschieht irgend etwas damit, was Sie sehen? Mit offenen oder geschlossenen Augen, welche anderen Veränderungen in den Submodalitäten bemerken Sie?
Stan: Mein Hören. Ich wollte sagen, es wurde genauer; ich wurde mir des Geräusches des Klimaanlage bewußter. Während ich da durchging, begann ich auch mehr visuelle Schärfe zu bemerken — mehr Bewußtheit von kleineren Einzelheiten.
Konzentrieren Sie sich auf ein Gebiet und tilgen Sie den Rest, wie z. B. plötzlich die Nase von jemand zu bemerken oder die Farbe einer

Hose? Oder ist es irgendwie anders? Können Sie es ein bißchen detaillierter beschreiben?

Stan: Ich wurde mir der Veränderungen, der kleineren Zunahmen stärker bewußt. Nicht daß ich ein Detail bei einem bewegungslosen Gegenstand auswählen würde, sondern eher, daß mir Bewegungen oder Veränderungen eher bewußt werden.

Gibt es irgendeine Reihenfolge bei den auditiven und den visuellen Veränderungen? ... Wie sind Sie mit der kinästhetischen Abfolge verbunden?

Stan: Der auditive Wechsel passierte zuerst. Er begann, als ich durch die Leichtigkeit, Wärme, Vibration ging. Und dann begann ich, viele kleine, visuelle Einzelheiten zu bemerken.

Ist das der Fall, bevor Sie die Maske fühlen? Wir wollen die Reihenfolge wissen. Wenn Sie irgendeinen Zweifel haben, können Sie bewußt beide Wege ausprobieren, um herauszufinden, welcher sich kongruenter anfühlt. Sie könnten z. B. versuchen, visuelle Einzelheiten zu bemerken und dann die Maske von Anspannung um Ihre Augen. Oder Sie könnten versuchen, zuerst die Maske zu bemerken und dann die visuellen Einzelheiten. Welches fühlt sich angenehmer oder natürlicher an?

Stan: Ich spüre die Maske zuerst und sehe dann die visuellen Einzelheiten.

Also spüren Sie die Maske um Ihre Augen, und sehen dann die visuellen Bewegungen und Einzelheiten. Dann spüren Sie das Kribbeln an der Innenseite Ihrer Oberlippe. Was verändert sich noch, wenn dies passiert?

Stan: Das verstärkt die Leichtigkeit, Wärme und Vibration in meinem Nacken.

Okay. Also verstärkt das Kribbeln Ihrer Oberlippe die Empfindung in Ihrem Nacken, mit der Sie angefangen haben. Manchmal erhalten Sie eine Wiederholung wie diese. Anstatt eine Abfolge von *verschiedenen* Ereignissen zu haben, erhalten Sie eine Wiederholung eines einzigen dieser Ereignisse, die den Zustand verstärkt.

Ändert sich irgend etwas anderes, wenn Sie die Wärmeempfindung von der Speiseröhre zum Solarplexus an Ihrer Mittellinie runter spüren?

Stan: Das verstärkt ebenfalls die Empfindung an meinem Hirnstamm.

242

Jetzt, Stan, sollen Sie das wiederholen, was wir bis jetzt haben. Sollen wir Sie sprachlich ein bißchen hindurchbegleiten?

Stan: Sicher.

Zuerst haben Sie die Empfindung von Leichtigkeit an Ihrem Hirnstamm, dann Wärme, und dann Vibration. Wenn Sie das alles spüren, können Sie kleine auditive Veränderungen hören. Dann spüren Sie die Anspannung um Ihre Augen, die Maske. Und dann bemerken Sie kleine bewegungsmäßige Einzelheiten, egal ob Sie Ihre Augen offen haben oder nicht. Und dann spüren Sie das Kribbeln innen an Ihrer Oberlippe, das diese Empfindungen an Ihrem Hirnstamm verstärkt. Dann breitet sich die Wärme entlang der Mittellinie von Ihrer Speiseröhre zu Ihrem Solarplexus aus, was ebenfalls die Gefühle an Ihrem Hirnstamm verstärkt. ...

Haben Sie, während Sie durch dies hindurchgehen, die Empfindung, in diesen bestimmten Drogen–Zustand hineinzukommen?

Stan: Es ist nicht ganz so stark, wie der tatsächliche Drogen–Zustand manchmal war, aber es ist so stark wie er zu anderen Zeiten war.

Fehlt uns noch irgend etwas? Sie hatten gerade die Gelegenheit mehrmals hindurchzugehen; gibt es noch irgend etwas anderes?

Stan: Nein, ich habe alle Hauptbestandteile erfaßt.

Nun bietet Ihnen dieser Prozeß zu jeder Zeit, wenn Sie diesen Zustand wieder zugänglich haben wollen, einen sehr spezifischen, schrittweisen Weg, dies zu tun, eine Art von Rezept, das es relativ einfach macht, hineinzukommen. Sie hatten keine Schwierigkeiten, es hier zu tun, sogar als Sie es das erste Mal erforschten. Jedes Mal, wenn Sie es tun, wird es noch einfacher sein, und üblicherweise wird es auch schneller werden. Nachdem Sie es ein paarmal gemacht haben, werden Sie wahrscheinlich nur anzufangen brauchen, diese Gefühle in Ihrem Hirnstamm zu spüren, und dann wird der Rest der Sequenz automatisch passieren.

Demonstration zur Neu–Konstruktion

3. Änderung der Submodalitäten

Der nächste Schritt ist die Neu–Konstruktion (redesign). Wie können Sie den Zustand noch besser machen? Sie haben wahrscheinlich von den „Designer–Drogen" der Chemiker und Apotheker gehört. Sie können auch Designer–Drogen–*Zustände* bestellen, indem Sie die Submodalitäten in der Sequenz verändern, oder andere hinzufügen. Sie probieren einfach aus, was den Zustand so verändert, wie Sie ihn haben wollen. Stan, wir möchten, daß Sie ein paar Sachen ausprobieren und dann darüber berichten. Was passiert, wenn sich diese Empfindungen an Ihrem Hirnstamm weiter nach oben und nach unten an Ihrem Hals ausbreiten? ...

Stan: Das verstärkt den Zustand ein bißchen.

Jetzt probieren Sie, das Gefühl der Anspannung um Ihre Augen in ein Zittern zu verwandeln. ...

Stan: Das macht den Zustand schwächer.

Okay. Probieren Sie zu jeder der kleinen Veränderungen, die Sie visuell bemerken, etwas Glanz oder ein Funkeln einzufügen. ...

Stan: Das verstärkt es sehr.

Sie können also in dieser Weise experimentieren, um herauszufinden, wie Sie den Zustand ändern können. Es gibt so viele Dinge, die Sie ausprobieren können. Was ist, wenn Sie diese Empfindungen dichter machen? Was ist, wenn diese Empfindungen von warm zu kalt wechseln, oder sich von dem Hirnstamm bis über die Schädeldecke ausbreiten? Sie können eine Leichtigkeit wie eine Seifenblase haben, mit einem sehr scharf definierten Rand, oder mit einer diffusen Grenze, als ob sie aus Fell gemacht wäre. Sie können viele kleine Blasen der Leichtigkeit haben, anstelle einer großen, usw.

Stan, gibt es bei diesem Drogen–Zustand irgendwelche Aspekte, die für Sie unangenehm sind?

Stan: Es gibt eine Schwere oder Lethargie, die ich manchmal ändern möchte; zu anderen Zeiten ist es okay.

Gut. Jetzt probieren Sie aus, wie Sie diese Schwere leichter machen können, während Sie den Rest des Zustandes beibehalten. Spüren Sie z. B. diese Schwere jetzt ... und dann stellen Sie sich vor, daß Ihr ganzer Körper kleine, hell sprühende Funken auf der ganzen Oberfläche hat. ...

Stan: Das läßt die Schwere beträchtlich leichter werden.

Mit Glück geraten. Sie fanden fanden vorhin, daß ein Funkeln den Zustand verstärkt, und helle Funken werden Sie eher „hoch" als „runter" bringen. Es gibt natürlich viele andere Dinge, die Sie ausprobieren könnten, und einige können sogar noch besser funktionieren.

4. Änderung der Sequenz

Bis jetzt haben wir Submodalitäten verändert oder hinzugefügt, aber wir haben die Sequenz gelassen wie sie war. Sie können auch die *Reihenfolge* Ihrer Erfahrungen abändern, um den Zustand zu verändern. Stan, was würde beispielsweise passieren, wenn das Kribbeln an der Innenseite Ihrer Oberlippe direkt nach der Empfindung am Hirnstamm auftreten würde? ...

Stan: Das scheint ein bißchen stärker zu wirken; die ganzen Empfindungen an meinem Hirnstamm und die „high"–Empfindung in meinem Kopf sind anders. Es führt die Intensität auf eine höhere Stufe. Als ich es machte, waren die Vibrationen erhebend, aufsteigend.

Es schaut zweifellos anders aus. Was ist, wenn Sie die Maske von Anspannung um Ihre Augen zuerst spüren würden, und dann zu den Gefühlen an Ihrem Hirnstamm gingen? ...

Stan: Das hilft nichts.

Das schwächt seine Reaktion ab, und Sie können dies von außen bestätigen, indem Sie sein nonverbales Verhalten beobachten. Er geht nicht so weit in den Zustand hinein bei dieser Veränderung. Was ist, wenn Sie die Wärme zuerst spüren würden, dann die Leichtigkeit, und dann die Vibration? ...

Stan: Zuerst die Vibration, das funktioniert am besten.

Okay, probieren Sie die Vibration zuerst. ... Das sieht wirklich gut aus! Einige der Dinge, die Sie ausprobieren, werden den Zustand verstärken, und einige werden ihn abschwächen. Wiederum, dies sind nur ein paar Beispiele, wie Sie das Erlebnis in eine neue Reihenfolge bringen können, um es zu verändern.

5. Komprimierung der Sequenz

Was oft passiert, wenn man die Schritte in eine neue Reihenfolge bringt, ist, daß der ganze Prozeß dazu tendiert, *schneller* abzulaufen. Wenn er auf eine kürzere Zeitspanne komprimiert wird, verstärkt sich oft die Intensität. Sie können auch einfach die Originalsequenz schneller laufen lassen, um die Intensität zu verstärken. Während wir Stan wiederholt hindurchgehen lassen, wird er dazu neigen, dies automatisch zu tun. Die wirkliche Droge braucht vielleicht zehn oder fünfzehn Minuten, bis sie wirkt, aber wenn wir die Sequenz einmal haben, kann Stan sie vollständig in ein paar Sekunden durchlaufen. Wenn er dies ein paarmal gemacht hat, wird sie reibungsloser ablaufen und unbewußt werden. Ziemlich bald wird er sich nur noch die erste Empfindung zugänglich machen müssen, und der Rest der Sequenz wird automatisch ablaufen; es wird ein Hochgefühl wie beim Wellenreiten sein.

Stan, haben Sie spezielle Fragen dazu? Sie können sich wahrscheinlich Zeiten vergegenwärtigen, in denen Sie diesen Zustand hervorrufen wollen. Haben Sie irgendwelche Fragen, wie das geht?

Stan: Nein. Ich denke, Sie haben mir gezeigt, wie das geht.

Okay. Vielen Dank. Lassen Sie mich nochmal über die Schritte dieses Prozesses einen Überblick geben:

Überblick: Zugang zu einem kinästhetischen Zustand

A. Erkundung

1. Machen Sie sich die Sequenz der kleinen Einheiten des kinästhetischen Erlebens zugänglich.
2. Bestimmen Sie, welche Veränderungen der visuellen und auditiven Submodalitäten in jedem Stadium der kinästhetischen Sequenz auftreten.

B. Neu-Konstruktion

3. Ändern Sie Submodalitäten in der Sequenz, fügen Sie welche hinzu oder tilgen Sie welche.
4. Ändern Sie die Reihenfolge innerhalb der Sequenz.
5. Komprimieren Sie die Sequenz, so daß sie schneller abläuft.

Das Gehirn als Koinzidenz–Detektor

Soweit wir wissen, funktioniert diese Technik auf folgende Art und Weise. Das Gehirn ist ein Koinzidenz–Detektor. Milliarden von Ratten–, Hunde– und Psychologenstunden sind bei Experimenten vergangen, die erbracht haben, daß Nähe in Raum und Zeit (contiguity) die am meisten signifikante Determinante des Lernens ist. Ihr Gehirn wird jede Sequenz von Ereignissen lernen, die nahe beieinander in Raum und Zeit geschehen.

Wie viele von Ihnen haben den Film *All of Me* gesehen? In diesem Film gibt es einen Guru aus dem Himalaya, der noch nie eine Toilette mit Wasserspülung gesehen hat. Als er den Knopf drückt, gluckert das Wasser, und das Telefon klingelt zufällig. Er drückt den Knopf abermals, und das Telefon klingelt wieder. Sein Timing paßt zufällig genau; jedes Mal, wenn er den Knopf drückt, klingelt das Telefon, und er macht so weiter. Schließlich hört das Telefon natürlich auf zu klingeln, und er schaut auf die Toilette, als ob sie kaputt wäre! Das ist ein albernes Beispiel, aber das ist das, was wir immer dann machen, wenn wir zwei externale Ereignisse verknüpfen, die zeitlich nahe zusammen auftreten.

In einem von *Skinners* Experimenten mit Tauben zum operanten Konditionieren, ließ er alle paar Sekunden ein Essenskügelchen in den Käfig fallen, unabhängig davon, was die Taube tat. Welches Verhalten der Vögel zu der Zeit auch immer gerade zeigte, es wurde verstärkt. Wenn er also auf einem Bein stand, oder einen Flügel hob, neigte er dazu, dieses Verhalten zu wiederholen. Zehn Sekunden später, wenn das Kügelchen wieder hineinfiel, wurde dieses Verhalten sogar noch mehr verstärkt. Er erhielt einige, auf ziemlich seltsame Weise „abergläubische" Tauben, weil das Gehirn der Tauben, wie unser eigenes, ein Koinzidenz–Detektor ist — in diesem Fall wird ein externes Ereignis mit einer internalen, verhaltensmäßigen Reaktion verbunden.

Kürzlich wurde entdeckt, daß das Gehirn sogar das Immunsystem konditionieren kann. Experimentatoren konditionierten das Immunsystem von Mäusen auf Duftstoffe. Den Mäusen war ein Schlauch implantiert worden, durch den der Experimentator ihnen eine kleine Injektion Bakterien verabreichen konnte, die das Immunsystem aktivierte; zur selben Zeit präsentierten sie ihnen einen Geruch. Das Immunsystem reagierte und vernichtete die Bakterien. Sie machten dies fünf– oder sechsmal, wobei sie Blutanalysen benutzten, um herauszufinden, wie das Immunsystem reagierte. Dann präsentierten sie den Geruch alleine, und das Immunsystem reagierte auf dieselbe Weise, als wenn es durch Bakterien aktiviert worden wäre! Dieses einzelne Experiment hat enorme Implikationen für all jene Krankheiten, von denen man weiß, daß das Immunsystem unterdrückt oder überaktiv ist — Allergien, Krebs, Autoimmunkrankheiten wie rheumatische Arthritis, etc.

Eine zusätzliche Bestätigung für diesen Sachverhalt ist, daß Allergien oftmals durch das Zugänglichmachen und Ankern eines Ressourcen–Zustandes, indem die Person nicht auf das Allergen reagiert, geheilt werden kann. Eine Menge der Koinzidenzen, die Ihr Gehirn bemerkt und auf die es reagiert, sind vollständig unbewußt. Dies sind die Reaktionen, die *Milton Erickson* oft mit folgendem Satz beschrieben hat: „Die Dinge kennen Sie, aber Sie wissen nicht, daß Sie sie kennen."

Drogen und Anker

Da Ihr Gehirn ein Koinzidenz–Detektor ist, bemerkt es, daß Sie jedes Mal, wenn Sie eine bestimmte Droge nehmen, bestimmte kinästhetische Empfindungen bekommen. Diese bestimmten Empfindungen, in dieser bestimmten Abfolge, treten *nur* dann auf, wenn Sie die physiologische Reaktion auf die Drogen zeigen. Da Drogen Ihre Physiologie direkt beeinflussen, sind sie Anker, die jedes Mal funktionieren. Einer der Gründe, warum Drogen so populär sind, ist, daß sie zuverlässig sind. Egal, was auch immer passiert oder um Sie herum vorgeht, wenn Sie die Droge nehmen, wird sie wirken.

Natürlich ist das eine Übergeneralisierung, weil Ihre Physiologie zu unterschiedlichen Zeiten verschieden reagieren wird. Wenn Sie ein Sedativum nehmen, nachdem Sie fünf Tassen Kaffee getrunken haben, werden Sie eine andere Reaktion bekommen, als wenn Sie es nehmen, nachdem Sie eine langen, harten Tag hatten und keine Stimulantien verwendet haben. Wenn jemand in einem sehr ängstlichen Zustand in einen Operationssaal kommt, gibt es schon so viel Adrenalin und andere Chemikalien in seinem Blutkreislauf, daß der Anästhesist viel größere Dosen an Drogen verwenden muß, um ihn zum Schlafen zu bringen — was die Wahrscheinlichkeit von schädlichen Nebenwirkungen erhöht.

Wir kennen mehrere Anästhesisten, die sich die Zeit nehmen, mit den Patienten am Tag *vor* der Operation zu reden. Sie setzen Anker für Entspannung und Beruhigung, und dann verwenden sie diese Anker am folgenden Tag auf dem Weg in den Operationssaal. Wenn sie dies machen, brauchen sie oft nur ungefähr die Hälfte der normalen Dosis des Betäubungsmittels.

Es gibt auch viele individuelle Unterschiede in den Reaktionen auf Drogen. Eine Freundin von uns braucht viel *länger*, bis sie auf Medikamente reagiert, aber wenn sie reagiert, dann *intensiver*. Sie wies einmal einen Arzt warnend darauf hin: „Geben Sie mir keine zweite Spritze, nur weil ich nicht in einer bestimmten Zeit reagiere." Als sie jedoch innerhalb der normalen Zeitspanne nicht das Bewußtsein verlor, gab er ihr trotzdem eine zweite Spritze. 48 Stunden später wachte sie glücklicherweise wieder auf.

Ungeachtet dieser Unterschiede in den Reaktionen sind Drogen und Medikamente sehr wirkungsvolle Anker für Zustände. Die Droge bringt Sie in einen bestimmten Zustand. Während sie dies tut, machen Sie verschiedenen Erfahrungen, die Hinweise auf die physiologischen Veränderungen sind. Durch die erneute Aktualisierung der Hinweise können Sie die Zustandsveränderung wieder aufbauen — ohne die Droge.

Indem Sie die Hinweise verändern oder in eine neue Reihenfolge bringen, können Sie diesen Zustand intensivieren oder abschwächen. Vielleicht wollen Sie high werden, aber nicht *so* high. Manchmal sind Menschen völlig „aus dem Häuschen", wenn sie Drogen nehmen — sie werden richtig laut und wild. Stans Zustand war ruhiger, viel internaler.

Wenn Sie wollen, können Sie auch den Charakter des Drogen–Zustandes ändern. Vielleicht nahmen Sie eine Droge und sie schickte Sie internal auf die Reise. Womöglich hatten Sie innerlich sehr interessante Bilder, würden aber von Zeit zu Zeit lieber ein bißchen mehr external sein, so daß Sie mit anderen interagieren können. Durch Ausprobieren können Sie die Submodalitätsveränderungen herausfinden, die Ihnen diese Wirkung bringt.

Chunking

Dieser Prozeß teilt das in kleine Schritte bzw. Einheiten („Chunks") auf, was die Leute jahrelang im NLP getan haben, nämlich Zugang zu Ressource–Zuständen zu schaffen. „Wann waren Sie in diesem excellenten Zustand? Wo waren Sie da? In welchem Raum waren Sie?" usw. Dieser Prozeß liefert viel kleinere Chunks, was ihn viel einfacher und wirkungsvoller macht. Sie waren alle in Situationen, wo Sie erkannten: „Oh, ich bin in einem schlechten Zustand. Wie komme ich wieder zurück zu einem guten? Gut, ich kann mich irgendwie daran erinnern, aber wo ist er und wie komme ich dahin?"

Manchmal ist es schwer, ihn wieder zugänglich zu machen; dieser Prozeß liefert Ihnen eine „yellow brick road"*, auf der Sie direkt dahin gelangen werden.

Mann: Wieviele Chunks sollten in der Sequenz sein?

Wir probieren es mit ungefähr fünf Chunks. *Der einzige Sinn der Aufteilung in kleinere Chunks liegt darin, es leicht zu machen, es zu tun.* Empfindungen beginnen oft an einer Stelle und breiten sich im Körper aus. Ist das ein Chunk, oder sind es zwei, oder zwanzig? Wenn Sie denken, es gibt eine fest vorgegebene Anzahl von Chunks, könnten Sie fünf Stück ganz am Anfang erhalten und damit nur einen kleinen Teil des ganzen Prozesses berücksichtigen. Denken Sie an Ihr Ziel: *festzustellen, wie der vollständige Übergang in den Drogen–Zustand in genügend kleine Chunks aufzuteilen ist, so daß es leicht für Sie ist, diesen Zustand ganz zugänglich zu machen.* Es in kleinere Chunks aufzuteilen ist Zeitverschwendung.

Wieder Herauskommen

Frau: Haben die Leute jemals Schwierigkeiten, aus einem selbst–induziertem Drogen–Zustand wieder herauszukommen?

Vor Jahren hörte man viel über LSD–„Flashbacks", in denen die Leute versehentlich in einen vorhergehenden Drogen–Zustand erneut hineinkamen und dann nicht wieder herauskommen konnten. In jüngerer Zeit hörte man von „Vietnam Flashbacks", die ähnlich sind. Wenn Sie jemandem systematisch beibringen, wie er in einen Zustand hineinkommt, ist das ganz anders als ein versehentliches Hineinfallen ohne jedes Gefühl der Kontrolle. Da die Person eigentlich keine Droge in ihrem Blutkreislauf hat, können Sie, so weit ich weiß, jederzeit ihren Zustand wieder verändern, auch wenn Sie sich dazu „unerhört" verhalten müssen, z. B. „Feuer!" brüllen müssen oder etwas Ähnliches. Einer unserer Schüler arbeitet mit Alkoholikern und Drogenabhängigen; er mußte sie manchmal im Freien herumgehen lassen, an einem kalten Wintertag im Hemd

---

* Gelbe Pflastersteine (yellow bricks) werden in Amerika teilweise als Markierung für den Weg zu einem bestimmten Ziel verwendet. (Anm. d. Übers.)

ohne Jacke, um sie wieder nüchtern zu machen, aber er hat sie immer wieder herausgeholt.

Wenn Sie mit jemandem arbeiten, der einen ziemlich vagen Sinn für die Realität hat, könnten Sie immer auf Nummer Sicher gehen, indem Sie zuerst seine Sequenz von Erlebnissen erkunden, wie er den Drogen–Zustand *verläßt*; so können Sie sicherstellen, daß Sie eine wirkungsvolle Sequenz dafür haben, bevor Sie herausfinden, wie er in den Drogen–Zustand hineinkommt. Sie könnten auch die Sequenz nehmen, die auftritt, wenn er in den Drogen–Zustand kommt, und sie *rückwärts* laufen lassen, um ihn herauszubringen.

Wenn Sie um Ihre eigene Sicherheit besorgt sind, gibt es etwas anderes, was Sie zu tun erwägen könnten. Bevor Sie bei sich selbst einen Drogen–Zustand induzieren, richten Sie einen Teil von sich selbst als „Wachhund" ein, der wachsam ist und Sie aus dem Drogen–Zustand bringt, wenn irgend etwas Gefährliches oder Unerwartetes passiert. Sie können dies mit einem Reframing machen: Schließen Sie Ihre Augen, gehen Sie nach innen und sagen Sie innerlich: „Ich bin kurz davor, in einen Drogen–Zustand zu gehen. Ich mache das hier in einer Umgebung, die ich für sicher halte. Ich hätte gerne, daß ein Teil oder Teile von mir wachsam bleiben gegenüber jeder Gefahr, die auftreten könnte, oder jeder Situation, die möglicherweise unangenehme Konsequenzen haben könnte. In dem Moment, wo es auch nur die Andeutung einer Gefahr oder einer Verletzung gibt, bring mich bitte sofort zurück aus dem Zustand, so daß ich aus meinem normalen Nicht–Drogen–Zustand heraus damit umgehen kann, mit all meinen Ressourcen zu meiner Verfügung. Gibt es einen Teil oder Teile, die bereit sind, diese Funktion für mich zu übernehmen?" Wenn Sie ein bestätigendes, unbewußtes Signal erhalten, können Sie sich sicher dabei fühlen, in den Drogen–Zustand zu gehen, mit dem Wissen, daß Sie beschützt werden. Die meisten Menschen haben schon schützende Teile, die in dieser Weise arbeiten, aber dies ist ein Weg, um es explizit zu machen.

Medizinische Anwendungen

Die Mehrzahl der Medikamente wird zur Schmerzreduzierung und zur Abhilfe bei Symptomen eingesetzt. Der beschriebene Prozeß hat auf diesem Gebiet viele direkte, praktische Anwendungen. Steve benutzt ihn beim Zahnarzt, wenn er Zahnstein entfernt bekommt und oft auch bei Füllungen. Er hat sich früher auf dem Stuhl des Zahnarztes immer sehr verspannt: sein Magen zwickte ungefähr sechs Stunden später immer noch, und für den Rest des Tages konnte man ihn vergessen. Jetzt freut er sich schon fast auf den Zahnarzttermin, weil er dort „abschalten" und entspannen kann.

Eine Freundin von uns, Bobbi, war kürzlich durch eine Niereninfektion ziemlich krank. Ihr wurden Antibiotika gegen die Infektion verschrieben und Schmerzmittel zur Erleichterung der Symptome: Tylenol III, Tylenol IV, oder 1 mg Darvoset. Sie sollte davon einen Monat lang vier Stück täglich nehmen, oder so. Eine Tablette setzt einen für sechs oder acht Stunden schachmatt. Sie hatte die Methode des Zugangs zu Drogen–Zuständen erlernt, aber sie hatte dieses bestimmte Medikament bisher nicht genommen; deshalb nahm sie eine Tablette, setzte sich mit einem Kassettenrecorder hin und beschrieb alle Veränderungen, die auftraten, als sie in den Zustand kam. Sie spielte es später mehrmals ab, bis sie genau wußte, was passierte, als sie das Medikament tatsächlich nahm. Dies lieferte ihr eine ausgezeichnete, detaillierte Information für ein freiwilliges Hineinkommen in diesen Zustand. Bobbi konnte den Schmerz fast vollständig mit der Methode des Zugangs zum Drogen–Zustand reduzieren. Anstelle von vier Tabletten täglich nahm sie ungefähr zwei in der Woche. Die wenigen Male, als sie die Tabletten verwendete, waren immer spät am Abend, wenn sie zu müde war und sich nicht konzentriert genug fühlte, um die Methode des Zugangs zum Drogen– Zustand anzuwenden. Wenn diese Methode bekannter wäre, könnten die Ärzte viel weniger Tabletten verschreiben — genügend für eine „Lern"–Dosis, und ein paar extra für extreme Umstände.

Wenn Sie diesen Prozeß benutzen, um Drogen–Zustände zur Schmerzreduzierung oder zur Erleichterung der Symptome zugänglich zu machen, wollen Sie gewöhnlich bei der Abfolge bleiben, die Sie bei dieser Droge erleben, weil sie ausgewählt wurde, um etwas Bestimmtes für Ihren Körper zu erreichen. Hoffentlich hat der Arzt recht; manchmal leider nicht.

Angenommen, der Arzt hat ein passendes Medikament gewählt; dann gibt es zwei nützliche Arten zu experimentieren. Eine ist, die gewünschte Wirkung des Medikaments zu intensivieren; die andere, Nebenwirkungen zu beseitigen, wie z. B. Brechreiz oder Schläfrigkeit.

Bobbi bekam bei Tylenol III beispielsweise einen Brechreiz, so daß sie feststellte, was in der Abfolge gerade davor und danach passierte, wenn die Übelkeit begann. Dann übersprang sie einfach diesen Schritt und bemerkte eine Veränderung in ihrer Atmung. Es war nur ein Schritt, der die Übelkeit verursachte, und er war für die schmerzstillende Wirkung nicht notwendig.

Übelkeit ist eine Reaktion auf eine bestimmte Erfahrung; wenn es keine Erfahrung aus der realen Welt gibt, um sie zu produzieren, ist es wahrscheinlich eine Reaktion auf ein inneres Erleben. Denken Sie an all die Erlebnisse in der realen Welt, die bei Ihnen Übelkeit hervorriefen. Wenn Sie irgendwelche dieser Erfahrungen innerlich erzeugen, können sie ebenfalls Übelkeit hervorrufen. Oftmals beginnen die inneren Bilder einer Person zu kippen oder sich zu drehen oder herumzuschlittern. Wenn Sie dies verändern, wird diese Person keine Übelkeit mehr erleben.

Wir möchten Ihnen nahelegen, *viel* vorsichtiger bei dem Versuch zu sein, diese Methode als Ersatz für andere Medikamente — wie z. B. Antibiotika — zu verwenden, deren Wirkung sich direkt und speziell gegen Bakterien richtet, und die minimale physiologische oder wahrnehmungsfähige Wirkungen haben. Wenn man jedoch die Immunreaktion mit Gerüchen konditionieren kann, wer weiß dann, was möglich ist? Wenn ich weit weg von jeder medizinischen Hilfe wäre, oder eine Allergie gegenüber dem Medikament hätte, würde ich es sicherlich mit diesem Prozeß versuchen.

Diese Methode funktioniert gut bei jedem Medikament, das zur Symptomerleichterung eingesetzt wird *und* verschiedene, wahrnehmbare Auswirkungen hat. Wenn ein Medikament minimale Wirkung auf die Wahrnehmung hat, wird es selbstverständlich viel schwerer, wahrnehmungsfähige Hinweise zu verwenden, um den Zustand zugänglich zu machen.

Kinästhetischer Leitfaden

Frau: Sie haben betont, daß es wichtig ist, mit dem kinästhetischen System anzufangen. Bei bestimmten bewußtseinserweiternden Drogen ist die erste Veränderung, die ich bemerke, visuell. Kann ich damit anfangen?

Das Ziel ist letztlich die Fähigkeit, dieses Erlebnis selbst hervorzubringen, ohne den Gebrauch von Drogen. Obwohl das kinästhetische System besonders wirkungsvoll zu sein scheint, können Sie mit dem visuellen oder auditiven System anfangen, und dann zurückgehen, um die begleitenden kinästhetischen Veränderungen festzustellen. Es gibt mehrere Gründe, mit dem kinästhetischen System anzufangen. Eine solche Vorgehensweise stellt sicher, daß die Person eher assoziiert als dissoziiert ist; wenn Sie im visuellen oder auditiven anfangen, ist es möglich, daß Sie dissoziiert sind, wenn Sie den Zustand erinnern. Der Gebrauch eines kinästhetischen Leitfadens ist auch ungewöhnlich, so daß es wahrscheinlich subjektiv beeindruckend und wirkungsvoll ist. Wir haben den kinästhetischen Leitfaden oft für diesen Prozeß benutzt, und wir wissen, daß er effektiv ist; wir haben nicht viel mit anfänglichen visuellen oder auditiven Veränderungen experimentiert, die einen Zustand zugänglich machen.

Individuelle Unterschiede

Mann: Sind diese Sequenzen bei jedem Individuum einzigartig, oder gibt es irgendwelche Gemeinsamkeiten in den Erfahrungen, die verschiedene Menschen mit bestimmten Drogen machen?

Das scheint sehr von der Droge abzuhängen. Wir haben sehr große Unterschiede in der Reaktion auf ein und dieselbe bewußtseinserweiternde Droge gesehen. Es gibt mehr Gemeinsamkeiten bei Drogen, die spezifische Wirkungen auf die Physiologie haben: Beruhigungsmittel, Aufputschmittel, etc. Sogar bei diesen Drogen gibt es eine große Variation in den Reaktionen.

Verwendungsmöglichkeiten zur Unterhaltung

Nachdem Sie Ihre Sequenz für eine bestimmte Droge herausgearbeitet haben, können Sie sie anderen beibringen, und sich von anderen ihre beibringen lassen. Sie können jede Sequenz von jemand anderem als „Rezept" verwenden, um in den betreffenden Zustand zu kommen. Das ist ein großartiger Weg, um eine Party anzufangen; niemand muß irgendwelchen Stoff kaufen, oder sich über das Gesetz Gedanken machen, oder später beim Heimfahren Schwierigkeiten haben. Was „high–sein im Kontakt mit anderen" genannt wird, ist ein solches Beispiel. Wenn Sie jemanden wirklich gut pacen, werden Sie dieselben Submodalitäten erleben wie er.

Als Steve auf dem College war, waren einmal auf einer Party die meisten Leute um ihn herum betrunken. Er hatte überhaupt nichts getrunken, aber er hatte ebenfalls seinen Spaß. Ein anderer Student kam auf ihn zu, blickte ihn mit einem verwirrten Blick an und sagte: „Du hast gar nichts getrunken, und du hast so viel Spaß wie ich. Wie machst du das?" Der Student war sehr verwirrt, weil er ohne Drogen nicht in den Zustand kommen konnte.

Drogenmißbrauch

Menschen haben seit Tausenden von Jahren Drogen verwendet und nach ihnen gesucht. Drogen haben einen Wert, aber oftmals haben sie auch ernsthafte Nebenwirkungen. Persönlich sind wir im wesentlichen „Nicht–Drogies". Wir haben jeder hier und da ein paar ausprobiert, aber wir mögen die Desorganisation nicht, die wir gewöhnlich tagelang danach spürten. Drogen üben auf uns sehr wenig Reiz aus. Für andere Menschen sind Drogen jedoch manchmal so verlockend, daß der Rest ihres Lebens in die Brüche geht. Aber Drogen bzw. Medikamente haben sinnvolle Funktionen: zu entspannnen, Spaß zu bereiten, Schwierigkeiten vergessen zu lassen, etc. Alles ist irgendwo wertvoll; wenn Sie diesen Prozeß verwenden, können Sie die Vorteile von Drogen genießen, ohne die Probleme zu haben.

Wenn Sie mit Drogensüchtigen arbeiten, können Sie sagen: „Wie würden Sie es finden, fähig zu sein, jederzeit in diesen Zustand zu kommen, wenn Sie es wollen, ohne die Kosten und die Schwierigkeiten, die Droge zu bekommen, ohne die Probleme, die damit verbunden sind, nicht aus diesem Zustand herauszukommen, wenn Sie das müssen, ohne die gesetzlichen Komplikationen, und ohne die gesundheitlichen Probleme?" Sie werden normalerweise sagen: „Hey, sicher. Warum nicht? Dann kann ich mich von meinem Dealer trennen." Dies paced ihre Realität vollständig, und es ist auch eine Lösung, gegen die der Rest der Gesellschaft keine Einwände haben wird. Sie können dann die Methode des Zugangs zum Drogen–Zustand benutzen, um ihnen freiwillige Kontrolle über ihre Zustände zu geben. Während Sie dies machen, können Sie andere NLP–Methoden verwenden, um ihnen zu helfen, ihre persönlichen Ressourcen zu integrieren und zu reorganisieren, so daß sie ein weniger starkes Bedürfnis nach dem Drogen–Zustand haben (wie in *Reframing*, Kapitel 6, beschrieben).

Andere kinästhetische Zustände

Wir haben Drogen–Zustände so ausführlich erörtert, weil Sie sich gewöhnlich darauf verlassen können, eine starke kinästhetische Sequenz zu erhalten. Außerdem hat diese Methode des Zugangs zu Drogen–Zuständen nützliche Anwendungsmöglichkeiten in der Medizin, vor allem hinsichtlich der Nebenwirkungen, die bestimmte Medikamente haben. Schließlich hat dieses Muster viele Auswirkungen im Umgang mit vielfältigen Problemen, die sich aus dem Drogenmißbrauch ergeben.

Dieser Prozeß kann natürlich auch verwendet werden, um Zugang zu *jedem* Ressource–Zustand zu bekommen, der starke kinästhetische Komponenten enthält. Es gibt z. B. viele Anwendungsmöglichkeiten bei Menschen, die ihre sexuelle Erregbarkeit steigern wollen. Eine Seminar–Teilnehmerin, die typischerweise sehr visuell orientiert war, machte sich einen entspannenden Drogen–Zustand zugänglich. Als sie anfing, mit der Veränderung des Zustandes zu experimentieren, fing sie spontan an, starke Orgasmen zu erleben, einen nach dem anderen. Sie können sich darum direkt bemühen, indem Sie eine bestimmte befriedigende sexuelle Erfahrung zugänglich machen, und dann lernen, wie Sie diesen Zustand wieder hervorholen können, wenn Sie „nicht in der Stimmung sind", aber es gerne sein möchten.

Sie können diesen Prozeß auch verwenden, um eine unangenehme Reaktion zu erkunden und dann die Sequenz neu zu konstruieren, um die Reaktion in einer nützlichen Weise zu verändern. Ein Mann wurde z. B. häufig wütend. Seine Sequenz für diesen Wut–Zustand enthielt einen Druck, der sich veränderte und intensivierte, während er sich bewegte und sich vom Kiefer zum Magen und zur Stirn ausbreitete, und dann über seinen ganzen Körper. Bei jedem Schritt dieser Sequenz wurde ihm wärmer. Als wir ihn *kühler* (cooler) werden ließen, während die Sequenz fortschritt, verringerte sich seine Wut beträchtlich. Am Ende der Sequenz hatte er ein Druckgefühl auf der Innenseite seiner Haut, als ob seine Haut wie ein zu stark aufgeblasener Ballon war, bevor er *zerplatzte* — in offene Wut hinein. Indem er sich seine Haut durchlässig vorstellte, als ob sie Tausende von winzigen Löchern hätte, um den Druck entweichen zu lassen, konnte er diesen Zustand sogar noch weiter verringern. Als er seinen Zustand in dieser Weise abschwächte, fand er heraus, daß er sich viel beherrschter fühlte, und mehr verfügbare Wahlmöglichkeiten hatte, um mit dem Problem umzugehen, das seinen Wut-Zustand verursachte.

Die kinästhetische Welle

Dieselbe Idee, daß die Haut undurchlässig ist, kann verwendet werden, um einen angenehmen kinästhetischen Zustand zu verstärken. Denken Sie zuerst an einen angenehmen Zustand, den Sie erlebt haben, ... und achten Sie dann in einiger Detailliertheit auf das kinästhetische Gefühl ... Jetzt stellen Sie sich vor, daß diese Gefühle wie eine Welle sind, die sich schnell in Ihrem Körper ausbreitet, und mit gesteigerter Intensität rasch wieder zurückgeworfen wird, wann immer sie die Oberfläche Ihrer Haut erreicht, und immer weiterläuft und immer intensiver wird, durch Ihren ganzen Körper hindurch. ...

Eine andere Seminarteilnehmerin war als junge Frau mit einer Gruppe gutaussehender junger Männer beim Reiten gewesen. Ihr Pferd stolperte, und sie wurde abgeworfen. Sie landete auf dem Rücken und wurde dabei bewußtlos. Als sie wieder zu sich kam, knieten all die jungen Männer um ihren Kopf herum und sprachen sehr besorgt und aufmerksam zu ihr. Sie war im „siebten Himmel" und brach in Lachen aus. Als sie diesen Zustand wieder zugänglich hatte, füllte ihr frohes, schallendes Gelächter den Raum. Durch Experimentieren fand sie heraus, daß sie die Intensität des Zustandes kontrollieren konnte, indem sie mit ausgestreckten Händen den Boden berührte. Wenn sie ihre Hände vollständig vom Boden hob, konnte sie voll in den Zustand gehen, mit dem Wissen, daß sie, wenn es zu intensiv würde, „runterkommen" konnte, indem sie einfach mit einem Finger den Boden berührte. Vorher hatte sie sich nie selbst voll in diesen Zustand gehen lassen, weil sie Angst hatte, er könnte überhand nehmen, und sie könnte die Kontrolle verlieren. Je mehr Sie entdecken können, wie Sie Ihr eigenes System kontrollieren können, um so weniger werden Sie von Drogen abhängig sein, von anderen Leuten oder Ereignissen, um sich selbst in sehr angenehme und nützliche Zustände zu bringen.

10 Weitere Submodalitätsinterventionen

Es gibt eine Reihe von Submodalitätsinterventionen, die so spezifisch und wirkungsvoll in ihren Auswirkungen sind, daß Sie, wenn Sie auf eine von ihnen treffen, bei sich selbst denken werden: *„Daran werde ich mich erinnern!"* Richard Bandler nennt sie „Ultra–Kurzzeittherapie"–Interventionen. Hier sind einige, die sich wiederholt als sehr nützlich herausgestellt haben.

Übersetzen

In *Richard Bandlers* Buch *Veränderung des subjektiven Erlebens* gibt es eine Reihe von Beispielen dafür, die Submodalitätsunterschiede zwischen einem Problemzustand und einem Ressourcezustand herauszufinden und dann den einen in den anderen zu „übersetzen", um den Problemzustand in den Ressourcezustand zu transformieren. Das ausführlichste Beispiel findet sich in Kapitel 6, nämlich die Transformation der Struktur von Verwirrung in Verstehen. Diese Methode haben wir auch in diesem Buch verwendet, um Zeitlinien zu korrigieren, zwingende und unwiderstehliche Zukunftsvisionen zu schaffen, Zwänge aufzubauen, sowie Kriterien und Referenz zu verändern. Obwohl dies eine der einfachsten Submodalitätsmethoden ist, scheint die Anwendung unbegrenzt zu sein — sowohl als Hilfe, daß Menschen sich verändern, als auch, um die Struktur vortrefflicher Leistungen zu modellieren.

Beispielsweise führt ein Practitioner eines unserer Trainings–Programme für Straffällige durch. Er brachte einem Mädchen, die ihre Eltern haßte, bei, wie sie eine Repräsentation von ihnen nehmen und sie in Submodalitäten einer Repräsentation von einer Freundin übersetzen konnte, die sie mochte. Danach konnte sie auf eine freundliche Art und Weise mit ihren Eltern umgehen.

Sie können in dieser Weise jeden Problem–Zustand in einen geeigneten Ressource–Zustand übersetzen — von Lethargie zu Motivation oder Erregung, von Langeweile zu Faszination, vom Ernsten zum Lächerlichen, von festgefahrenem Zustand zu etwas, was einem einmal etwas ausgemacht hat, aber jetzt nichts mehr ausmacht.

Ein Mann, der auf Rotwein und dunkles Bier allergisch war, heilte sich selbst, indem er seine Repräsentation von beiden Getränken in die Submodalitäten von Weißwein und hellem Bier übersetzte, auf die er nicht allergisch reagierte. Von einigen Menschen mit multipler Persönlichkeit wurde berichtet, daß eine Persönlichkeit allergisch auf eine Substanz reagieren kann, während die andere Persönlichkeit im selben Körper dies nicht tut. Dies legt die Annahme nahe, daß Submodalitäten eine Rolle dabei spielen könnten, wie die verschiedenen Persönlichkeiten sich getrennt und isoliert halfen, und daß diese Information auch dazu verwendet werden könnte, die beiden zu integrieren.

Das Übersetzen ist auch ein wesentlicher Bestandteil in einer neuen „Ein–Sitzungs–Intervention", die wir für Menschen entwickkelt haben, die über einen Verlust trauern. In einem späteren Buch, das voraussichtlich den Titel *From Grief to Gratitude* erhält, werden wir deutlich machen, wie die Leere der Trauer durch ein Gefühl der Erfüllung ersetzt werden kann, und wie an die Stelle der Beschäftigung mit vergangenen Verlusten das Interesse an einer zufriedenstellenden Zukunft treten kann.

Reframing — wörtlich genommen

Das Wort „Reframing" ist ein visuelles Wort, obgleich viele Menschen es für einen auditiven Prozeß halten, im Sinne einer Umformulierung. Obwohl Sie bei einem Reframing Wörter benutzen, beruht die Wirkung gewöhnlich auf der visuellen Plazierung des problematischen Ereignisses in einem anderen Rahmen* oder vor einem anderen Hintergrund. Dies kann mit Hilfe von Metaphern bewerkstelligt werden, aber auch sehr einfach und wortwörtlich.

---

* frame = Rahmen, also heißt „Reframing" wortwörtlich „mit einem neuen Rahmen versehen". (Anm. d. Übers.)

1. Denken Sie an eine Situation, bei der Sie sich schlecht fühlen, wenn Sie an sie denken. Es könnte eine alte Erinnerung sein, eine aktuelle Problemsituation oder eine aktuelle Begrenzung, oder was auch immer ...

2. Werfen Sie einen sorgfältigen Blick auf den visuellen Anteil dieser problematischen Erfahrung, ... und treten Sie dann zurück, aus dem Bild heraus, so daß Sie sich selbst in dieser Situation sehen. Wenn Sie es im Bewußtsein nicht visualisieren, können Sie einfach ein „Gefühl" dafür bekommen, diese visuellen Veränderungen vorzunehmen, oder tun Sie so, als ob Sie dies tun.

3. Nun legen Sie einen großen, goldenen Barockrahmen, der ungefähr 15 cm breit ist, um dieses Bild, und beachten Sie, wie das Ihr Erleben dieser Situation verändert. ...

Für die meisten Menschen wird das leichtere und humorvollere Gefühle ankern, die bei der Entwicklung neuer Wahlmöglichkeiten in der problematischen Situation viel sinnvoller sind.

Es gibt auch viele andere alternative Rahmen — wörtlich genommen —, die Sie verwenden können. Sie könnten einen ovalen Rahmen benutzen, wie sie vor Jahren bei alten Familienphotos, Spiegeln und religiösen Bildern Verwendung fanden; ein kantiger Edelstahlrahmen, ein Rahmen aus natürlichem oder verwittertem Holz oder ein farbiger Plastikrahmen könnte für jemanden sinnvoll sein, der auf den goldenen Barockrahmen nicht reagiert.

Sie können auch eine Reihe von Verzierungen hinzufügen, nachdem der Rahmen ausgewählt wurde. Eine abgeschirmte Museumslampe, die über dem Bild angebracht ist, „wirft ein anderes Licht auf das Geschehen" als ein Votivkerzenhalter auf einem Platz darunter. Auch wenn man das gerahmte Bild tatsächlich an der Wand eines Museums zwischen anderen Bildern sieht, oder im Haus oder Büro eines anderen, kann eine „andere Perspektive" hinzugefügt werden.

Sie können sich sogar einen Lieblingskünstler — oder auch den am wenigsten gemochten Künstler — aussuchen, und Ihr Bild in ein Werk transformieren, das im Stil dieses Künstlers ausgeführt wird. Was passiert, wenn Sie es als Rembrandt oder Monet sehen?

Sich vor Lachen nicht mehr halten können

1. Denken Sie an eine Situation, oder stellen Sie sie sich lebhaft vor, falls Sie sie nie tatsächlich erlebt haben, in der Sie mit einem Freund sprachen — möglichst jemand, dem Sie vertrauen —, der reich an Weisheit und Erfahrung ist. An einem bestimmten Punkt in Ihrem Gespräch fand er (oder sie) das, was Sie sagten, so *lustig*, daß er „sich vor Lachen nicht mehr halten konnte"; er lachte so sehr, daß er Schwierigkeiten beim Atmen bekam, und er mußte sich die Tränen aus den Augen wischen, während er weiterlachen mußte, entgegen all seiner Versuche, damit aufzuhören. ...

2. Denken Sie nun an ein Problem oder eine Beschränkung, das oder die Sie in Ihrem Leben erleben. ...

3. Stellen Sie sich nun lebhaft vor, daß Sie Ihrem Freund von diesem Problem erzählen. Sobald Sie ihm die Grundzüge Ihres Problems dargestellt haben, „fällt er vor Lachen fast vom Stuhl" und kann damit nicht aufhören, was immer Sie auch machen. ...

4. Denken Sie wiederum an Ihr Problem; haben Sie jetzt ein anderes Gefühl dazu? Ungefähr die Hälfte der Menschen, mit denen Sie das machen, wird nie wieder in der Lage sein, das Problem ganz so ernst zu nehmen, vor allem, wenn der Freund, der sich vor Lachen nicht mehr halten kann, einer mit Weisheit und tiefem Verständnis ist. Sie werden womöglich die problematische Situation immer noch ändern wollen, aber Sie werden sich dabei viel ressourcevoller und fähiger dazu fühlen.

Humor und Lachen sind zwei der wirksamsten und am wenigsten genutzten Ressourcen, die wir zur Verfügung haben. Ernsthaft bei irgend etwas zu werden heißt meistens, daß Sie so in einer Situation assoziiert sind, daß Sie sich nur mit einer Wahrnehmungsweise beschäftigen und darin festsitzen. Humor ist ein Weg, um aus dieser Falle auszubrechen, indem man sich dissoziiert, einen tiefen Atemzug nimmt und die Dinge anders betrachtet.

Die andere Hälfte der Menschen, mit denen Sie das machen, wird charakteristischerweise recht ärgerlich werden und denken, falsch verstanden oder „nicht ernst genommen" worden zu sein. Auch dies *kann* ein Schritt in die richtige Richtung sein, weil Ärger normalerweise ein aktiverer und ressourcevollerer Zustand ist, als in hilflosen Gefühlen der Trauer und Unzulänglichkeit festgefahren zu sein. Ärger kann eine positive Kraft sein, die jemanden dazu bringt, seine

Bedürfnisse auszudrücken und standhaft in bezug auf etwas zu sein, was für ihn wichtig ist. Bloße „Katharsis" ist selten sinnvoll, *wenn sie nicht* genützt wird, jemanden dabei zu unterstützen, weiter zu gehen und sich stark zu fühlen, seine Ziele zu bestimmen und dann wirksamere Wege zu entwickeln, sie zu erreichen. Wir ziehen eine klare Unterscheidungslinie zwischen Ärger, der manchmal eine Person stärken und zu etwas befähigen kann, und Gewalt, die typischerweise ein Hinweis auf fehlende Wahlmöglichkeiten und Unvermögen ist.

Das „Pralinee"–Muster

Richard Bandler entwickelte dieses Muster, um eine Motivation aufzubauen. Sie haben sicher bemerkt, daß andere Leute motiviert sind, ein breites Spektrum von Dingen zu tun, die Sie in Staunen versetzen oder lächerlich erscheinen. Dies ist darauf zurückzuführen, daß die meisten Menschen auf recht zufällige und unsystematische Weise dazu motiviert werden, Dinge zu tun; wobei diese Weise nicht notwendigerweise irgend etwas mit dem intrinsischen Wert oder dem Nutzen der jeweiligen Aktivität zu tun haben muß.

Eine sehr sinnvolle Anwendung dieses Musters ist die Veränderung Ihrer Gefühle bei Aufgaben, zu deren Erfüllung Sie sich *kongruent* entschieden haben, die Sie gegenwärtig jedoch nicht gerne erledigen. Wenn Sie sich kongruent entschieden haben, daß wichtig ist, es zu tun, können Sie es genauso gut genießen! *Seien Sie sehr sorgfältig mit der Ökologie bei diesem Muster; Sie wollen ja nicht beiläufig oder nachlässig ein intensives Bedürfnis installieren, etwas zu tun.*

Struktur

1. **Motivierendes Bild.** Machen Sie sich ein *assoziiertes* Bild von einer Sache oder einer Aktivität, die zu genießen Sie äußerst unwiderstehlich und anziehend finden (Pralinen zum Beispiel). Stellen Sie dies kurz beiseite.

2. **Bild einer Aufgabe.** Machen Sie sich ein *dissoziiertes* Bild von sich selbst, wie Sie etwas machen, bezüglich dessen Sie *kongruent* den Entschluß gefaßt haben, daß Sie es tun müssen/wollen; so daß Sie es genauso gut genießen können.

3. Ökologie–Check. Gibt es irgendeinen Teil von Ihnen, der einen Einwand dagegen hat, daß Sie es *genießen*, die Aufgabe zu erfüllen, zu der Sie sich entschlossen haben?

4. Iris Muster.

a) Sehen Sie das Bild der Aufgabe (Nr. 2) vor Ihrem geistigen Auge, mit dem motivierenden Bild (Nr. 1) direkt *dahinter*. Öffnen Sie schnell ein kleines Loch im Zentrum des Bildes Nr. 2, so daß Sie das Bild Nr. 1 durch dieses Loch sehen können. Öffnen Sie das Loch rasch so weit, wie es für Sie nötig ist, um eine volle gefühlsmäßige Reaktion auf das Bild Nr. 1 zu erreichen.

b) Jetzt lassen Sie das Loch schnell zusammenschrumpfen, aber *nur* so schnell, wie Sie die gefühlsmäßige Reaktion auf das Bild Nr. 1 aufrechterhalten können.

c) Wiederholen Sie die Schritte 4a und 4b mehrere Male, so schnell Sie können. Das Ziel ist, das Gefühl des motivierenden Bildes mit dem des Aufgaben–Bildes zu verbinden.

5. Test. Blicken Sie auf das Bild der Aufgabe (Nr. 2). Fühlen Sie sich dazu hingezogen? Wenn nicht, wiederholen Sie Schritt 4, oder gehen Sie zurück zu den vorhergehenden Schritten, um sicher zu sein, daß Sie die richtigen Elemente hatten.

Neben den offensichtlichen therapeutischen Anwendungsmöglichkeiten gibt es für dieses Muster auch viele Anwendungen im Geschäftsleben, z. B. bei Angestellten, die nützliche Jobs haben, die nicht von sich aus schon vergnüglich sind. Es kann auch bei Verkäufern oder Vertretern verwendet werden, die ungern telefonieren oder Hausbesuche machen, um sie dahin zu bringen, „auf Eis gelegte" Telefonate und Besuche zu erledigen.

Zerstörung von Bildern

Es ist oftmals sehr sinnvoll, eine innere Repräsentation, die jemandem im Weg ist, einfach zu zerstören. Dies ist z. B. der Fall, wenn jemand immer an einen Horrorfilm oder an ein Bild in einer Zeitung denkt, ohne daß dies erkennbar nützlichen Zwecken dient.

Bevor Sie diese Methode verwenden, sollten Sie einen sehr sorgfältigen Ökologie–Check machen. Eine Zerstörung schafft Amnesie. Das Bild ist vielleicht für den Klienten in irgendeiner Weise wichtig; es enthält womöglich Informationen darüber, was in Zukunft getan oder vermieden werden sollte. Wenn dem so ist, ist es sehr wichtig, zuerst die nützliche Information herauszuziehen und in ein neues Bild zu integrieren, bevor das alte zerstört wird, oder irgendeine andere Intervention zu verwenden, die keine Amnesie schafft.

Crazing ist, was mit gehärtetem Glas passiert — wie z. B. dem eines Heck– oder Seitenfensters im Auto —, wenn es zerspringt. Es zerbricht in tausend kleine Teile und fällt auseinander. Stellen Sie sich vor, daß das visuelle Bild, das Sie loswerden wollen, wie ein Autofenster ist, oder auf ein solches gemalt wurde. Schlagen Sie ganz fest mit einem Hammer darauf und beobachten Sie, wie es in tausend kleine Teile zerbricht und auseinander fällt. Sie müssen dies womöglich mehrere Male wiederholen, um es vollständig und dauerhaft zu zerbrechen.

Eine Frau rief spät am Abend an, äußerst aufgewühlt und kaum verständlich. Ich schaffte es herauszufinden, daß sie gerade einen intensiven Horrorvideo angeschaut hatte, in dem die Hauptpersonen ihre Eltern getötet hatten. Der Film „verfolgte" sie und brachte sie völlig aus der Fassung. Da diese Gefühle durch einen Film installiert wurden, sah ich keinen sinnvollen Informationswert darin, daß sie den Film immer wieder ablaufen ließ und dabei in einem schlechten Zustand war. Nachdem sie den Film zerstört hatte, wurde ihre Stimme sofort ruhig, und ich nahm mir ein bißchen Zeit, um herauszufinden, ob es irgend etwas in ihrem eigenen Leben gab, mit dem sie umzugehen lernen mußte.

Eine andere Frau wurde von einem Bild von Michael Jackson verfolgt. Nach einem Hammerschlag blieb nur der weiße Handschuh. Mit zwei weiteren Hammerschlägen wurde sie auch den Handschuh los. Einige Menschen berichten, daß das betreffende Bild nicht vollständig verschwindet, daß aber eine oder mehrere Submodalitäten sich verändern, so daß es sie nicht mehr beunruhigt; das Bild wird eventuell kleiner, weiter weg oder schwarz–weiß.

Sie können jemanden auch einen Film „umgestülpt" (inside out) betrachten lassen. Wir wissen nicht, was das bedeutet, aber die Leute werden als Reaktion auf diese Instruktion interessante und nützliche Sachen in ihren Köpfen machen. Ein Weg, sich das „umgestülpt" vorzustellen, ist, daß alles vom Zentrum des Originalfilmes in die äußere Ecke wandert, und alles von den Ecken im Zentrum komprimiert wird.

Eine andere Referenzerfahrung für Zerstörung ist die Beobachtung eines Filmes an der Stelle, wo der Film anhält und die Projektionslampe ein Loch in das Bild brennt. Sie können auch einfach ein Bild zu Asche verbrennen.

Andere nützliche Referenzerfahrungen für die Zerstörung von Bildern sind das Drehen eines Kaleidoskops, die Beobachtung eines Wasserfarbenbildes auf einem Bürgersteig im Regen, das Anschauen eines Bildes in einem zerbrechenden Spiegel oder auf einem Teich, der aufgewühlt wird, etc.

Sie können diesen Prozeß auch umgekehrt verwenden. Eine Frau rief mich an, die sehr aufgeregt war, weil sie sich wie zerrissen fühlte, „als ob ich mit zu vielen Dingen jongliere, so daß ich nicht mehr mitkomme." Visuell hatte sie viele flüchtige, sich bewegende Bilder. Ich bat sie sich vorzustellen, dies alles auf der Oberfläche eines Teiches zu sehen, der durch einen Sturm aufgewühlt worden war, und daß die fragmentarischen Bilder, während der Sturm sich legte und die Oberfläche sich allmählich beruhigte, allmählich anfangen würden zu wachsen und sich wieder zu einem einzigen organisierten Bild verbinden würden. Innerhalb einiger Minuten setzte sich das Bild zusammen; sie war ruhig und entspannt und wußte, was als nächstes zu tun war.

Trennung von Selbst und Kontext

Wie wir in Kapitel 2 schon erörtert haben, werden viele Leute als Reaktion auf andere Menschen oder Ereignisse von unangenehmen Gefühlen belästigt. Oftmals ist es sinnvoll, diese unangenehmen Ursache–Wirkungs–Zusammenhänge zu zerstören, um Platz für vergnüglichere zu schaffen. Hier ist ein Weg, wie das gemacht werden kann:

1. Denken Sie an eine unangenehme Erinnerung, und lassen Sie davon einen kurzen Film laufen. Beobachten Sie, wie Sie jetzt auf diese Erinnerung reagieren. ...

2. Sehen Sie sich selbst in dem Bild, dissoziiert. Verwenden Sie irgendwelche Submodalitätsunterscheidungen, die Sie leicht benützen können, um zwischen Ihnen selbst und dem Kontext zu unterscheiden, wie z. B. Größe, Farbe, Entfernung, Durchsichtigkeit, etc. Wenn das Bild beispielsweise schwarz–weiß ist, sehen Sie sich in Farbe. Wenn das Bild weit entfernt ist, sehen Sie sich sehr nahe.

3. Lassen Sie den Film vorwärts laufen, wobei sich *Ihr dissoziiertes Selbst mit doppelter Geschwindigkeit bewegt* und *der Kontext mit halber Geschwindigkeit* (nicht umgekehrt!). Sie werden sich selbst am Ende des Filmes ankommen sehen, bevor der Kontext ankommt, so daß er/sie dort warten muß, bis der Kontext ihn/sie einholt. ...

4. Lassen Sie den Film rückwärts laufen, mit *sich selbst mit halber* und *den Kontext mit doppelter Geschwindigkeit* (nicht umgekehrt!). Dieses Mal wird der Kontext am Ende des Filmes zuerst ankommen, vor Ihnen. ...

5. Lassen Sie jetzt den Film so laufen, wie Sie dies normalerweise machen, um herauszufinden, ob es eine Veränderung bezüglich Ihrer Gefühle gibt.

6. Falls es keine Veränderung gibt, machen Sie es nochmal, dieses Mal *assoziiert*, und verwenden Sie die Größe, um sich selbst größer als den Kontext zu machen.

Die Leute berichten normalerweise über das Gefühl eines „Durcheinanders im Kopf", nachdem sie dies gemacht haben. Dieses Muster ist *sehr* nützlich, um Ursache–Wirkungs–Anker zwischen dem Kontext und dem Selbst zu zerstören. Wenn Sie den Film mit doppelter Geschwindigkeit laufen lassen, treten die Stimuli erst *nach* Ihren Reaktionen auf diese auf. Diese Methode verwendet Geschwindigkeit, um die Ursache–Wirkungs–Sequenz zu zerstören. Wenn die Wirkung vor der Ursache passiert, ergibt sie plötzlich überhaupt keinen Sinn mehr. Sie können dieses Muster in der Paar– oder Familientherapie verwenden, um „reinen Tisch" mit alten, unangenehmen Ursache–Wirkungs–Zusammenhängen zu machen, so daß Sie etwas anderes installieren können, was mehr Spaß macht.

Trennung des inneren Zustandes vom äußeren Verhalten

Manchmal bestehen die verankerten Ursache–Wirkungs–Zusammenhänge, die zerstört werden müssen, eher zwischen Ihrem *eigenen* Verhalten und Ihrem inneren Zustand, als zwischen dem Verhalten von irgend jemand *anderem* und Ihrem inneren Zustand. Dies ist z. B. besonders wahrscheinlich, wenn Sie sich selbst in einer Situation in eine depressive Stimmung bringen können, in der kein anderer in der Nähe ist, der sie deprimieren könnte. *Steve Lankton* hatte eine ältere Klientin, die sich mit der Hand auf den Oberschenkel schlug und vor sich hin murmelte, „Der Schmerz, der Schmerz". Als *Steve* ihre Hand von ihrem Oberschenkel hochhob, schlug sie weiterhin mit der Hand in die Luft, verlor aber den Kontakt mit ihrem Oberschenkel. Sie sah verblüfft aus und sagte: „Der Schmerz ist weg!"

Verwenden Sie jede Submodalität, um zwischen Ihrem eigenen äußeren Verhalten und Ihrem inneren Zustand zu unterscheiden. Machen Sie dies in der Art, die Ihnen dafür am geeignetsten erscheint. Dann lassen Sie den Film vorwärts laufen, assoziiert, mit Ihrem inneren Zustand in doppelter Geschwindigkeit, und Ihrem äußeren Verhalten in halber Geschwindigkeit. Dann lassen Sie den Film rückwärts laufen, mit Ihrem inneren Zustand in halber Geschwindigkeit und Ihrem äußerem Verhalten in doppelter Geschwindigkeit.

Trennung des inneren Zustandes von den inneren Denkabläufen

Wenn Sie ohne viel Hilfe von außen, also nur durch Ihre eigene Gedankentätigkeit in einen schlechten Zustand kommen, können Sie dieselbe Prozedur verwenden, um diese Ursache–Wirkungs–Zusammenhänge zu zerstören. Dieses Mal verwenden Sie jede Submodalität, mit der Sie zwischen Ihrem *Denken* und Ihrem inneren Zustand unterscheiden können. Dann lassen Sie den Film vorwärts laufen, mit Ihrem inneren Zustand in doppelter Geschwindigkeit und Ihren Denkproduktionen in halber Geschwindigkeit. Dann lassen Sie den Film rückwärts laufen, mit Ihrem inneren Zustand in halber Geschwindigkeit und Ihren Überlegungen in doppelter Geschwindigkeit. Versuchen Sie, dies sowohl assoziiert als auch dissoziiert zu tun, um herauszufinden, was bei Ihnen besser funktioniert.

Modelling

Die beste Quelle für neue Submodalitätsmuster ist das Modelling von Leuten, die irgend etwas sehr gut machen, um herauszufinden, wie sie dies machen. Wir lassen unsere Advanced Training Groups gewöhnlich Fähigkeiten finden, die sie gegenseitig von sich modellieren können, und wir genießen es, dies selbst zu tun, wann immer wir Gelegenheit dazu haben.

Kürzlich fuhren wir auf einer kurvenreichen Straße durch die Colorado Rockies zu unserem Summer Residential Training. Wir planten unser Seminar, und infolge der Kombination aus geistiger Konzentration und der kurvenreichen Straße wurde mir (Connirae) schwindlig. Steve kommentierte: „Na, dann werde halt einfach ich fahren. Ich fühle mich wohl". Steve machte nur Spaß, aber ich hielt es für eine gute Idee. So tat ich so, als ob ich Steve wäre: Ich übernahm seine Tonalität und sein Sprechtempo, seine Körperhaltung, seinen Muskeltonus, etc. In dem Moment, wo ich dies machte, verschwand meine Übelkeit, und ich fühlte mich wohl.

Dann wurden wir neugierig, was den Unterschied ausmachte. Welche internen Veränderungen machte ich, als ich „Steve wurde", so daß meine Übelkeit verschwand? Anfangs war diese Information für mich unbewußt. Während ich darüber nachdachte, bemerkte ich allmählich, daß ich als „Steve" eine panoramische Bewußtheit des Horizonts um mich herum erlangt hatte; der Fokus meiner Aufmerksamkeit lag bei dem entfernten Kreis von Bergen, genau dort, wo sie den Himmel berührten. Es war fast so, als ob dieser entfernte Kreis meine Haut war – meine eigene Grenze. Sogar als wir durch ein enges Tal fuhren, wo ich nicht sehr weit sehen konnte, hatte ich innerlich diesen stabilen, entfernten Kreis von Bergen überall um mich herum. Im Vergleich zu dieser Vorstellung schien die Bewegung des Autos, in dem ich saß, vernachlässigbar. Ich reagierte in erster Linie auf die *Stabilität* der weiten äußeren Umgebung, anstatt auf die relativ unbedeutenden Bewegungen des Autos.

Früher wurde mir beigebracht, auf einen entfernten Punkt zu schauen, um Übelkeit während des Fahrens zu vermeiden. Ich hatte dies ausprobiert, und es hatte nicht funktioniert. Bedeutsam war für mich dabei das ganze stabile Panorama der Umgebung, anstatt der Blick auf einen Punkt. Seit damals beobachte ich zuerst sorgfältig das landschaftliche Panorama um mich herum, wenn wir auf kurvenreichen Straßen fahren, und setze das bewußt ein, um meinen Zustand beizubehalten. Seitdem wurde mir im Auto nicht mehr übel.

Dies war für uns faszinierend. Es stimmte damit überein, was wir vorher bezüglich der internen Erfahrung des jeweils anderen entdeckt hatten und half uns, den anderen besser zu verstehen. Steve hat *immer* das Panorama seiner Umgebung in seinem Kopf – nicht nur dann, wenn er in den Bergen autofährt. Für ihn war es immer wichtig, wo wir lebten. Da wir die meiste Zeit in unserem Büro bei der Arbeit verbrachten, fragte ich ihn oft: „Wieso ist es wichtig, ob wir in einer Stadt oder in den Bergen wohnen?" Jetzt ergibt das einen Sinn für mich, denn da er immer sein Panorama um sich hat, *ist* es sehr bedeutsam für ihn. Es ist auch schwerer für ihn, sich auf eine Aufgabe zu konzentrieren, wenn die Umgebung chaotisch ist. Ich kann mich gewöhnlich leichter konzentrieren, egal, in welcher Umgebung ich mich befinde. In einem weiteren Sinn bin ich mir der Leute, die um mich herum sind, mehr bewußt. Obwohl ich landschaftliche Schönheit schätze, bin ich ziemlich flexibel bei der Wahl des Wohnortes.

In diesem Fall identifizierte ich mich mit Steve, indem ich sein äußeres Verhalten pace, anstatt ihm Fragen über Submodalitäten zu stellen. Da das äußere Verhalten eine Manifestation innerer Submodalitäten ist, werden Sie, wenn Sie jemand sehr genau pacen, auch seine Submodalitäten übernehmen.

Dieser Prozeß des „in die Haut eines anderen schlüpfen" wurde auch „Tieftranceidentifikation" (deep trance identification) genannt, und „Wechsel des Bezugsindex" (switch referential index). Um die Lernerfolge aus diesem Prozeß in der Zukunft und auch für andere Menschen leicht verfügbar zu machen, ist es nötig, die spezifischen internen Submodalitäten zu bestimmen, die für den Zustand charakteristisch sind.

In gewisser Weise mag diese spezielle Anwendung trivial erscheinen. Diese Methode ist jedoch der Schlüssel für viele andere faszinierende Entdeckungen über Fertigkeiten und Fähigkeiten von Menschen. Durch die Identifikation mit jemand anderem, der eine bestimmte Fähigkeit hat, und durch die Kodierung des dabei Gelernten in Submodalitäten, können Sie seine „natürliche" Fähigkeit verstehen und sie anderen leicht beibringen.

Wir lernten den Prozeß der „Tieftranceidentifikation" vor vielen Jahren. Obwohl wir ihn persönlich nützlich fanden, konnten wir die wesentliche Struktur dessen, was wir bei der Anwendung gelernt haben, nicht spezifizieren. Das Erlernen von genauen Submodalitätsunterscheidungen macht es möglich, den Zustand sorgfältig zu spezifizieren, den Sie erreichen, wenn Sie sich mit jemand anderem identifizieren. Wir haben es genossen, Leute im Park zu beobachten, oder beim Einkaufen, oder Prominente im Fernsehen, und dabei ihre Körperhaltung zu übernehmen, ihren Bewegungsstil, ihre Tonalität, etc., und dabei zu beachten, wie sich unsere internen Submodalitäten veränderten. Es ist ein guter Weg, um im Detail zu verstehen zu beginnen, wie die Zustände von anderen Leuten sich von Ihren eigenen unterscheiden. Wenn Sie sich mit Ihren Klienten identifizieren, können Sie wertvolle und genaue Informationen darüber bekommen, in welcher Art von Welt diese leben. Da immer die Gefahr besteht, daß Sie halluzinieren, schlagen wir vor, daß Sie die Information, die Sie erhalten, eher als *Hypothese* behandeln, die getestet werden muß, und nicht als Wahrheit. Ermöglicht sie Ihnen, effektiver mit Ihrem Klienten zu arbeiten? Befähigt sie Sie, bei einer Tätigkeit erfolgreich zu sein, die vorher nicht innerhalb Ihrer Reichweite lag?

Das Modellieren mit Hilfe von Submodalitäten ist ein enorm wirksamer und nützlicher Prozeß. Obwohl wir mit den vorhandenen Techniken schon viel machen können, gibt es immer noch Dinge, die wir damit nicht tun können. Wir haben noch nicht begonnen, die Grenzen der gegenwärtigen Methoden zu erkunden, und neuere Entwicklungen und Entdeckungen werden sie noch effektiver machen. Wenn Sie die Muster in diesem Buch gründlich gemeistert haben, laden wir Sie ein, damit weiterzumachen, andere Fertigkeiten und Fähigkeiten zu modellieren.

Literatur

Bandler, R., Grinder, J., Frogs into Princes, Real People Press, Moab 1979; dt.: Neue Wege der Kurzzeit–Therapie, Junfermann, Paderborn 1981

Bandler, R., Grinder, J., Patterns of the Hypnotic Techniques of Milton H. Erickson, M.D., Vol. I., Meta Publications, Cupertino, California 1975

Bandler, R., Grinder, J., Reframing, Real People Press, Moab 1982; dt.: Reframing — ein ökologischer Ansatz in der Psychotherapie (NLP), Junfermann, Paderborn 1985

Bandler, R., Using Your Brain — for a Change, Real People Press, Moab 1985; dt.: Veränderung des subjektiven Erlebens. Fortgeschrittene Methoden des NLP, Junfermann, Paderborn 1987

Stahl, T., Triffst du 'nen Frosch unterwegs... NLP für die Praxis, Junfermann, Paderborn 1988

Gerhard Fatzer

Ganzheitliches Lernen

Humanistische
Pädagogik und
Organisationsentwicklung

344 Seiten, DM 39,80
ISBN 3-87387-269-2
ISSN 0720-2385

Zu diesem Buch:
Dieses Handbuch stellt zum ersten Mal in deutscher Sprache die Grundlagen der Humanistischen Pädagogik vor. Nach einer Einführung in die Grundideen und die wichtigsten Ansätze werden humanistisches Lernen und Unterricht ausführlich dargestellt. Methoden des ganzheitlichen Lernens, wie Rollenspiel, Gelenkte Phantasie, Körperlernen, Gruppenunterricht und Simulation, werden erläutert und anhand von Unterrichtsbeispielen veranschaulicht. Wie der Lernrahmen (die Schule oder die Organisation) ganzheitlich gestaltet werden kann, wird am Beispiel der immer bekannter werdenden Organisationsentwicklung aufgezeigt und durch konkrete Übungen breit ausgeführt. Am Schluß werden die wichtigsten Forschungsergebnisse über Auswirkungen humanistischer Verfahren auf die Lernenden und die Lernatmosphäre zusammengestellt. Ergänzt werden die Ausführungen durch Quellentexte und Interviews prominenter amerikanischer Pädagogen wie Carl Rogers, Arthur Combs, John Goodlad u.a. sowie durch eine umfassende Bibliographie.
Das Handbuch wendet sich an alle, die theoretisch oder praktisch an ganzheitlichem Lehren und Lernen interessiert sind: Lehrer, Psychologen, Berater, Ausbilder, Teamberater.

Gerhard Fatzer, Dr. phil., Dipl.-Psych., IAP, ist nach einem zweijährigen Forschungs- und Weiterbildungsaufenthalt in den USA (Gestaltpädagogik, Organisationsentwicklung) jetzt Lehrbeauftragter an der Universität Zürich, Lehrbeauftragter in der Lehrerausbildung, Mitleiter der Ausbildung „Supervision, Praxisberatung, Projektbegleitung" am Institut für angewandte Psychologie, Zürich.
Er arbeitet zudem als Gestalt- und Managementtrainer, Teamsupervisor und Organisationsberater in der Schweiz, Deutschland, Österreich und Marokko, ist außerdem Visiting Professor an der University of Massachusetts, Amherst, und gelegentlich an der UCLA (Los Angeles).

 Junfermann-Verlag · Paderborn

Jerome L. Singer,
Kenneth S. Pope (Hrsg.)

Imaginative Verfahren in der Psychotherapie

480 Seiten, DM 44,–
ISBN 3 – 87387 – 204 – 8
ISSN 0720 – 2385

Imaginationen und andere Aspekte des primärprozeßhaften Bewußtseins wurden bisher als primitiv, unreif oder gar pathologisch angesehen – wie überhaupt alles, was nicht dem Sekundärprozeß zuzurechnen war. Psychoanalytiker und experimentelle Psychologen konzentrierten sich in ihren Untersuchungen hauptsächlich auf die fehlangepaßten Aspekte der Imagination, z.B. auf Übertragungsphantasien und Halluzinationen.

Neuere Untersuchungen stellen jetzt die Imagination in einen weit realistischeren und positiveren Zusammenhang als den der bloßen „Regression". In dem vorliegenden Buch wird die Imagination als eine grundlegende menschliche Fähigkeit neu definiert, die ein unerschöpfliches Potential für therapeutische Prozesse darstellt.

Dieser Band bietet zahlreiche Beispiele aus unterschiedlichen psychotherapeutischen Richtungen und Ansätzen. Zu den behandelten Themen gehören u.a. die klinischen Anwendungsmöglichkeiten der Imagination, die Arbeit mit Imagination in der Prävention, in psychiatrischen Krankenhäusern und bei der Persönlichkeitsentwicklung. Mit seinen ausführlichen Bibliographien wird der Band zu einer wichtigen Hilfsquelle für Psychotherapeuten und allgemein für Menschen, die sich für Imagination und ihre therapeutischen Möglichkeiten interessieren.

 Junfermann-Verlag · Paderborn